以审判为中心与直接言词原则

YI SHENPAN WEI ZHONGXIN
YU ZHIJIE YANCI YUANZE

包献荣 著

中国政法大学出版社
2018·北京

图书在版编目（CIP）数据

以审判为中心与直接言词原则/包献荣著. —北京：中国政法大学出版社，2018.11
ISBN 978-7-5620-8649-9

Ⅰ. ①以… Ⅱ. ①包… Ⅲ. ①诉讼原则－研究－中国 Ⅳ. ①D925.04

中国版本图书馆CIP数据核字(2018)第248874号

出版者　中国政法大学出版社
地　址　北京市海淀区西土城路 25 号
邮　箱　fadapress@163.com
网　址　http://www.cuplpress.com（网络实名：中国政法大学出版社）
电　话　010-58908435(第一编辑部)　58908334(邮购部)
承　印　固安华明印业有限公司
开　本　880mm×1230mm　1/32
印　张　9.5
字　数　205 千字
版　次　2018 年 11 月第 1 版
印　次　2018 年 11 月第 1 次印刷
定　价　39.00 元

序　言

《以审判为中心与直接言词原则》一书是包献荣同学在其博士学位论文基础上修改而成的，作为他的博士生导师，我对此书的出版由衷地感到欣慰。

目前，在我国，专门撰写直接言词原则的著作几乎没有，对其研究也只是散见于刑事诉讼和刑事证据专著的部分章节，可见直接言词原则尚未引起理论界足够的重视，未能形成完整的体系。结合司法实践亦可以发现，我国在直接言词原则的贯彻落实中，客观存在着一系列的制约因素。近年来，正在进行以审判为中心的诉讼制度改革，直接言词原则能否得以贯彻落实是其中重要环节。因此，在以审判为中心的诉讼制度改革背景下，立足于刑事诉讼法学基础理论，对直接言词原则的基本概念与基本要求，以及其在我国的适用进行全面剖析，具有较大的理论价值和实践意义。本书力图填补相关研究的空白。

本书的写作难度较大，因为这一内容的国内资料较少。包献荣博士为此付出了很多心血，在写作过程中，为了收集到一手资料，他充分地利用学校的图书馆资源，并通过与在国外访学的同学进行交流，收集了更具准确性、全面性和新颖性的资料。同时，为了更深入地了解以审判为中心的诉讼制度改革与直接言词原则的关系，他积极参与司法实践，通过与司法实务人员面对面的交流，获得了更直观的认识，使得本研究既能紧跟理论前沿，又可以契合司法实践需求。

《以审判为中心与直接言词原则》一书依次论述了直接言词原则基本概念的解析与厘定、域外直接言词原则的立法沿革、直接言词原则的价值与要求、直接言词原则在我国确立和适用的制约因素，以及贯彻刑事诉讼直接言词原则的立法构想等七个方面。本书结构比较严谨，逻辑清晰，言语精炼，文笔通畅，是一本值得肯定的优秀著作。

包献荣博士学习刻苦、勤奋努力。其生活经历颇有“传奇”色彩。他既曾从事武术教学，也担任过文化传媒公司总经理，同时又具有从事律师、检察官的司法实践经验。他虽非法学专业出身，但经过不懈努力，以总分第一名的成绩考上了中国政法大学诉讼法学博士。在读博期间，他积极参加各种学术研讨会，发表了十余篇学术论文（其中有五篇是核心期刊），多次获得校内外各项奖学金，是同门师弟、师妹学习的榜样。

作为导师，我希望包献荣博士在今后的工作中继续保持并发扬严谨治学的作风，兢兢业业、恪尽职守，让自己的人生价值得到最大化的实现。

是为序。

刘玫

目　录

第一章　基本概念的解析与厘定

第一节　直接原则

一、直接原则的概念

直接原则是大陆法系诉讼制度的基本原则。所谓“直接”，在《辞海》上的释义是“不经过中间事物，与间接相对”。[1]而作为一个诉讼法上的概念，直接原则中的“直接”和日常用途中的“直接”的含义并无多大区别，主要是指作出裁判的法官不经过中间环节，在庭审过程中通过与当事人和证人等直接接触获得的主观印象来进行裁判。有关直接原则的内涵，争议较小，基本上都是围绕着“直接”的词义来展开的，但是各国的立法和不同学者之间对于直接原则的定义也不尽相同。

直接原则的主要存在背景是在职权主义盛行的大陆法系国

〔1〕 夏征农、陈至立主编：《辞海》，上海辞书出版社2010年版，第1989页。

家。所谓职权主义，是指诉讼的过程以国家权力为主导，以发现实体真实为目标，审理之前突出侦检的优势侦查权，进入审理程序之后，法官通过主动调查来控制庭审进程。[1]由此可见，职权主义的价值取向上更偏向于积极发现客观事实。对于法官的要求不是消极中立，而是要求法官在庭审中积极主动去控制庭审过程。那么，作为庭审主导的法官就必须亲自出庭审理案件。否则，就会使职权主义的目的和意义被架空。而直接原则正好迎合了这一要求。作为裁判者的法官必须亲自在法庭上通过对被告人进行讯问、对证据展开调查以便更加直观的获得对案件裁判的依据，而这些与直接原则不谋而合。试想，若裁判者对案件是间接审理，通过其他审理者的口头传达来了解案情，势必会让职权主义的功能大打折扣。

作为大陆法系国家的代表，德国法对直接原则的贯彻较为彻底。德国《刑事诉讼法典》第226条要求审判人员、书记员和公诉人都必须出庭。同时第250条规定，对待审判事实的证明是建立在一个人证言上时，要在庭审过程中对其进行询问。不得以宣读书面证言和笔录的方式代替。[2]在大陆法系其他国家，也有着类似的规定。如意大利《刑事诉讼法典》第526条规定："裁判者对案件的评议的过程中，不得以未经庭审质证的证据作为定案依据"。[3]该规定也强调了法官参与庭审，直接采

---

〔1〕 参见施鹏鹏："为职权主义辩护"，载《中国法学》2014年第2期。

〔2〕 参见李昌珂译：《德国刑事诉讼法典》，中国政法大学出版社1995年版，第103页。

〔3〕 黄风译：《意大利刑事诉讼法典》，中国政法大学出版社1994年版，第186页。

纳证据。同时，随着立法的不断发展，在学说上对于直接原则的讨论也日渐增多。德国学者克劳思·罗科信认为："法官亲自参加庭审，在庭上过程中对被告进行讯问、对证据进行调查，以此所得出的结果、印象作为裁判的依据"。[1]此概念通过与"审者不判，判者不审"的间接审理相对比，强调审理者和裁判者相统一。日本学者田口守一对直接原则作了进一步细分，将直接原则分为形式直接原则和实质直接原则两种。[2]对于形式直接原则，他认为其概念从法官定案证据方面来看是指法官在庭审上直接获得的证据，而非传闻证据。而实质直接原则是指法官全程参与庭审，听取陈述和检查证据。

我国学者对于直接原则的定义，也一定程度上表现出对外国法的借鉴。在早期的文献中，对于直接原则的定义也称之为直接审查原则，具体的概念释义为裁判者要通过在法庭上检查物证并审查证据，同时听取案件当事人和证人的口头陈述以及法庭辩论等，亲自接触案件的所有材料，然后才能作出公正裁判。[3]陈卫东教授认为："直接原则是法官在审理案件过程中，应该直接参与到庭审过程中，听取陈述、审查物证的审判原则"。[4]从我国学者对直接原则的定义中，可以看出，基本上与国外学者的定义并无二致。

综合国内外的定义，笔者认为直接原则是与间接审理相对

---

〔1〕［德］克劳思·罗科信：《德国刑事诉讼法典》，吴丽琪译，法律出版社2003年版，第117页。

〔2〕参见［日］田口守一：《刑事诉讼法》，刘迪等译，法律出版社2000年版，第262页。

〔3〕徐进主编：《诉讼法学词典》，中国检察出版社1992年版，第333页。

〔4〕陈卫东："论刑事证据法的基本原则"，载《中外法学》2004年第4期。

应的一个概念，要求法官全程参与到庭审的过程中来，亲自听取当事人、证人等陈述，调查证据，并以在庭审过程中所形成的主观印象和认定的事实来裁判案件。

二、直接原则的具体内容

关于直接原则包含几方面内容，理论界多有争议。陈瑞华教授认为："直接原则包含两个方面：一是在场原则，即参加诉讼的所有人员必须到庭，不得缺席；二是直接采证原则，即法官要亲自出庭，听取陈述、采纳证据，并以直接采证的证据来定案"。[1]还有学者认为，直接原则应当包含三个基本要求，即在在场原则和直接采证原则的基础上，应当增加自主原则，即在审理案件的法官，应该享有对案件的裁判权。[2]还有学者将直接采证原则一分为二，分别是法官必须亲自出庭，参加庭审和得以定案的证据必须是裁判者在庭审直接获取的证据。[3]

对比上述三种划分，笔者认为两分法具有诉讼上的合理性体现了对人权保障的重视，但是两分法没有对法官自主裁判问题提出要求，而且概念的层次性和逻辑性略显缺失。而所谓的四分法，只是在三分法的基础上将直接采证原则一分为二，要求法官亲自出庭和不得以直接获得以外的证据来裁判案件。这样的划分，既使得法官亲自出庭原则与在场原则之间相互重复，

---

〔1〕 陈瑞华：《刑事审判原理论》，北京大学出版社2003年版，第161~162页。

〔2〕 参见宋英辉、汤维建主编：《证据法学研究述评》，中国人民公安大学出版社2006年版，第113页。

〔3〕 参见陈永生："论直接言词原则与公诉案卷移送及庭前审查"，载《法律科学》2001年第3期。

又破坏了三分法的合理层次结构。因此，在直接原则的子概念划分上，采纳三分法更为合理，分别为：

第一，在场原则是指诉讼过程中，法官、公诉人、被告人和其他诉讼参与人都要亲自参与到庭审的过程中来。首先，对于法官，作为案件的审理者和裁判者，其应当全程参与到庭审的过程中，与证据进行直接接触，对于当庭出示的物证，听取双方举证质证的意见。对于证人证言和鉴定人意见，不仅要听取其作证的内容，还可以直接观察证人的面部表情和肢体语言，从而判断证据的证明力。其次，被告人必须到庭，则是对于被告的人权的保障。被告人有权对于自己被控告的罪行进行辩护，而实现这种辩护权则必须要被告人亲自出庭。只有被告人亲自出庭，对于控方的证据提出质疑的意见，对于自己被控告的罪行进行陈述申辩，才能更好地维护自身的合法权利，这也是保障人权原则在诉讼活动的彰显。最后，公诉人出庭，既是履行公诉职责的需要，也是进行审判监督所必需的。在刑事案件中，检察机关是代表国家来履行控诉职能的，只有公诉人出庭，参与到庭审活动中，通过宣读起诉书、出示证据和进行法庭辩论，才能完成国家所赋予其的控诉职能。与此同时，作为法律监督机关，检察机关只有参与到整个庭审过程中去，才能有效对于刑事诉讼活动进行监督，才能有效发现诉讼活动中的违法行为。因此，在场原则也是检察机关充分履行法律监督职能的要求。〔1〕

第二，直接采证原则是指法官在庭审的过程中直接对证据

---

〔1〕 参见董坤：“简易程序公诉人出庭问题研究”，载《法律科学》2013 年第 3 期。

进行审查，并以在庭审过程中被审查的材料作为定案的依据，而未经庭审审查的证据不得作为定案的依据。直接采证原则的制度设计目的就是避免“审者不判，判者不审”的现象出现，强调了审理者与裁判者的一体化。我国台湾地区学者林山田教授认为，法官应以在庭审上直接获得的证据来进行裁判，在庭审之外且没有经过法官查证的证据，如传闻证据、行政机关的调查报告书等均不得作为证据使用。[1]各国的诉讼法上也皆有类似的规定。前文所述德国《刑事诉讼法典》和意大利《刑事诉讼法典》皆有非经法官直接审理不得定罪的规定。而直接采证原则也正是司法权力亲历性和集中性的要求。司法权实际上是一种判断权，是审判者通过综合其所能获得的所有信息来作出裁决。因此为了保证司法的公正性，则必须要求司法者身体力行，亲自参加审判，同时最好一气呵成，持续不间断地进行审理。[2]因此，只有全程参与审判过程，对于每个证据都在庭审过程中展开调查的审判者才能作出公正的裁判，而直接采证原则的制度设计目的与此不谋而合。

第三，自主裁判原则是指司法裁判只能由直接调查证据，听取控辩双方举证质证意见以及控辩双方在法庭的当场辩论才能作出裁判。该原则虽然和直接采证原则一样，也强调审理者和裁判者一体化的问题。但是与直接采证原则不同的是，直接采证原则是从证据资格问题上来保障审判一体化，而自主裁判

〔1〕 参见林山田：“刑事诉讼程序之基本原则”，载《刑事诉讼法论文选集》，五南图书出版公司1985年版，第25页。

〔2〕 参见龙宗智：《刑事庭审制度研究》，中国政法大学出版社2001年版，第60页。

原则是从主体资格上强调审理者和裁判者相统一。该原则充分肯定了法官的自主性。法官必须对自己参与庭审获得的证据材料进行独立的判断，不得将裁判的权力委托于他人。

第二节　言词原则

一、言词原则的概念

有关言词原则，其英文为："principle of verbal trial"，直译过来为言词审理原则，也有学者称之为"口头原则""言词辩论原则"。关于言词原则的定义，陈卫东教授认为："证人应当在法庭上口头作出供词，而证人证言的书面材料和侦查机关的相关记录不得作为定案依据"。[1]林山田教授认为，审理程序应该采取言词陈述的方式进行，无论是控方的攻击还是辩方的防御都应该以言词的形式在庭审过程中展现出来，且只有在庭审过程中以言词方式展现的诉讼资料，方能作为定案依据。[2]徐进认为，所谓言词原则，又称言词审理原则，是指在庭审过程中，控辩双方对于诉讼材料的提出和法庭辩论，都要以言词的形式在法官面前进行，而法官得以作出判决的依据也必须由此产生。[3]而按照日本学者三月章对言词原则的定义：首先，未经言词审理

---

〔1〕 参见陈卫东："论刑事证据法的基本原则"，载《中外法学》2004年第4期。

〔2〕 参见林山田："刑事诉讼程序之基本原则"，载《刑事诉讼法论文选集》，五南图书出版公司1985年，第25页。

〔3〕 徐进主编：《诉讼法学词典》，中国检察出版社1992年版，第278页。

不得判决；其次，所依据的定案材料必须以言词形式在庭审过程中展现。[1]

通过上述学者之间的论述，我们大体上可以看出，学者们对于言词证据的理解基本围绕着两个方面来展开：其一，庭审应以言词的方式进行。这与书面审理相对，要求法官在审理案件时，不应采取对书面材料进行审查的方式进行，而是要在庭审过程中，听取控辩双方对诉讼材料的意见和相互之间的意见。其二，判决应以言词证据作为依据。所谓以言词证据作为依据，是指法官作出判决所依据的材料必须是在庭审过程中，以言词的方式所展现出来的证据，否则，不得作为定案依据。而且言词原则虽然在大陆法系国家得到了普遍的认可，但是它也不是一个立法概念，而是法律解释学概念，在各国的立法中都找不到言词原则这样的表述。

通过以上对于言词原则定义的把握，我们不难发现，其定义与英美法系传闻证据规则的定义是何其相似。

传闻证据具有两重含义：其一，证人在庭审的过程中转述他人的亲身感受；其二，有亲身感受的人未出庭作证，而是在庭外所作的书面证言和询问笔录。[2]有学者认为，传闻证据主要是指上述第二层含义，其特征如下：其一，传闻证据是证人所作的陈述。这一特征表明了两层含义，首先，传闻证据的主

---

〔1〕 参见［日］三月章：《日本民事诉讼法》，五南图书出版社 1997 年版，第 383 页。转引自杨荣馨主编：《民事诉讼原理》，法律出版社 2003 年版，第 116～117 页。

〔2〕 参见卞建林主编：《证据法学》，中国政法大学出版社 2002 年版，第 347 页。

体是证人。证人的范围又极其广泛，除狭义上理解的证人之外，还包括鉴定人、被害人和侦查人员等。其次，所作的陈述也是形式多样。既可以是口头的，也可以是书面的，甚至可以采取录音录像的方式进行。其二，所谓传闻证据是指证人在庭审之外作出的陈述。而该特征也是判断证据是否为传闻证据的主要标准。只要证人未在本案的庭审过程中出庭作证，那么证人不管在何场合所作出的证言均为传闻证据。其三，传闻证据的目的本身是为了证明其所主张的事实。这是判断的目的标准。〔1〕

根据上述传闻证据的定义，那么凡不是在庭审过程中作出的证人证言，以及证人转述他人的直接感受的证据，除非具有法定情形，均不具有可采性，不得提交法庭调查质证。〔2〕而言词原则亦要求只要是未在庭审过程中以言词形式作出的证据材料，均不得作为定案的依据。如此看来，两个概念含义存在重合之处，但是细致分析下来，两者具有本质上的区别。

言词原则概念和传闻证据规则的概念存在本质区别，是由于两者分属不同的法系，是在不同诉讼文化背景下产生的概念。言词原则的概念不仅仅强调非经庭审上用言词方式展示的证据不得作为定案依据，还强调了庭审的过程要以言词的形式进行。而这一要求在英美法系国家根本无需强调，在控辩双方激烈对抗的当事人主义诉讼制度下，若是不以言词的方式根本无法进行。而产生于英美法系的传闻证据规则也并无此层含义。而且，与言词原则相比较，传闻证据规则所要求的证人虽然也是

---

〔1〕 参见江伟主编：《证据法学》，法律出版社1999年版，第181页。

〔2〕 参见陈光中主编：《刑事诉讼法》，北京大学出版社、高等教育出版社2013年版，第216页。

以言词的方式参与到庭审中来，但是作证的内容却是转述他人的亲身感受，这样的证据材料是被排除的。言词原则则无此含义。

由此可见，言词原则和传闻证据规则虽然有着很多共同之处，但是两者分别产生于不同的文化背景，生存于不同的诉讼模式背景下，两者之间有着巨大的差异。在职权主义模式下，言词原则更多是表现出法官对庭审过程的控制和主导地位，能帮助法官更好的发现客观事实，实现实体正义；而在当事人主义模式下，传闻证据规则更多是被用于控辩双方攻击防御的武器，其更突出的作用是来保障被告人的人权，实现程序正义。因此，两个概念不能混为一谈。

二、言词原则的具体内容

言词原则的基本要求包括两个方面：其一，庭审以言词的方式进行。这就要求一切的庭审活动都要以言词的方式进行，包括控辩双方之间的攻击防御，法官对于庭审活动的指挥，这些都要以言词的方式进行。其二，非在庭审过程中以言词方式作出的证据材料不得成为定案的依据。言词原则作为传统大陆法系国家诉讼法的基本原则，它与书面审理相对应。

而所谓书面审理，是指法官以审理书面材料的方式来裁判案件。书面审理兴起于教会法时期。当时主要是考虑到为了方便保存庭审记录，避免了口头形式提出诉讼主张和口头方式的证言无法保存的现象。当时，法院审理案件，原告以书面形式提出请求，法院方才受理案件，而法官裁判的基础也是书面的事实主张。[1]1216年教皇颁布的《教皇英诺二世教令》对于书面审理进行了明确的规定：诉讼应建立在书面记录的基础上，无记录的诉讼即无效，法官的判决也应建立在这种书面记录的基础上。[2]书面审理制度确立之初，为解决口头诉讼方式的不确定性提供了可行性方案。但是随着时间的推移，书面审理占据庭审的主要方式，完全排斥口头审理，使得审判活动变成了秘密审理、间接审理，从而使审判活动成为了司法腐败的温床。那么，针对此种弊端，言词原则的产生可以说是革命性的。[3]这主要是因为言词原则能够有效地解决书面审理带来的弊端，并能更好地适应当前诉讼发展的形式。理由如下：

第一，促进审判公开，加强对司法权的社会公众监督。审判公开原则不仅仅与直接原则密不可分，和言词原则也有着千丝万缕的联系。若是没有言词审理原则，审判公开原则也无从建立。庭审的整个过程是以言词的方式进行，法官以言词的方式主导庭审过程，控辩双方以言词的方式展开攻击与防御。而只有这样的庭审公开，才能让更多社会公众了解到审判的具体情况，为公众对司法活动进行监督提供条件。

第二，与直接原则相互配合，更为有效地发挥作用。直接原则要求法官直接参与到庭审的过程中来，通过在庭审过程所直接接触到的诉讼材料进行裁判。法官在庭审过程中接触证据

---

〔1〕 R. C. vanCaenegem, op. cit, p. 18.

〔2〕 参见何勤华主编：《法国法律发达史》，法律出版社2001年版，第428页。

〔3〕 称其为革命性，一定程度上也是因为言词原则的确立，是伴随着法国大革命对旧制度下司法制度腐败的攻击而产生。关于言词原则产生的问题将在下一节中详细论述，在此不表。

材料的方式应当是以言词的形式进行的。在庭审过程中，控辩双方以言词的方式举证质证，法官在庭上根据其言词意见，及时行使诉讼指挥权，要求控辩双方进一步解释表达不清楚或者矛盾的地方。通过这样反复的过程，使得法官在直接审理过程中对于诉讼材料不清晰之处逐渐变得清晰、错误的印象逐渐得到更正。由此可见，没有言词原则的支撑，直接原则根本无法达到破除间接审理，加强对审判活动监督的作用。

第三，改变秘密审判的形式，约束法官自由裁量权。以书面审理为主的审理方式，法官只需要审理整理成册的卷宗材料，通过对卷宗材料的审理和认定来进行裁判，这样往往具有不公开的特点。法官的裁判到底是依据什么，外人无从知晓，使得法官的自由裁量权不受限制，被无休止地扩大。而言词原则的产生正是对于这种自由裁量权的约束。通过言词原则，要求法官在法庭上听取控辩双方的陈述辩论，而且法官作出裁判的基础也只能是法庭上控辩双方以言词的方式所展示的诉讼材料。即使法官在判断证据效力上依然有着不可避免的主观判断方面，但是言词原则大大缩小了法官认定案件事实的诉讼材料范围，将其客观的局限在了庭审过程中以言词的方式所展现的证据。因此，法官的裁判所依据的那些证据可以一目了然，法官的裁决活动也变得不再神秘。

三、言词原则与直接原则的关系

直接原则和言词原则的密切联系从上文的论述中就可窥视一二，两者都把目光聚焦在了案件的庭审过程。直接原则要求法官、控辩双方必须到场，而言词原则又要求整个庭审过程以言词的方式进行，同时两者均要求法官作出裁判应建立在庭审活动中直接获得的以言词方式展现的诉讼材料上。由此可见，直接原则和言词原则就像一对孪生兄弟一样，紧密不可分离。正是因为如此，直接原则和言词原则也通常被称为“直接言词原则”。

然而，直接原则和言词原则虽然紧密关联却并非完全相同，都有着自己所侧重体现的方面。直接原则要求庭审活动中，法官和控辩双方必须在场，法官在庭审中直接审理、采证；而言词原则则是强调整个庭审活动的言词性，与书面审理相对应。两者的这些细微差别也使得很难对“直接言词原则”这个概念下一个完整的定义，以全面的包含直接原则和言词原则的内涵。

因此，在给直接言词原则下定义的过程中，很少有学者用一句完整的话概括直接言词原则的含义，而是更多认为直接言词原则作为一个上位概念，其下面包含着两个子概念：直接原则、言词原则。通过分别对直接原则、言词原则下定义的方法来解释直接言词原则这一概念。由此也可以看出，直接原则和言词原则既各有特色，又紧密相连、不可分割。

作为直接言词原则的要求，既杂糅了直接原则和言词原则的各自内容，又有所升华，大致有以下几点：

第一，庭审活动中，非经法定事由，裁判者和控辩双方不得缺席。这也即是直接原则中的在场原则要求。

第二，审判活动中，除非因客观原因无法出庭，否则提供证言的所有证人和鉴定人都必须出庭作证，其他在法庭外所形成的书面材料不得作为定案依据。

第三，在审判活动中，法官直接获得的证据方可作为定案的依据，未经法官直接采证的证据，即使在其他环节经过侦查人员、检察官的调查，也不得作为定案的依据。

第四，审理案件者和作出裁决者应为同一个法官，裁判者不可将直接出庭调查取证的义务委托他人。

第五，检察机关不得在庭审之前移送足以使审判人员产生预判的证据卷宗。避免出现“先定后审”的情况，使庭审流于形式。〔1〕

第六，庭审活动应该持续、不间断的方式进行，这即是集中审理原则。只有持续、不间断的审理，才能够保持直接言词原则的效果，前文已述。

第七，控辩双方在整个庭审过程中要以言词的方式展开攻击防御。在法庭调查和法庭辩论环节，双方的诉讼活动都是以言词的方式开展。而掌控整个诉讼过程的法官也是以言词的方式指挥庭审的。

第三节　直接言词原则与集中审理原则

一、集中审理原则概述

集中审理原则从性质上讲也属于诉讼原则的一种，因适用于案件的集中审理，故通常被称之为不中断审理原则。具体的定义是指法院在开庭审理案件的过程中，所参与的审判人员不更改，并且案件审理的时候连续进行不得中断。集中审理原则

〔1〕 参见张子培：《刑事证据理论》，群众出版社 1982 年版，第 53 页。

的中心内容主要体现在:[1]

第一，一个案件由专门组成的审判组织来审理，且一件案件自始至终都在同一法庭进行审判。在该件案件进行审理后，法庭不能进行另外一件案件的审理，而是需要在该件案件审理结束之后才可以开始另外一件案件。

第二，不得更换法庭成员。假如法官因故无法继续参与案件审理，只能由始终在场的候补法官和陪审员替补。若确实需要更换法官，则应该对案件重新审判。

第三，证据调查的集中性与法庭辩论的现场性。

第四，庭审不中断并且裁判表现出其迅速性。

究其渊源，集中审理始于英美法系，其产生的基础是陪审制度。在英美法系中，陪审团一般由普通公民组成临时性审判组织，人员一般由 12 人构成。由于陪审团人员相对多，并且是普通公民，反复多次召集费时费力，因此庭审需要以连续、不间断的方式来进行以避免召集人员产生的麻烦与耗损。

庭审的准备程序也被认为始于英美法系，这一点也是为了使得集中审理的效果更强。[2]为了保证庭审一次性地实现，庭审之前双方当事人必须整理好自己所有的言论证词和证据，而且要对对方可能存有的论点和证据了然于心。准备程序的内容就在于自己的论点和论据的准备，以及对方的论点论据的推测准备以及应对措施。相比较而言，在大陆法系没有对集中审理

〔1〕 参见黄文:《刑事诉审关系研究》，西南师范大学出版社 2006 年版，第 88 页。

〔2〕 王亚新:《社会变革中的民事诉讼》，中国法制出版社 2001 年版，第 84 ~ 86 页。

专门作出规定，且并没具有英美法系特点的准备程序。对于在第一次庭审上所没有澄清的问题，可以在第二次，甚至接下来的几次会议中来通过新的论点与证据来继续说明。一些比较法学家认为，英美法系所采用的集中审理是属于“一竿子插到底的审判”，而大陆法系中的审理则是属于断断续续的步履蹒跚的举证会议。〔1〕

关于英美法系的集中审理原则以及大陆法系的分割审理的庭审特点，王亚新先生各自用公式来表示：集中审理 = 准备程序 + 主要期日开庭审理；分割审理 = 准备 + 开庭→准备 + 开庭……从这两种鲜明的公式来看，集中审理属于一次性准备一次性进行开庭审理，而分割审理属于多次准备多次论证多次审理。〔2〕

也正因为大陆法系国家和地区长期以来分割审理的传统，使得集中审理原则这一本应同公开审理原则有着同等重要地位的审理方式一直被理论界和立法者所忽视。但是，从 20 世纪起德国、日本和我国台湾地区刑事诉讼都逐渐摒弃了分割审理主义，而进行了集中审理主义的确立，这表明集中审理是一个不可逆转的趋势。虽然在不同的国家和地区，由于程序集中程度不同，集中审理原则也有不同的模式，但其集中进行辩论和调查证据的基本内容是一个基本争点，并且都以一次开庭终结审

---

〔1〕 参见［美］约翰·莱兹：《为什么美国可能无法接受德国民事程序中的优点》，傅郁林译，载陈光中、江伟主编：《诉讼法论丛（第 3 卷）》，法律出版社 1999 年版，第 546 页；另参见［德］茨威格特：《比较法总论》，潘汉典等译，法律出版社 2003 年版，第 395 页；宋冰编：《读本：美国与德国的司法制度与司法程序》，中国政法大学出版社 1998 年版，第 260 ~ 411 页。

〔2〕 王亚新：《社会变革中的民事诉讼》，中国法制出版社 2001 年版，第 87 ~ 92 页。

理为理想目标。

成为当今诉讼法主流趋势的集中审理原则的功能表现在哪里呢？集中审理的功能不仅在于通过减少开庭次数降低诉讼成本，提高诉讼效率，而且在于因为案件是在集中、连续不间断的审理过程中，法官可以对案情有着新鲜的记忆以及事件发生的回放，因此能够作出更公正的裁判。这种鲜明形象的描述及记忆可以减少法官对复述式的书面卷宗材料的依赖，从直接言词中更好地再现事实的真相。集中审理是保证法庭审理顺利、迅速、公正进行的先决条件，是能够保证实现刑事审判公正与效率双重价值目标的重要因素之一。〔1〕

在采纳集中审理原则的国家或地区中，也因集中的程度不同而分为四类：

第一，绝对的集中。所谓绝对的集中，是指法院就案件的证据进行集中调查和辩论，审理集中于一次开庭就可以都得到终结。或者是对案件进行连续不断的数次庭审从而达成终结，并且在数次开庭之间不审理其他案件，而是在该案件审理结束的时候才开始审理其他案件。目前美国采用这种模式。这种模式与陪审制配套适用。绝对集中审理模式的优势在于达成了个案的审理效率，不需要多次组织陪审团而有效地节省多次组织陪审团审理的成本。同时因为陪审团的组织性以及一体性，有利于案件审理证据的整体性，避免由于时空交错而形成记忆上的误差产生错误的判断。绝对集中审理的缺点在于，一旦一个

〔1〕 参见刘作翔：《法理学视野中的司法问题》，上海人民出版社2003年版，第12页。

案件开庭就不能进行其他案件的审理，因为一个单个案件而影响了其他案件的审理，也就是说一个案件的效率是在牺牲其他案件的基础上得以形成的。在中国，因为没有陪审团制度，因此我国所属大陆法系没法实行这种模式，而也就没有因为一个案件的审理而影响了其他案件之说。

第二，原则上的集中。它是指法院在进行了充分准备之后，选定一个一次言词辩论期日对案件进行终结性的审理。在主要期日，法院把该案件所有的争点，对当事人进行概略说明，同时听取当事人的陈述，并进行辩论取证。德国自 1976 年后采用了原则上的集中审理模式。这种模式追求一次性开庭审理并得到案件的终结，这一点与绝对的集中审理模式相一致。不同的地方在于德国因为其职业法官制度，因此不会产生在数次庭审之间不得审理其他案件的问题，可以同时进行对多个案件的审理，因此其效率更强。

第三，计划性的集中。其审理模式在于法院就证据调查产生的争点制定明确的审理计划。在第一次期日对某一争点集中进行证据调查和证据辩论，在下一个期日则就另一争点进行审理。计划性集中审理模式的特点在于其强调对争点设置的计划性，强调就阶段性或者计划性的争点进行集中调查证据和辩论。对比前面两种审理模式，它的优点表现为灵活性。如果案件争点较少，则可以一次开庭审理终结；如果案件争点较多，则可以多次开庭进行终结审理。

第四，分别的集中。分别的集中审理模式是指法院尽可能地整理争点，然后开始集中询问证人和当事人本人。它的特点在于不是在争点整理之前进行对证人以及当事人进行询问。采用分别集中审理模式的有日本和我国台湾地区。日本《民事诉讼法》第182条规定以及我国台湾地区“民事诉讼法”第296条对此都有相关的规定。日本以及我国台湾地区把证人和当事人的询问分离出来，而且原则上要求不得在准备程序中进行这一审理模式，原因在于日本在二战后借鉴美国法而采用交叉询问制。在这种审理模式中，证人证言被认为是非常重要的证据方法，对诉讼胜负起着决定性的作用。[1]对证人证言进行审查的最佳方法是对证人进行交叉询问。对比计划性的集中审理方式，分别的集中审理方式集中度更低，但是比较容易实现。

从上述四种模式可以看出，集中审理的根本之处在于就争点进行集中调查证据和进行辩论。审理集中度，中国、美国采取的模式的绝对程度最高，相对来说，日本和我国台湾地区的模式中体现的集中度比较低。

二、集中审理原则与直接原则的关系

诉讼的核心程序是审判程序，它是在直接审理、言词审理、公开审理等审理基本原则的支配下进行的。这些原则的采用旨在调和刑事诉讼，以发现实体真实，保障程序的合法。而集中审理原则对于达成这两个目的起着关键的作用。支配刑事审判程序的首要原则是直接审理原则，法官形成心证在于其能够依据审理所得的直接印象。其法理基础在于其能够当庭得到直接证据以达到诉讼制度之追求法治秩序与发现实体真实的目的。

---

〔1〕 参见白绿铉编译：《日本新民事诉讼法》，中国法制出版社2000年版，第80页；樊崇义主编：《诉讼法学研究（第六卷）》，中国检察出版社2003年版，第391页。

在集中审理中，各种审理原则环环相扣，彼此交叉形成整套有机组织体。

司法公开原则是基于“正义应当被看见其得以实现正义的过程”，因此公开的方式是司法得以公正实施的基础，是杜绝司法机关滥用刑罚权的必备条件，也是避免独裁者使用秘密诉讼程序来整肃异己，或者避免独裁者刻意安排形式程序的审判武器。因此采用直接审理原则、言词审理原则与公开原则是发现真实及保障人权的最基本的审理原则。

在刑事诉讼法基本原则体系中，集中审理原则是其中一个重要内容。它与其他基本原则之间是互相交叉、互相联系的。当然各种审理原则各有侧重，相互补充、互相配合，逻辑严密，共同承担着刑诉法的发展的任务。很多学者都认为，集中审理原则并非以自我为目的，而是在集中审理的基础上达成直接审理、言词审理及自由心证等基本原则共同作用于案件的审理才得到司法的公正性的实现。集中审理的重要性就在于其作为整个刑事诉讼的基础原理，是其他原则得以实施的基础，刑诉法的部分原则都是在集中审理的前提下得以实现。因此，要贯彻直接审理、言词审理、公开审理等原则就必须采用集中审理，这样才能达成发现实体真实，并诉诸法律程序的诉讼目的。

三、集中审理原则与言词原则的关系

依据言词原则来实施的审理程序，是当事人必须在场，并且以言词来进行陈述。法官从当事人进行攻击或者防御的过程中，听取当事人陈述言词，并对陈述者察言观色，从中判断其说辞的逻辑，从而得出心证。法官遇到疑问，还可以对当事人加以询问或者令其口头对质，以此获取证据，避免误解，以助于诉讼得以公正进行。当事人的言词就是审理者的裁判基础。当然诉讼的材料必须集中而且言词辩论不能够中断，因此，需要当事人的言词来作为裁判的基础就必须要进行集中审理。如果案件的审理是断断续续而又支离破碎的，就不能够形成逻辑体系，言词审理就失去了意义。只有在控辩双方之间进行的你一言我一语的过程中，在紧密的语言对峙中才可以让数据与意见呈现出其固有的矛盾，才可以让法官能够更好地根据实体的真相来作出裁决。如果言词是在间断地进行，就会受到来自庭外的意见的左右，而且所产生的实体的印象也比较模糊，法官要形成心证比较困难，而因此不得不依赖卷宗以及曾经的笔录材料来作出判决。这样，庭审就失去了意义。不是真正从当事人的表现中获取证据而是从交换卷宗中得出结论，这样的结果就便于一些人从中得以获取漏洞而形成了言词审理的空洞化。而如果对案件进行集中审理，法院在审判日进行法庭上的言词审理，就能够形成心证而直接进行裁判，这样就减低了对笔录以及书面数据的依赖。正如德国学者拉德布鲁赫所言，生动的形象，就是那些不需要文字来记载就能形成判决的真实的依据，必须要集中起来才可以形成，这就需要进行集中的主审程序，以防止在同一程序中所产生的危险。并且他强调了诉讼的时间不能超过 3 天。[1] 由此可见，言词原则是在集中审理的基础上形成的。如果没有集中审理，就不可能有真正的言词原则的实

---

〔1〕 参见［德］拉德布鲁赫：《法学导论》，米健、宋林译，中国大百科全书出版社 1997 年版，第 125 页。

施的载体。

审视我国刑事审判实务，在诉讼程序中过分依赖书面材料，言词审理趋向于形式化表面化。例如，在言词审理开庭日，“公诉人对被告人控诉的罪名、依据见诸起诉书”之惯常陈词往往就代替了全部的言词辩论，粉饰了其实质内容。因此公开法庭上，审理程序所呈现的声明及主张到底是什么，不能够知晓。这种实务的运作中，公诉人、辩护人及法官往往事先写好各种书状，然后在法庭上进行书状的交换而不是采取实质的言词辩论方式来进行裁决。目前我国刑事审判实务中，诸如“事实辩论”“法律辩论”“证据辩论”等内容均未能得到完全的实施。究其原因，在于其没有真正实行集中审理之原则。既然不能进行集中审理，而是以零星片断的陈词或者事先拟好的书状来作为论述，那么要正确有效地作出裁决就有着极大的困难。在目前司法实务程序不够科学且时间的有限性约束下，会衍生出另外一种纠问制度。要克服此种弊端，采用集中审理原则并使诉讼程序规范更具体化就成为了必要条件。

小　结

直接原则和言词原则的密切联系从上文的论述中就可窥视一二。两者都把目光聚焦在了案件的庭审过程。直接原则要求法官、控辩双方必须到场，而言词原则又要求整个庭审过程以言词的方式进行，同时两者均要求法官作出裁判应建立在庭审活动中直接获得的以言词方式展现的诉讼材料上。由此可见，直接原则和言词原则就像一对孪生兄弟一样，紧密不可分离。

正是因为此，往往直接原则和言词原则被合称为“直接言词原则”。

直接言词原则所要求的法官直接采证、庭审以言词的方式进行等。当然诉讼的材料必须集中，而且言词辩论也不能够中断。因此，需要法官亲自在场采证以当事人的言词来作为裁判的基础就必须要进行集中审理。如果案件的审理是断断续续而又支离破碎的，就不能够形成逻辑体系，直接言词原则就失去了意义。所以，集中审理原则是直接言词原则的内在要求，没有集中审理，直接言词原则可能成为一句空谈。

第二章　直接言词原则的域外立法沿革

第一节　大陆法系直接言词原则的立法沿革

一、直接言词原则的萌芽

目前，学术界对于直接言词原则的起源还依然存在争议。归纳起来，主要存在三种观点：第一种观点认为直接言词原则起源于近代之初法院诉讼方式的大变革时期，主要在17世纪，西方资产阶级革命带来控审分离，法院对案件进行审理必须采取直接言词原则；[1]第二种观点则将德国近代的立法改革作为该原则的源头，特别是19世纪80年代立法改革对纠问式诉讼制度进行了较大调整，成为确定直接言词原则的关键内容；[2]第

〔1〕 参见乔欣主编：《外国民事诉讼法学》，厦门大学出版社2008年版，第216~217页。

〔2〕 参见汤维建、向泰编著：《民事诉讼法》，中国人民大学出版社2003年版，第62页。

三种观点不局限于对直接言词原则的内容进行探讨，就审理方式而言，认为该原则可以追溯到古罗马和古日耳曼时期的法律规定。[1]通过比较不同的观点可以发现，前两种观点主要强调了直接言词原则的内在内容，例如前两种观点将近代的法律变革阶段作为该原则的源头，着重强调该原则作为法院审理原则的重要内容，以该原则得到法律的确认作为源头。但是就直接和言词的审理方式而言，其出现要追溯到古罗马和古日耳曼时期。而笔者认为第三种观点不局限于内容的探讨，其对源头的探讨更为合理。

按照第三种观点，我们可以认为直接言词原则起源分别为：

1. 古罗马法

古罗马时期就注重对法庭审理的方式进行规定，但不同阶段对直接言词的审理方式的要求有所差异。学者根据这种法律规定的严格程度，将古罗马的诉讼制度划分成三个阶段。[2]这三个阶段分别为法定诉讼阶段、程式诉讼阶段和非常程序阶段。规定的严格程度从前往后逐渐减弱。例如相对于程式诉讼和非常程序阶段，法定诉讼阶段要求诉讼参与人必须严格根据法律规定作出相应的行为，并使用规定的法定语言，否则行为无效。可以看出古罗马时期就开始对直接言词的审理方式进行了规定，它对近现代的诉讼制度发展产生了深远的影响。

2. 古日耳曼法

与古罗马地区相比，古日耳曼并不设立专门的法庭来审理

---

〔1〕 参见［德］米夏埃尔·施蒂尔纳编：《德国民事诉讼法学文萃》，赵秀举译，中国政法大学出版社2005年版，第72页。

〔2〕 参见宋旭明：《罗马诉讼制度的演变与功能——追问实体法之生成史》，载《华中科技大学学报（社会科学版）》2010年第6期。

案件，而是由各种公众集会对案件进行审理。虽然如此，但是其审理的方式却和古罗马地区一样，即运用直接和言词的审理方式来审理案件。在具体的案件审理中，该方式主要表现为以下三方面内容：①对当事人的参与要求，即部族大会等具有审判职能的公众集会在审理案件时，诉讼的当事人必须到场，对于那些不能到庭的当事人，需要承担败诉的后果，这是直接审理方式的体现；②宣誓程序的设计，该地区在审理案件之前，双方当事人必须进行宣誓，至于宣誓内容和形式，该地区的法律作出了较为明确的规定，宣誓是进入审理程序的必经程序；③案件的审理阶段，正如前文所述，该时期并没有先进的调查手段，对于案件中是非的审查较难，一旦没有证据证明谁是谁非的情况下，公众集会就会向神明求助，以便他们作出正确的判决。为了保证审理结果的可接受，案件的审理过程对公众集会的民众公开。

通过对古罗马和古日耳曼时期的诉讼制度进行分析可以发现，虽然当时的诉讼技术较为落后，但其诉讼制度所采取的直接和言词审理方式，对于后来诉讼制度的进一步发展发挥了不容忽视的作用。

不管是古罗马法还是古日耳曼法，之所以在较早的历史时期就能确定言词证据审理方式，与当时的经济发展水平和社会制度的整体成熟发展是分不开的。马克思主义认为“经济基础决定上层建筑”，法律作为一项上层建筑，其确立和发展与社会的经济发展水平自然也是密不可分。

直接言词原则是人民主权不断发展的产物。众所周知，古罗马和古日耳曼作为历史文明古国，早在14世纪，其社会政治、经济和法制就获得了初步的发展。资产革命的兴起和资产阶级思想的传播，使得民主、自由、人权等先进思想对原有的纠问式诉讼和间接、书面的审理模式产生了抨击。这种情况下，纠问式诉讼模式开始向弹劾式诉讼模式转变。弹劾式诉讼模式的确定直接导致了直接言词原则的出现，或者说直接言词审理方式是建立在弹劾式诉讼模式之上的。因为在弹劾式诉讼模式下，要求法官保持中立地位，作用消极，只起引导诉讼进行、维护法庭秩序的作用。弹劾式诉讼模式赋予了当事人发表意见、辩论维权的主动地位。法官只能依照当事人的说法进行居中裁判，这直接导致了直接言词对审判过程及审判结果的重大影响，使其成为一种基本的审理模式。

虽然直接言词原则确立于大陆法系，在英美法系中并没有直接言词原则，但是类似的制度还是存在的。这也充分说明，直接言词原则是在适应资本主义经济发展的基础上成长起来的重要诉讼原则。在英美法系中，当事人主义诉讼和传闻证据规则在理念和目标追求方面表现出和大陆法系直接言词原则的相通之处。[1]为了调查清楚案件的事实真相，英美法系所属的国家不但重视审判过程中采取交叉询问的方式，而且还在证据规则中规定了传闻证据规则。对于普通法而言，传闻证据通常并不具有可采性。只有确保证据调查在法庭当场进行，才能保障裁判官通过察言观色进而客观辨识证据真伪。[2]从督促证人出

---

〔1〕 参见宋英辉、李哲：“直接、言词原则与传闻证据规则之比较”，载《比较法研究》2003 年第 5 期。

〔2〕 参见梁静：“论确保证人出庭作证的直接言词原则”，载《中州学刊》2004 年第 4 期。

庭作证的作用来看，直接言词原则和传闻证据规则具有异曲同工之妙。

二、直接言词原则在大陆法系的发展

（一）在大陆法系的确立

不同的诉讼模式决定了法庭在审理案件中采取不同的审理方式。16 世纪，德国出台了《卡洛琳娜刑法典》，该法典规定，在刑事诉讼中，对犯罪行为的裁判需要建立在对犯罪行为的调查的基础上。除此之外，诉讼活动从启动到最终的判决一般会经过几个诉讼阶段，且后一诉讼阶段诉讼活动的开展必须基于前一诉讼阶段的内容之上，而前一诉讼阶段的内容主要采取案件卷宗记载的方式进行。这一系列规定说明了法庭审判采取的是一种间接和书面的审理方式。〔1〕该法典的诉讼模式为纠问式。从该法典的内容不难看出，该诉讼模式虽然不排除法官在审理的时候采取直接和言词方式，然而案件整体的审理最主要还是采取间接和书面两种方式。显然这种诉讼模式并没有实现控审分离，故该诉讼模式并不能确定直接言词原则，对于该原则的正式确定是在近代实现控审分离以后。

资产阶级革命以后，直接言词原则在不少国家中得到了运用，但以明确的法律形式对该原则进行确认，要追溯到 1848 年的德国。虽然当时的德国还未统一，但是不同的邦国在法律中都明确规定了该原则的内容。首次以全国性的法律对直接言词

---

〔1〕 参见［德］米夏埃尔·施蒂尔纳编：《德国民事诉讼法学文萃》，赵秀举译，中国政法大学出版社 2005 年版，第 118 页。

原则进行规定的是1877年德国《刑事诉讼法典》。该法典明确对直接言词原则进行了规定，从而将直接言词原则作为一项基本原则确定下来。[1]当时的法律学者对此进行评论，认为直接言词原则的规定让案件审判不再是建立在卷宗材料之上，而是需要法官对案件中的证据进行直接接触，从而作出相应的裁判。具体到现行的德国《刑事诉讼法典》中，该原则主要表现在对审判者与案件的直接关系规定上。例如该法典第226条规定：审理法官需要亲自接触案件的证据，与案件建立最直接的关系。假如在案件的审理过程中，法官发生了更换，审理程序需要重新开始，否则法官与案件的直接关系就会被割裂，不符合直接言词原则。[2]除此之外，该法典还对法官中断审理的期间进行了规定：中断审理的期限不得超过10个工作日，一旦超过了10日，程序必须重新开始，但是特殊情况下不受该期间限制，[3]例如该法典第229条就对此进行了较为具体的规定。在对证人的询问方面，该法典的规定也体现了直接言词原则。除此之外直接言词原则在民事诉讼领域也有体现，如《德意志联邦共和国民事诉讼法典》第309条规定，“判决，只能由参与为判决基础的言词辩论的法官作出”。[4]该法典还规定了诉讼当事人在案件审理中，应对案件进行言词辩论，这体现了该原则的内容。

---

〔1〕 参见张卫平主编：《外国民事证据制度研究》，清华大学出版社2003年版，第155~156页。

〔2〕 李昌珂译：《德国刑事诉讼法典》，中国政法大学出版社1995年版，第95页。

〔3〕 李昌珂译：《德国刑事诉讼法典》，中国政法大学出版社1995年版，第97页。

〔4〕 谢怀栻译：《德意志联邦共和国民事诉讼法典》，中国法制出版社2001年版，第198页。

（二）直接言词原则的变迁

自1877年开始，德国的《刑事诉讼法典》和《民事诉讼法典》都遵循了言词原则和直接原则。然而，遗憾的是德国《民事诉讼法典》颁布生效后的几年内，言词原则和直接原则都在不同程度上遭到反对，理由是当事人或其代理人在法庭言词辩论以及口头听审，不但可能妨碍针对事实问题的讨论，并且可能不受控制而导致延期审理，由此会“可恶”地导致法律纠纷问题解决的拖延。

1898年奥地利《民事诉讼法典》所具有的社会化诉讼程序模式对德国诉讼产生了强烈的影响，其中有关法官角色和程序纪律的基本观点在德国被逐渐接受，德国诉讼法开始向社会化的诉讼程序迈进。最具决定象征意义的一步是颁布于1924年的一个紧急法令，也就是“爱明格尔命令”。这条法令的出台动摇了原有的直接言词原则在诉讼中的地位，通过对于诉讼期限的调整、口头审理方式的限制以及事实的认定，废除了原来的严格从法庭中获取证据的规定，可以引用原有的双方之间无异议的书面证据来认定案件基本事实。这些规定使得直接言词原则在诉讼中的作用大大降低。[1]并且德国在21世纪初制定的《民事诉讼法》第128条中规定，只要法院的裁决不是以判决书的形式来决断的，那么原被告双方就可以不用口头辩论。[2]直接

〔1〕 参见［德］皮特·高特沃德：“民事司法改革：接近司法、成本、效率”，载［英］阿德里安 A. S. 朱克曼主编：《危机中的民事诉讼——民事诉讼程序的比较视角》，傅郁林等译，中国政法大学出版社2005年版，第219～224页。

〔2〕 江伟教授执教五十周年庆典活动组筹备组编：《民事诉讼法学前沿问题研究》，北京大学出版社2006年版，第84页。

言词原则在德国诉讼法中的变迁不是人为的改革，它是一定时期社会环境和价值取向的重要反映。纵观直接言词原则在德国的演变，可以看出是以下几种原因在促成这种演变：

1. 为了促进诉讼，克服诉讼迟延带来的危机

德国之所以在诉讼程序中坚持直接言词原则，究其原因是德国司法及理论界都认为通过法庭中原被告双方的当场辩论，可以使法官更准确的认定事实，提高案件审判的公正性。但是，从德国直接言词原则的演变中可以看出，德国已经开始出于加速诉讼，解决诉讼迟延的目的而对直接言词的审理形式进行改革和限制。从这个方面来看，直接言词原则的存在对诉讼效率的提高又是一种阻碍。直接言词原则的存在对于诉讼制度的发展而言，究竟是拖延还是促进，是一个很难证明的难题。但是从德国对待直接言词原则的态度来看，德国司法实务界往往将其作为拖延诉讼的一个重要原因提出来，进而弱化和限制该原则的作用。因为德国诉讼改革之初，由于过于追求口头主义的理想，对书面审理限制颇多，建立了绝对的直接言词原则。这样就给民事诉讼实践带来了诸多的不便，而导致诉讼迟延就是其中的不便之一。在奉行绝对直接言词原则的体制下，由于过度倚重于当事人的言词辩论，限制必要的书面准备，导致当事人在法庭上的辩论缺少基础和效率而拖延诉讼。另外，在自由主义诉讼模式下，当事人及其代理人也有可能滥用口头主义，故意拖延诉讼以达已方目的。

2. 诉讼观念的变化

德国在19世纪70年代的民法典中就已经建立了当事人主义的诉讼观念。在当时的法学界主流思潮中，民事是私法的调整

领域。双方当事人意思自治、双方平等是最基本的原则。[1]所以在诉讼中，应当坚持当事人主义，应当让原被告进行充分的言词辩论，才能让法官站在中立的角度来裁决案件。这种诉讼观念在当时被称为自由主义诉讼观。

这种自由主义诉讼观的出现充分体现了民事诉讼法的全民自由平等观念，更侧重于强调司法机关对于私权的保护以及对当事人自由的尊重。与欧洲原有的纠问式的诉讼式程序比较，当事人主义充分体现了资本主义中的个性解放、个人自由、社会契约等的思想，符合当时的经济文化发展的思潮，也是符合人的最基本的要求，保障了当事人最基本的诉讼权利，因而这种诉讼观念在诉讼法中起着极其深远的影响。

德国1976年《民事诉讼法典》出台挑战了德国这种根深蒂固的自由观念，并在国际上产生了很大的影响。在该法中强调了法官对案件的管理和控制，以及对当事人诉讼行为的限制，具有职权主义的倾向，或者说开创了德国职权主义和社会化民事诉讼观的先例。这种社会化的民事诉讼观已经在世界范围内传播并逐步得到认同和实践。[2]在这种诉讼观念下，法官已经不仅仅只是一个中立裁判者，还是在诉讼中的国家代表，并且法官也更具能动性，也有发现案件事实的义务。

因此才出现了不再一味地强调口头主义和放任当事人对口

---

〔1〕 参见［德］卡尔·奥古斯特·贝特尔曼·汉堡："民事诉讼法百年——自由主义法典的命运"，载［德］米夏埃尔·施蒂尔纳编：《德国民事诉讼法学文萃》，赵秀举译，中国政法大学出版社2005年版，第58页。

〔2〕 参见赵秀举："德国民事诉讼法2002年改革及其成效"，载江伟教授执教五十周年庆典活动组筹备组编：《民事诉讼法学前沿问题研究》，北京大学出版社2006年版，第84页。

头主义的滥用的现象。为了进行案件管理，德国法官就有必要事先了解案情，明确争议焦点。原来的直接言词原则要求下的法官对案件的了解均来自庭审当中双方当事人的陈述与辩论中的观念受到了挑战。[1]法官审前对书面案件的浏览成为一种必要。

3. 科学的发展对诉讼程序的影响

在研究直接言词原则的作用出现弱化的原因时，不可忽视的是现代科技的广泛应用给刑事诉讼程序带来的巨大影响。这里谈的现代科技主要指的是现代通信技术、计算机技术和网络视频技术。在二战以后，特别是东、西德统一后，互联网、摄影技术、录音技术等在诉讼中开始得到认可。这些科学技术的发展给证据的鉴定方式带来了前所未有的改革，对于诉讼程序的运作也带来了机遇与挑战，例如书面诉讼文书的规定、证据的形式以及质证的模式等。在这样的环境下，传统的直接言词审理方式必然受到挑战，直接言词的作用当然会被大大削弱。

三、德国法的相关规定

德国《刑事诉讼法典》在产生的过程中不断地受到英国法和法国法的影响。尤其是法国《重罪审理法典》对 1877 年德国《刑事诉讼法典》的形成有着直接影响。在二战时期，诸多法律条文遭到废止。二战之后，德国分裂为东、西德国。西德继承了德国《刑事诉讼法典》的历史传统。随着 1991 年东、西德合

---

〔1〕 参见龙宗智：《刑事审判制度研究》，中国政法大学出版社 2001 年版，第 80 页。

并，德国《刑事诉讼法典》又得以适用于整个德国。

德国《刑事诉讼法典》有着自己独特的结构。

第一，各国刑诉法主要是以侦查、起诉和审判作为诉讼阶段的划分标准。但是德国在制定诉讼法上别出心裁，将诉讼程序划分为：前程序、中间程序和主程序。前程序主要是指从侦查机关介入侦查到提起公诉的阶段；中间程序是指从提前公诉到法院决定开庭受理的庭前审查阶段；主程序便是庭审程序。这一立法划分是极具特色的，有别于绝大多数国家的刑诉法。

第二，在德国刑事审判程序中，注重对被告人人权的保障。任何人不得自证其罪这个基本原则在德国《刑事诉讼法典》第136条得到了体现，被告人可以就自己所被指控的罪行不作任何陈述。这是保证公正审判得以贯彻的重要保障。尽管当一个人被控有罪，他不可能对自己被控告的罪行发表任何意见，但是不得自证其罪从根本上杜绝了沉默成为对被控告人不利的证据。

第三，基于人权保障的考虑，德国法上建立了完善的证据排除规则。其证据排除规则包括无罪推定原则、言词原则和独立评价证据规则等一系列的内容。大体而言，德国的证据规则可以分为证据提出的禁止和证据使用的禁止。证据提出的禁止主要是指因违背法律规定，违背了证据提出规则，而导致证据不能使用。证据的使用禁止是指证据因违背宪法有关原则，而被禁止使用。证据提出的禁止并不必然导致证据使用的禁止。因此我们也可以看出德国法的证据规则在发现实体真相和程序正义上，更偏向于对实体真相的发现。

德国《刑事诉讼法典》对直接言词原则作了详尽的规定。在该法典第244条第2款规定：法官有权力也有义务在自己职责和权限范围内尽一切可能去查明真相。这就意味着承担审判责任的法官假如需要传唤证人出庭作证，就应当传唤证人出庭作证，而并非听取该证人询问证言的警官取代证人出席，也并非可以由公诉人宣读证人书面证言的方式取代。法官对案件事实的探明义务是直接原则的法律依据和必然要求。法官对案件事实必须担负的探明义务要求法官必须在职权范围内尽一切可能的对案件事实情况作出充分了解之后获得最佳证据，继而作出公正合理的判决。[1]

在德国《刑事诉讼法典》第250条对直接言词原则也作出了更明确的规定。该条规定表明假如对于事实的证明只是建立于个人感觉之上的时候，必须在审判中对其询问并且询问不得以宣读以前询问笔录或者书面证词的方式代替。[2]根据该条文的规定，如需证明某人看到的事实，该人就应该出庭作证，而非以书面陈述代替之。这是直接原则要求法官直接采证的要求。只有知道案件事实真相的当事人出庭作证，法官对其亲自进行询问，法官才能根据对其的询问来裁断其证言效力。同时这一规则也是基于其他方面的考虑。书面陈述材料具有易篡改性，尤其是在警方的询问记录中，证人的真实意思极易被篡改和歪曲。如果证人不出庭作证，那么法官可能只能依据被篡改的证据作出裁判。因此德国《刑事诉讼法典》在第250条规定了所有的作为裁判依据的证据都要在庭审的过程中被“实况”的展

---

〔1〕 李昌珂译：《德国刑事诉讼法典》，中国政法大学出版社1995年版，第103页。

〔2〕 参见梁静：“论确保证人出庭作证的直接言词原则”，载《中州学刊》2004年4期。

示出来。

当然德国《刑事诉讼法典》第250条并不等同于传闻证据排除规则。该条款在实践中被灵活运用。在审判实践中，经常有线人出庭作证其听闻到的有关案件事实。[1]这种运用间接证人代替直接证人的出庭现象在德国审判实践中十分普遍，而且只需说明直接证人无法出庭作证的理由即可。德国《刑事诉讼法典》第251条对证人无法出庭的原因作出了详尽的规定，其原因可以归纳为：①证人、鉴定人死亡；②因路途遥远无法参加庭审；③因疾病或其他原因规定时间内无法参加庭审；④经控辩双方同意宣读其书面证言。

四、法国法的相关规定

法国自从18世纪末制定了刑事诉讼法后已经历了200多年。它是近代刑事诉讼法的起源，是大陆法系中刑事诉讼法的杰出代表。法国《刑事诉讼法典》不仅影响了欧洲国家的刑事诉讼法的制定，并且推动了全球范围内的刑事诉讼法的近代化。

18世纪末，在法国的大革命期间，法国开始由封建王朝走向了资本主义共和，同期也开始了司法近代化的进程。其前后颁布的《人权宣言》、1789年《宪法》以及五大部门法，奠定了法国司法的基础。而在19世纪初制定的《重罪审理法典》更是开启了法国刑法典的先河。在该法典中确立的一系列刑诉法基本原则，如警检合一等，在如今的法国《刑事诉讼法典》中

---

〔1〕［德］托马斯·魏根特：《德国刑事诉讼程序》，岳礼玲、温小洁译，中国政法大学出版社2004年版，第184页。

仍然占据着举足轻重的地位。在大革命后，法国的政局经常发生动荡，在波旁王朝复辟和贝当政府阶段，资本主义制度遭受到冲击甚至导致国土沦丧，给法国的刑事诉讼法带来了很多的变化，甚至一些变化在现行的刑事诉讼法中仍然可以看到其影子。[1]在1945年后，法国重获独立，政局开始稳定，司法改革得以继续。在刑事诉讼法领域表现为：修改了《重罪审理法典》，并于1958年颁布了《刑事诉讼法典》。此法典经历了1993年较为大的修改之后，一直沿用至今。[2]

17世纪60年代之前的法国《刑事诉讼法典》深受教会法的影响。其强调以书面形式进行，抛弃了过去日耳曼法中诉讼以口头的方式进行的做法。在刑事案件中，必须要提交书面的起诉状案件才会被受理，并且在原告提出书面起诉状后，被告也不能以口头的方式来应答，也要制作相应的答辩状，同时双方的辩论以及与证人的交流也必须以书面的方式。[3]虽然法国在中世纪对于诉讼形式进行了改革，但是对于宣誓的规定还是保留了下来，只是宣誓的对象有所不同，对待作出虚假证言的证人依然将会给予惩处。在欧洲的中世纪时期，神学法学派将起誓作为诉讼的一种必经程序而加以设置，并且通过改革，抛弃了原有的当事人必须亲自到庭的做法，开始允许原被告请专业人士或者其他人作为自己的代理人而出席法庭的诉讼，并参加

---

〔1〕 参见范愉主编：《司法制度概论》，中国人民大学出版社2003年版，第178页。

〔2〕 李游、吕安青：《走向理性的司法——外国刑事司法制度比较研究》，中国政法大学出版社2001年版，第117页。

〔3〕［美］哈罗德·J.伯尔曼：《法律与革命——西方法律传统的形成（第一卷）》，贺卫方等译，法律出版社2008年版，第250页。

法庭的辩论。在刑事诉讼程序中，对于法官的职权进行了改革。一方面赋予了法官很大的自由裁量权，在这时期的刑事诉讼中，法官占据着很大的主导地位，法官可以对原被告和证人进行调查以发现事情的真相；另一方面给予了法官很大的责任，法官不再是中立者，法官作为神明的代表，有义务查清事实的真相。〔1〕但是由于宗教对神明的盲目崇拜和依赖，使得证据的采集和裁判的作出没有依据科学的方法，并且大量的运用刑讯手段，重口供，轻证据。

17 世纪 60 年代颁布的法国民事诉讼王令掀起了法国诉讼法近代化的步伐，并对法国以后的刑事诉讼法的制定也产生了极大的影响。随着教会影响的降低，法国国王和贵族的权力开始彰显，这一变化也影响了法国诉讼法的发展。在这一时期，根据法国民事诉讼的规定，言词辩论开始增加口头辩论的元素。起诉也不再遵循严格的书面主义，并且对原被告双方以及其他诉讼人员的询问也可以用口头的方式开展。直接言词原则在法国得到了进一步的发展，并在刑事领域也掀起了变革。

与此同时，以法官为主导的纠问式诉讼程序也受到了极大的冲击。18 世纪末的法国大革命成为了改革诉讼程序的契机。法国开始变更自己的诉讼程序，逐步抛弃了原有的纠问式程序，注重对当事人权利的保护，采用了职权主义的诉讼程序。在刑事诉讼中，给予了被告方更多的人权，如被告可以自己收集证据、询问证人、与原告方进行辩论等。18 世纪 90 年代，法国引

〔1〕［美］哈罗德·J. 伯尔曼：《法律与革命——西方法律传统的形成（第一卷）》，贺卫方等译，法律出版社 2008 年版，第 251 页。

进了陪审团制度。在诉讼中，法官坚持严格的言词原则。法官对于案件的审理必须通过开庭进行，并充分听取原被告双方的辩论、结合证人证言以明确事实的真相，然后才能对案件作出裁判。在19世纪初制定的《犯罪与刑罚法典》中更是体现了直接言词原则的要求。在案件审理时，要求原被告双方必须亲自出庭。法国现行《刑事诉讼法》第427条作出了如下要求，法官对案件进行裁判的依据只能是当庭进行质证的证据，并在第452条还要求证人必须当庭作证。[1]

显而易见的是，上述几条都是直接言词原则的直接体现：其一，对于证人证言的采纳，要求证人必须出庭，亲自对他所证明的事实进行阐述，否则法庭将不采纳证人的证词，这显然是直接言词原则的特征；其二，对法院据以认清案件事实的证据进行了规定，只有经过法庭质证的证据才能被法院认定为有效，排除传闻证据在庭审中的效力。

法国现行《刑事诉讼法》第316条规定，原被告双方未能达成一致意见的事项，法官应当在他们进行充分辩论后才能作出裁决。直接言词原则规定法官据以裁判的依据必须是在庭审中获得的证据，而该条更是将这点体现得淋漓尽致。

直接言词原则的另外一大特点就是法官要自始至终都参与案件审理，对于法庭审理的任何一个阶段都要在场，无故不得中断审理和替换。当然，这只是原则性的规定。在实务当中，可能会出现一些突发状况必须要中断审理或者改变法官的人选，

---

〔1〕 杨诚："论直接言词原则及在我国刑事审判制度中的实现"，载《广西大学学报（哲学社会科学版）》2007年第2期。

如在庭审时出现了地震、洪涝等自然灾害，或者法官突然病倒等情况。但是除了这些意外事件，一般是不能改变法官的人选的。审理过程中改变法官的人选，则新上任的法官势必又要对案件进行重新审理，无疑是浪费了当事人的时间和精力，同时也浪费了司法资源。因而为了防止这些突发状况的发生，法国建立了“替补法官”的机制。替补法官们从诉讼伊始就参与审理，对诉讼的全过程较为了解，在遇到意外事件时，他们可以迅速地接替原审法官进行审理。由于替补法官参与了案件审理的全过程，他对于案件的事实也有了一定的了解，完全可以接替原审法官继续原来的诉讼程序，节约了当事人和法院的时间、精力，同时也有利于贯彻直接言词原则。

按照法国理论界的通用观点，直接言词原则并非出自于刑诉中，而是搬用民诉中的相关规定，乃是法国大革命的结果。法国法院中，无论是民庭还是刑庭，都必须经历口头审查的步骤，即使在后期法国在庭审中加入了书面审查的预审制度后，法国的诉讼中依然保留了原被告双方的口头听审的权利。就算是原被告双方诉至法国最高法院，口头听审依然是不可剥夺的基本权利。但是，随着社会的变迁以及科技的进步，口头听审在法庭审理中的地位已经被削弱。法官在诉讼中，开始减少口头询问的时间，并且可以自由决定原被告双方辩论或者询问的时间。2002 年法国刑事诉讼法中更是将这种变化体现得淋漓尽致，减少了口头听审的使用范围。

法国直接言词原则的变迁主要有如下趋势：首先，言词原则在诉讼法中开始有所松动，书面审查逐渐在诉讼中占据一定的地位；其次，随着通讯科技以及摄影技术的发展，录像、录音在特定情况下也可以证明案件事实的真伪。[1]而直接言词原则的变迁对法国诉讼的影响也主要体现在上述领域。

1. 在诉讼中，加入书面审查有利于提高司法效率，加快对案件的审结

在理论界和实务界，对于口头主义和书面主义在提高诉讼效率方面孰优孰劣一直是争论不休的。在19世纪以前，人们认为书面审查很繁琐，效率低下，而口头辩论和询问的形式更为快捷迅速。因而人们对言词原则寄予厚望，认为言词原则是解决司法效率低下问题的良药。但是后来的事实并非如人们所预料的一样。在实行严格的言词原则下，原被告双方经常会陷入无休止的辩论当中，并且一些完全可以用书面审查就可以解决的案件却因为实行严格的言词原则而必须开庭，这实质上也是司法资源的一种浪费。

虽然口头审查和书面审查的优劣性无法判断，但是可以确定的是，将两者相结合对诉讼效率的提高是有好处的。因为现代的诉讼案件形式非常多样，单纯的采取口头审查或者书面审查的模式都无法满足现有的需要。在法官审理案件之前或者对一些事实清楚的案件采用书面审查，有利于诉讼效率的提高；在一些事实模糊或者适用法律较为困难的案件中，使用言词原则也有利于保障当事人的诉讼权利。

2. 直接言词原则的变迁也倒逼诉讼提高信息化程度

如上面所述，现代高科技技术的发展，导致了法国直接言词

〔1〕［法］卡斯东·斯特法尼等：《法国刑事诉讼法精义》，罗结珍译，中国政法大学出版社1999年版，第11页。

原则的变化。在法国的刑事诉讼中，在直接言词原则主导的诉讼体系下，案件的审理必须要法官、检察官、证人及鉴定人必须同时到庭进行辩论和询问。但是随着通信技术的发展，在一些跨区域的诉讼中，这些诉讼的参与者到庭的花费可能远超过其在诉讼中的得利。因而，在这些情况下，当事人、证人等通过电话、视频等参与到诉讼中，也完全能够帮助法官查清事实，明辨真伪，对于诉讼的进行完全没有影响。所以在法国的直接言词原则中，应当将诉讼参与者通过电话、视频的发言当作直接言词的一部分。

五、日本法的相关规定

在刑事诉讼法领域，日本在明治维新十年之间建立了证据裁判主义和国家追诉主义，废除了落后的诉讼制度，迅速实现了刑事诉讼法的现代化。二战日本战败后，在美国的影响下日本刑事诉讼法发生了根本的变更。1948 年日本制定了《刑事诉讼法》，在这部刑事诉讼法中体现出了强烈的英美法倾向。其中较为明显的特征是刑事诉讼法宪法化、司法权独立倾向和对抗主义。[1]

日本现行的《刑事诉讼法》一共有 500 多条，是于 1948 年在美国政府的帮助之下制定的。在 1999 年进行了一次修改。修改的内容主要是针对盛行的有组织犯罪，允许技术侦查措施的采用。[2]2000 年在人权保障的潮流影响之下，专门制定了《关

---

〔1〕 参见［日］田口守一：《刑事诉讼法》，刘迪等译，法律出版社 2000 年版，第 5～6 页。

〔2〕 参见［日］松尾浩也编著："逐条解说：犯罪被害人保护法"，有斐阁 2001 年版。转引自陈光中主编：《21 世纪域外刑事诉讼立法最新发展》，中国政法大学出版社 2004 年版，第 254 页。

于以保护犯罪被害人等为目的的刑事程序附属措施的法律》。[1]在陪审团制度上，日本经历了一个曲折的发展过程。在 1928 年日本引进了英美法系陪审团制度，并制定实施了《陪审法》。但是在 1942 年又停止了其适用。在迈入新的世纪之后，21 世纪日本又制定了《关于裁判员参加刑事审判的法律》，在刑事诉讼法领域又重新建立起来了类似于陪审团制度的裁判员制度。裁判员制度既吸收了英美法系的陪审团制度基本原则，又学习了德国的参审制。[2]

在日本刑事诉讼法中，为了保障直接言词原则的实施，规定了一系列的相关制度。

1. 出庭证人的范围

日本《刑事诉讼法》明确规定了证人应该承担出庭作证的义务，同时也规定了某些证人的拒绝作证权。日本《刑事诉讼法》第 147 条规定配偶、父母、子女和具有监护关系的人均享有拒绝出庭作证的权利。[3]

2. 关于证人出庭的有关制度

在日本《刑事诉讼法》中，不仅仅有相关的出庭保障措施，还有惩戒措施。如日本《刑事诉讼法》第 164 条中规定证人可

---

〔1〕 参见［日］松尾浩也编著：“逐条解说：犯罪被害人保护法”，有斐阁 2001 年版。转引自陈光中主编：《21 世纪域外刑事诉讼立法最新发展》，中国政法大学出版社 2004 年版，第 254 页。

〔2〕 参见［日］田口守一：“关于裁判员制度”，转引自陈光中主编：《21 世纪域外刑事诉讼立法最新发展》，中国政法大学出版社 2004 年版，第 261 页。

〔3〕《日本刑事诉讼法》第 147 条规定：任何人都可以拒绝提供可能使下列的人受到刑事追诉或者受到有罪判决的证言：（a）自己的配偶，三代以内的血亲或二代以内的姻亲，或者曾与自己有此等亲属关系的人；（b）自己的监护人、监护监督人或者保佐人；（c）由自己作为监护人，监护监督人或者保佐人的人。

以获得经济补助。[1]通过对证人经济上的补助，也是对证人出庭作证的一种激励。但是，这并不足以保障证人出庭。日本《刑事诉讼法》还在150条规定了相关的惩戒措施，以此确保证人对出庭作证的义务承担。

3. 言词证据原则的相关规定

日本《刑事诉讼法》第320条规定，除法定例外情形以外，书面证据不得作为证据使用。[2]同时对于言词证据原则的例外，日本《刑事诉讼法》也是有相应的规定，主要包括第322条规定的没有必要对被告人自己供述进行反询问、第326条当事人自愿放弃反询问。

4. 中途不得更换法官

根据日本《刑事诉讼法》第351条的规定，法官更换后，案件需要重新审理。这就保障了直接言词原则的落实，避免出现了审理者和裁判者分离的局面。

5. 保障法官的素质

直接审理对法官有较高的素质要求。这种要求表现在专业知识和诉讼经验两个方面。在日本，从事法律职业的法官、检察官和律师统称为“法曹”。日本大学的法律专业只培育一般性的法律人才。法律班科学生毕业之后不能立刻成为法律共同体的一员，他们需要通过法律资格考试才能成为其中的一员。而

---

〔1〕 日本《刑事诉讼法》第164条规定：证人在出庭作证后，可以请求交通、日津及住宿费。

〔2〕 日本《刑事诉讼法》第320条规定：除第321条至328条规定的例外情形以外，不得在公审期日以书面材料代替陈述或者将以他人在公审期日以外的陈述为内容的陈述作为证据。

日本的司法考试又是难度最大的考试之一，往往仅有 2% 或 3% 的通过率，其难度是其他行业罕见的。通过这一门栏设置，充分保障司法人员的高素质，为直接审理奠定人才的基础。

六、意大利法的相关规定

意大利《刑事诉讼法典》先后共有四部。现行《刑事诉讼法典》是由意大利刑事诉讼法委员会在 1987 年开始起草、制定的。这部刑事诉讼法典对于传统的欧洲大陆的纠问制模式进行了扬弃，并吸收英美法系对抗制的精华，其呈现出了“混合式法律”的特点。

意大利《刑事诉讼法典》中明确规定了直接原则和言词原则。其中关于直接原则的条文主要有：第 526 条规定，法官作出裁判的依据必须是在庭审中所获得的证据。第 525 条第 2 款规定，要确保庭审活动真实连贯性，参与审理案件的法官和作出裁判的法官必须是同一个人，中途不得更换。

言词原则与直接原则密不可分，是直接原则的必要延伸。在意大利《刑事诉讼法典》中要求庭审的过程必须以言词的形式进行。意大利《刑事诉讼法典》对于主控一方移交给法官的证据也作了诸多限制。主控的检察官只能移交以下证据：①指控被告人的起诉书；②侦查机关重复调查的记录；③有关民事请求的材料；④附带证明中被接受的材料。

与此同时，意大利《刑事诉讼法典》也有专门的传闻证据规则的相关规定。该法典规定了当证人告知其所作证内容是来源他人时，经当事人申请或者法官自主决定询问消息来源者，否则，该证人作证的证言不得使用。[1]

在意大利《刑事诉讼法典》第200条、第201条是对证人处于职业特点和职务要求，有保守秘密拒绝作证的权利的规定。其中第200条规定，专业人士、宗教人士没有义务就因为自己职业特点而接触到的情况进行作证，除非确有必要向司法机关汇报的情况。[2]第201条规定，公务员、公共职员和受委托从事公共服务的人员除非是规定必须向司法机关作出汇报，否则有义务不针对职务原因所了解的并且需要保密的事实作证。[3]

七、俄罗斯法的相关规定

在苏俄时期，1960年最高苏维埃制定了《苏俄刑事诉讼法典》，对各种诉讼基本制度、诉讼主体和控辩双方的权利义务和被告人权利保障作了详尽的规定。1991年苏联解体，俄罗斯继承了其立法成果。在刑事诉讼领域，沿用了《苏俄刑事诉讼法典》。但是，此后针对这部法典在保持原有框架的基础上，作了多次修订、增删。在2001年11月22日，俄罗斯国家杜马颁布了《俄罗斯联邦刑事诉讼法典》。同时在此期间，又通过了两个

---

〔1〕《意大利刑事诉讼法典》第195条规定：当证人告知对事实的了解来源于其他人时，法官根据当事人的要求决定是否应传唤这些人作证，法官也可以主动决定询问这些人。在未遵守上述规定的情况下，证人就来源于其他人的事实所作的陈述是不可使用的，除非因上述其他人员死亡、患病或者查无下落而不可能对其进行询问。

〔2〕这一类人士主要包括：①其宗教组织与意大利法律制度不相抵触的宗教职业牧师；②律师、法定代理人、技术顾问和公证人；③医生，外科医生，药剂师、产科医生以及其他从事卫生职业的人；④行使其他依法有权不就职业秘密作证的职务或职业的人员。

〔3〕《意大利刑事诉讼法典》第201条。

法律文件，对于新法典作出了79条修订。《俄罗斯联邦刑事诉讼法典》共有18编55章共473条。[1]新的诉讼法典将现代的刑事诉讼法基本原则都规定进去了，包括惩治犯罪和保障人权并重、疑罪从无原则和禁止重复追诉原则等。在此同时，《俄罗斯联邦刑事诉讼法典》中有着诸多英美法系的特点，比如对沉默权的保护、确立陪审团制度和控辩双方辩论原则。因此，《俄罗斯联邦刑事诉讼法典》也呈现“混合制”的特征。

《俄罗斯联邦刑事诉讼法典》第240条对直接言词原则作了一般规定：在庭审过程中，刑事案件所有的证据都应在庭审中进行直接审查，除法律有特殊规定的除外。法官应该直接在庭审过程中当场听取控辩双方针对案件的陈述以及证人证言和鉴定人的鉴定意见。同时对物证和审查证据进行辨别检验，并根据在庭审过程中得出的证据作出裁判。

《俄罗斯联邦刑事诉讼法典》第276条和第281条规定了直接言词原则的例外。第276条规定了经控辩双方请求，证人在调查程序中所作证言也可以作为定案依据。[2]另外，也可以宣读受审人以前在法庭上所作的陈述。[3]在第281条规定在证人不

---

〔1〕 参见陈光中主编：《21世纪域外刑事诉讼立法最新发展》，中国政法大学出版社2004年版，第247页。

〔2〕《俄罗斯联邦刑事诉讼法典》第276条规定：在下列情况下，可以根据控辩双方的请求宣读被害人在进行审前调查时所作的陈述，以及展示记录其陈述的照片和播放其录音和录像及电影片。黄道秀译：《俄罗斯联邦刑事诉讼法典》，中国政法大学出版社2003年版，第198页。

〔3〕 受审人在审前调查过程中所作的陈述与在法庭上所作的陈述有重大矛盾，但如果该陈述是犯罪嫌疑人、刑事被告人在没有辩护人在场时，包括在他拒绝辩护人的情况下在审前诉讼过程中所作的，而没有被犯罪嫌疑人、被告人在法庭上证实的陈述的情形除外。

能到场且法庭上所作陈述与之前陈述存在较大矛盾时，经控辩双方同意，也可以在法庭上宣读其证言。[1]

此外，《俄罗斯联邦刑事诉讼法典》第281条还规定了证人拒证权的例外情形。即拥有拒证权的证人，在侦查机关、检察机关和法院明示其证言可能在以后庭审中作为证据且证人同意作证的。即使享有拒证权的证人在之后拒绝作证，其之前所作的证言依然有效。[2]

第二节　与英美法系国家传闻证据规则的比较

在英美法系国家的立法当中，并没有直接言词原则。但是，英美法系的刑事诉讼过程每时每刻又体现出直接和言词审理模式的精神。其中，传闻证据规则便是最好的体现。正如前一章所述，传闻证据规则与直接言词原则之间存在着紧密的联系，但也有着很大的差别。对于英美法系的传闻证据规则的考察，则是直接言词原则比较法研究中不可缺少的一环。

---

〔1〕《俄罗斯联邦刑事诉讼法典》第281条规定：在下列情况下，经控辩双方同意，允许宣读被害人和证人以前在进行审前调查和法庭审理时所作的陈述，以及展示在询问过程中制作的照相底片和照片、幻灯片、播放录音和（或）录像、电影片：①被害人和证人以前所作的陈述与法庭上所作的陈述存在重大矛盾；②证人或被害人不能到庭。黄道秀译：《俄罗斯联邦刑事诉讼法典》，中国政法大学出版社2003年版，第200～201页。

〔2〕《俄罗斯联邦刑事诉讼法典》第281条规定：如果在审前调查过程中，调查人员、侦查人员、检察长和法院事先向享有作证豁免权的被害人和证人说明他们的陈述可能在刑事案件以后的审理中被用作证据，该被害人或证人同意作陈述，以后即使在法庭上表示拒绝作陈述，也不会妨碍他在审前调查过程中所作的陈述的证据能力。黄道秀译：《俄罗斯联邦刑事诉讼法典》，中国政法大学出版社2003年版，第200～201页。

一、传闻证据规则的发展与演变

（一）传闻证据规则概念

传闻证据规则（Hearsay Rule），也可以称为反传闻规则或者传闻证据排除规则，属于英美法系当中非常重要的一项证据规则。其基本概念是：如果一个案件的相关证据被认为属于传闻证据，而且也并不适用于普通法和制定法的例外情况，那么此案件的相关证据将不能被法庭采纳。[1]需要指出的是，传闻证据规则仅仅只是排除证明手段但并非排除事实，因此同样也有例外适用的情形。

传闻证据规则发展至今，成为英美法系最为重要的证据规则，主要是基于以下法理基础：

1. 传闻证据损害程序公正

英美法系非常突出的一个特点就是程序公正优先。这是由于这些国家人权保障理念较为先进，司法水平和技术也较为发达。在这一背景下，被告人及其辩护人在法庭上享有充分的辩论权、质证权。而传闻证据因为并非主张者本人所述，出庭作证的证人不一定完全了解案件全部事实，对于控辩双方的询问也就无法作出一定有价值的回答，所以也就无法确定其陈述内容的真实性，不能采用交叉询问方式检验法庭之外的陈述者或行为者的感知和记忆能力以及诚实品质和语言表达能力。[2]这

---

〔1〕 刘玫：《传闻证据规则及其在中国刑事诉讼中的运用》，中国人民公安大学出版社 2007 年版，第 28 页。

〔2〕 参见屈新、成丽亚："论传闻证据规则在我国的确立"，载《中国人民公安大学学报》2004 年第 2 期。

无疑相当于剥夺了相对方的质证权，在注重保护交叉询问的英美法系，这会严重损害司法公正。

2. 传闻证据可能偏离案件真实

诉讼的主要任务，特别是庭审的中心任务就是尽可能的回溯事实。但是传闻证据并非来自主张内容真实性的本人，而是他对案件情况的一种转述，这种转述难免包含转述者本人的判断、评述和认识在里面。即使转述人刻意回避将个人的情感掺杂其中，但是由于人的认识能力、理解能力、表达能力、知识水平的不同，听到相同的陈述，也可能作出不同的转述。〔1〕此外，在英美国家有证人宣誓制度。在大陆法系，证人出庭要签署出庭具结书，确保证言真实，没有这些约束，证言的可靠性就更低。

3. 传闻证据排除规则确保法官对于证据直接采证

庭审的任务在于通过双方辩论和交锋，以保证裁判官能够察言观色，辨明其真伪。然而对于传闻规则，由于法官未能直接听取陈述人陈述，无法根据陈述人的态度、表情等情况以综合性地判断陈述内容的真实性，因为其违反直接言词原则，同样被禁止在法庭上适用。〔2〕

此外，传闻证据排除规则产生之初，目的之一是有效地避免缺乏法律知识的陪审团对有缺陷的传闻证据关注太多。因此，在诉讼中原则上禁止将传闻证据作为正常的证据来加以使用，

〔1〕 参见屈新、成丽亚："论传闻证据规则在我国的确立"，载《中国人民公安大学学报》2004年第2期。

〔2〕 参见宋英辉、李哲："直接、言词原则与传闻证据规则之比较"，载《比较法研究》2003年第5期。

只有在例外情况下，即只有当其不至于对陪审团产生误导作用，才有可能在一定条件下被作为证据加以使用。而且传闻证据排除规则可以防止当事人提出大量的非直接证据，以干扰法院对案件的审理。[1]

4. 传闻证据排除规则促使陈述人出庭作证

促使陈述人出庭作证是传闻证据排除规则的主要功能之一。英国有强制证人出庭制度，对于不出庭的证人，必要时处以“藐视法庭罪”。[2]而我国并没有这样的制度设计。一直以来，证人出庭作证都是一个难题，特别是在大陆法系，证人常常会因为害怕得罪人或者害怕受到打击报复等原因而不愿意出庭作证。在我国，据统计，证人出庭率不到5%。[3]而传闻证据的陈述人所要面临的这类危险要小得多，通过传闻证据规则的实施，促使案件直接知情者出庭作证，有助于增强法官对案件的准确判断。

当然，传闻证据一律不得作为定案依据也不现实。一方面绝对的言词证据原则不具有现实性。固然，通过直接辩论原则取得的证据是最佳证据，但并非唯一证据，且在许多情况下这样的证据是不可得的。同时，不可否认的是，并非所有的传闻证据都不可靠，都偏离真实，例如书面证言，在证据传递过程中就极少失真，即使证人有意无意地对其进行歪曲，法官也能

---

〔1〕 参见屈新、成丽亚：“论传闻证据规则在我国的确立”，载《中国人民公安大学学报》2004年第2期。

〔2〕［英］鲁珀特·克罗斯、菲利普·A. 琼斯：《英国刑法导论》，赵秉志等译，中国人民大学出版社1991年版，第296页。

〔3〕 樊崇义主编：《刑事诉讼法实施问题与对策研究》，中国人民公安大学出版社2001年版，第267页。

从字面上领悟到案件真实。另一方面严格适用传闻证据排除规则，可能导致很多案情无法查清，以较小的个体权利危害到社会公众的基本人权，实乃得不偿失。例如，当直接感知案件事实的人已经死亡或者隐而不见时，如果否定可靠的传闻证据，将会导致不能查明事实真相的后果。因此，在普通法的发展历史上，一些传闻证据的可采性相继被判例法所肯定，形成了传闻规则的例外。〔1〕事实上，20 世纪 60 年代，英美等西方国家由于适用严格的传闻证据排除规则，导致很多刑事案件无法定罪，加上社会秩序混乱，刑事案件高发，引发了公民对政府严重的不满情绪，造成了一些对立事件的发生。

英美证据法理论认为，一项传闻证据具备下述条件之一的，可以被采纳：其一，具有“可信性的情况保障”，即综合考虑该传闻证据的各相关情况，可以相信其具有较高的可信度或者不具有通常情况下传闻证据的不真实之危险性，即使未经当事人的交叉询问也不会对当事人的利益构成危害；其二，已经给予反询问或质问的机会。〔2〕其中，大致可以产生以下分类：

第一，第一手传闻证据具有可采性。国外许多国家的法律都规定第一手传闻证据具有可采性。具体说来，如果该传闻证据是口头的，该证据应被所听到该证据的证人在法庭上作证证明，而且该证人的证言应基于自身知识；如果证人是通过书面

〔1〕 参见宋英辉、李哲：“直接、言词原则与传闻证据规则之比较”，载《比较法研究》2003 年第 5 期。

〔2〕 参见宋英辉、李哲：“直接、言词原则与传闻证据规则之比较”，载《比较法研究》2003 年第 5 期。

形式作证，那么该证言也应是基于自身知识所作出的陈述，该书面证言作者身份的确认及证言的真伪还应通过普通方式认定。

第二，多次传闻之言词证据的有限可采性。多次传闻之言词证据并非一律不被适用，在某些情况下也应具有可采性。例如以文件形式存在的传闻证据；对原始文件传闻证据复制、摘录、总结而形成的文件等。因复制而带来的失真的危险性在文件传闻证据的情形下会变得非常小。即便是证据最初是口头形式，但因为其后的一系列证据都是以文件形式对该口头证据的记录，这些文件失真的可能性也非常小。另外，即便在这种情形下存在伪造的可能，如果文件的制作者与案件不存在利害关系，伪造的可能性不会比在证据信息传递过程中出现失真的可能性大。〔1〕

（二）传闻证据规则的产生和发展

谈起普通法上的传闻证据规则，就不得不谈陪审团制度。传闻证据规则和陪审团制度之间有着密切的关系。甚至有学者认为，传闻证据规则便是陪审团审理制度的产物。〔2〕

作为普通法上极具特色的制度之一陪审团制度，却是起源于欧洲大陆的。早在古希腊罗马时期，陪审团制度就已出现。在古希腊历史著名的梭伦改革中，梭伦成立了两个新的国家机构，以实现其对政治机构的改革。这两个机构分别是四百人大

---

〔1〕 参见宋英辉、李哲：“直接、言词原则与传闻证据规则之比较”，载《比较法研究》2003 年第 5 期。

〔2〕 参见［美］约翰·W. 斯特龙主编：《麦考密克论证据（第五版）》，汤维建等译，中国政法大学出版社 2004 年版，第 480 页。

会和陪审法庭。四百人大会是当时主要的议政机关，是希腊民主制的典型代表。而陪审法庭则是雅典颇具特色的司法审理方式。陪审法庭由陪审法官组成，法官由四个等级中的公民组成。在这里审理除叛国罪以外的绝大多数案件。[1]古罗马沿袭了这种陪审制度，也设立陪审法庭，专门来审理刑事案件。古罗马的陪审法庭一般以最高裁判官为首，最高裁判官再从元老院的贵族、骑士中挑选出300到500人来担任陪审员。一般一个案件会由多达30到40个陪审法官一同来审理。这一制度也是古罗马司法权在民的集中体现。当时间进入到封建社会时期，陪审制和纠问制之间的抵触日益加深，陪审制度不得不被欧洲大陆所抛弃。352年，古罗马皇帝又介于陪审团过大的权力对自己的限制，废除了陪审团制度。[2]此后，虽然陪审团制度在欧洲大陆也时有出现，但也很快走向了消亡。

相比较在大陆法系的逐渐消失，陪审制度却在英伦岛屿上散发出新的光彩。1066年，诺曼底征服以后，封建制度在英国正式确立。为了加强封建皇权，实现皇权对土地的占有和增加税收，威廉一世引入邻里陪审团制度，对全国的土地和财产进行统计，这也就是著名的《末日审判书》。[3]而所谓的邻里陪审团制度便是威廉一世派遣官员奔赴各地，对于土地情况，召集各村村民组成陪审团，一般为12人组成。陪审团成员经宣誓

---

〔1〕参见王以真主编：《外国刑事诉讼法学》，北京大学出版社2004年版，第44页。

〔2〕参见赵宇红："陪审团审判在美国和香港的运作"，载《法学家》1998年第6期。

〔3〕参见［美］哈罗德·J. 伯尔曼：《法律与革命——西方法律传统的形成》，贺卫方等译，中国大百科全书出版社1993年，第555页。

后，如实回答关于财产和土地的问题。从这来看，早期的陪审团还属于团体证人性质，并不具有审判功能。而且早期的邻里陪审团主要是参与到行政管理中来，而未参与司法审判活动中。这一情况在亨利二世时候发生了改变。1164 年颁布的《克拉伦敦宪章》规定：当教会和世俗人对于土地的归属发生争议时，从当地选出 12 名自由人组成陪审团，来裁决此争议。1176 年颁行的《北安普敦法令》规定，巡回法庭巡回审理时候，应该召集本地具有代表性的人物组成 12 人的控诉陪审团，即是通常所讲的大陪审团，由控诉陪审团负责起诉刑事案件。其主要人选是该区的教士、贵族和行政长官。[1] 当时大陪审团控诉犯罪仍采用神明裁判。

随着时代的发展，神明裁判再也不能满足惩治犯罪的需要。1215 年英国教皇停止了神明裁判的方式，迫使法院审理案件采用新的形式。这样小陪审团就应运而生了。小陪审团的成员往往还兼任大陪审团。这样的人员组成使得小陪审团的审理结果往往倾向于认为被告有罪。因为作为审判者的小陪审团成员，又往往是检举犯罪嫌疑人罪行的起诉者。这种身份重叠使得审判活动难谓公正。这种不公正的制度直到 1352 年爱德华三世颁布诏令，赋予被告要求提出控告者不得成为小陪审团组成人员的权利，才真正使得陪审团控审职能分离。也由此，陪审团也逐渐发展成为现代意义的审判制度。

在早期，实行知情陪审团制度是没有传闻证据规则生存空间的。这是因为陪审团成员往往是由了解当地具体情况的成员

---

〔1〕 程汉大主编：《英国法制史》，齐鲁书社 2001 年版，第 81 ~82 页。

组成，其本身就对案件事实有一定了解。所以证人所作证言是其亲身感受，还是转述他人经历都无关紧要。但随着爱德华三世颁布的诏令，让充当审判职能的小陪审团和实施控诉职能的大陪审团逐渐分离，陪审团的组成人员也开始发生了变化，开始由了解案情的人向非知情人士转变。[1]小陪审团的组成人员逐渐由不知情的人士担任，也完成陪审团成员由证人和审判者双重角色向只单纯充当审判者这一身份转换。那么，案件裁判的关键也不再是个人的经验和个人感觉，而是通过在庭审过程中听取证人作证来进行裁判。随着证人的作用在裁判中的重要性日益提高，证人出庭作证在 15 世纪的英国也成为了普遍现象。在 16 世纪，英国通过立法明确规定了证人应当出庭作证。[2]

17 世纪，在司法中已经涌现一系列有关传闻证据的经典判例。其中较为著名的就是沃尔特·雷利夫一案。在该案中，主控官基于两份传闻证据而指控被告有谋害国王的罪行。[3]经过庭审，雷利夫被执行死刑。丹宁勋爵对于这个案件大加批判，他认为这个案件的审判是荒谬的，是完全依据道听途说的证据

---

〔1〕 See J. E. R. Stephens, *the Growth of Trial by Jury in England*, *Harvard Law Review*, Vol. 10, No. 3 (Oct. 26, 1896), pp. 150 ~ 160.

〔2〕 See L. Andrew, T. Choo, *Hearsay and Confrontation in Criminal Trials*, Clarendon Press, Oxford University Press, 1996, p. 103.

〔3〕 这两份证据分别是：第一份陈述是科巴姆勋爵（Lord Cobham）在庭外经过宣誓的证言，宣称沃尔特·雷利夫和自己是共谋者。但沃尔特·雷利夫反对科巴姆勋爵的证言，并且要求与其对质。但控方没有传唤科巴姆勋爵出庭，而是由另外一个证人即戴尔（Dyer）出庭作证。戴尔作证时称曾经听一位葡萄牙绅士说，雷利夫和科巴姆准备在国王加冕之前刺穿他的喉咙。参见［英］丹宁勋爵：《法律的界碑》，刘庸安、张弘译，法律出版社 1999 年版，第 2 ~ 20 页。

将被告人定罪，并处以死刑。而且两份关键证据都是在庭外作出的，被告人根本没有与其对证的机会，证人的证言也未经交叉询问，就直接被作为认定被告有罪的证据使用。[1]但是，从雷利夫案件开始，受其影响，传闻证据规则开始出现。在17世纪的刑事审判中，虽然对当事人仍然可以适用传闻证据，但是传闻证据的效力受到了越来越多的质疑。实践中开始出现了传闻证据规则的萌芽。在1680年到1690年之间，司法判例上确立了未经宣誓的证人证言应当被排除的规则。[2]

在18世纪，传闻证据规则得到了进一步发展，成为了普通法上极为重要的诉讼制度。同时，随着这项制度的重要性逐渐被人们发掘，该制度又走向了另一种极端化。即凡是被认定为传闻证据的，一律都不予以采纳。

但是随着科技的发展，一些传闻证据有着较强的真实性，加上确实存在着陈述人出庭作证困难的情况，因此，传闻证据规则的例外创设就显得必要了。在19世纪的司法判例中，传闻证据规则涌现出了大量的例外规则，使得传闻证据规则更加丰富完善，也变得更加合理。[3]也正是因为诸多例外规则的产生，导致传闻证据规则逐渐发展成为英美法系国家中最为复杂的一种证据规则。这些例外规则往往秉承两个基本原则：其一，传闻证据的可信性。即这些证据也同样拥有一定程度的可信性，

---

〔1〕 参见［英］丹宁勋爵：《法律的界碑》，刘庸安、张弘译，法律出版社1999年版，第16～17页。

〔2〕 See John H. Wigmore, "the History of the Hearsay Rule", *Harvard Law Review*, Vol. 17, No. 7 (May, 1904) pp. 437～458.

〔3〕 See L. Andrew, T. Choo, *Hearsay and Confrontation in Criminal Trials*, Clarendon, Oxford University Press, 1996, p. 7.

就算不必对双方当事人交叉询问，其实内容的虚假可能性也较小，对控辩双方的利益不至于造成损害。其二，传闻证据的必要性。也就是说原始证人因为客观条件的限制无法出庭作证，或者无法找到具有同等证明价值的证据进行代替。在这两种情况下，传闻证据成为了唯一的选择，理应被采纳。[1]

传闻证据规则和其衍生出来的排除规则组成了体系庞大而又繁杂的证据规则，在今日的英美法系占据着举足轻重的地位。但是，随着社会的不断发展，新情况的不断涌现，古老的传闻证据规则也遇到了越来越多的挑战。美国学者缪勒（Mueller）认为，时间发展到今天，传闻证据规则主要遇到以下三方面的难题：首先是哪些传闻证据具有可采性，哪些传闻证据不具有可采性的问题；其次便是庭外证据与当庭陈述彼此间的关系；最后便是怎样让传闻证据规则得以扩充的相关规定。[2]另外一些学者则认为传闻证据规则存在着各种缺陷。首先，传闻证据规则无法避免的可能会排除掉一些真正有价值的证据；其次，传闻证据规则体系过于庞杂，在司法实践中难以适用。

在传闻证据规则日益受到越来越多的批评和质疑的同时，英美法系国家也对传闻证据规则作出了新的诠释和构建。如德鲁博教授认为，传闻证据规则具有内在原因和外在原因。所谓内在原因即是传闻证据本身具有一定的不可信的特性，而外在

---

〔1〕 See Thomas A. Mauet, Warren D. Wolfson, Trial Evidence, CITIC Publishing House, 2003, p. 170.

〔2〕 See Christopher B. Mueller, "Post – Modern Hearsay Reform: The Importance of Complexity", *76 Minnesota Law Review 367*, February, 1992.

原因是传闻证据规则具有一定的程序正义的价值，通过传闻证据规则的建立体现出来参与价值、平等价值等。由此看出，当代对传闻证据规则的诠释和构建，已经从注重传闻证据的证明力向其蕴藏的程序正义的价值的方向转移了。一项传闻证据是否具有可采性，不仅仅由其证明力的大小来判断，更多的是由程序正义的精神来判断。

（三）传闻证据规则在英美法系立法体现

1. 英国法的相关规定

在普通法上，传闻证据规则要求作为证明案件事实的证据，只能由陈述人亲自到法庭上以口头的形式作出才具有可采性，也就是说陈述人出庭作证只能以自己亲身经历来陈述，而不是转述他人的经历。

传闻证据规则在英国法上经历了一系列变革。早在1202年，英国就已经认识到了运用传闻证据认定案情的危险性，但在诉讼实践中，传闻证据仍可以自由采用。自1660年始，传闻证据被禁止单独采纳，只能作为佐证使用。1680年以后，英国正式确立了传闻证据的排除规则。[1]在20世纪末，传闻证据规则已经走出了民事诉讼领域。自《1995年民事证据法》颁布以后，普通法上的民事诉讼领域已经不存在传闻证据规则。而在刑事诉讼领域，传闻证据规则仍然是重要的基本规则。

在刑事诉讼法中，传闻证据规则主要适用三种证据：①口

---

〔1〕宋英辉、李哲：“直接、言词原则与传闻证据规则之比较”，载《比较法研究》2003年第5期。

头陈述（oral statements）；②行为证据（assertions by conduct）；③书面证据（written statements）。[1]其主要要求有：其一，证人以转述他人亲身经历作为证据的，不具有可采性。[2]其二，对于控辩双方的提问以行为的方式在法庭作出明示的事实声明，如对某一提问的点头和摇头。若是对于某一事实的认可行为出现在庭外，就属于庭外陈述，不具有可采性。[3]其三，为了证明书面证据的内容真实性，必须传唤书面证据的制作者出庭作证，否则书面证据应予以排除。

当传闻证据规则创立之后，其严格的适用也带来了一些弊端，在普通法上开始逐步创立其例外规则。而这些例外规则的创立，多是司法官通过司法判例零星创建的。有的是制定法上的例外，有的是普通法上的例外。但是无论是哪一种例外，都

---

〔1〕 See Richard May, *Criminal Evidence*, Sweet & Maxwell, 1990, p. 154; Rupert Cross, *Cross on Evidence*, London: Butterworths, 1985, p. 459.

〔2〕 在 Sparkv. R. 中，一名白人被指控性侵犯了一名 3、4 岁左右的女孩。在第一审中，被告传唤了受 hai 女孩的母亲作为证人。女孩的母亲在作证时说，孩子曾经告诉过她，侵犯她的人是一个黑色的男孩。一审法官认为她所提供的证词是不可采纳的传闻证据。被告在上诉中认为，整个一审审判，由于陪审团认定 3 岁的孩子无法提供任何有关侵犯者特征的线索，导致法官认定母亲提供其陈述是传闻证据应当加以排除，这显然是不公正的。枢密院认为，一审法官正确地适用了传闻证据规则。详细请参见 E. Cockle, P. B. Carter, *Case and Statutes on Evidence*, Sweet&Maxwell, 1990, pp. 288 ~ 289.

〔3〕 在 Chandrasekerav. R. 中，钱卓拉塞科拉被指控犯有谋杀罪。控方传唤负责此案侦查的一名警察出庭作证，警察作证时称，当他问被割断喉管的被害人“是不是钱卓拉塞科拉切断了她的喉管”时，被害人通过点头作出了明确的答复。在判决中，法官认为被害人的点头是一种庭外陈述，而且控方提出其目的在于证明谋杀者就是钱卓拉塞科拉，因此它是传闻证据。详细参见 Rupert Cross, *Cross on Evidence*, London: Butterworths, 1985, p. 472.

招致了诸多批评。[1]这些例外在普通法上主要包括：

第一，已经去世的证人所作的证人证言。死者的陈述作为传闻证据规则的例外原因在于是因为证人已经不在人世，无法出庭作证。在庭审现场以口头方式作证，只能以生前的证言来证明案件事实。而且，与此同时，我们也可以以证人当时作证的环境来鉴别证据是否具有可采性。这一例外还包括履行职务时的陈述、有悖于自己利益的陈述和临终陈述。[2]

第二，被告人的自白。如果被告人的自白并不是来自于刑讯逼供等强制手段获取或者其他有可能导致被告人自白不真实的情形，那么一般具有可采性。

第三，作为发生事实的一部分陈述具有可采性。其主要包括伴随因果关系的陈述、本能的陈述和关于思想和身份情况的陈述。

第四，存在于公共文书中的陈述。这种陈述作为传闻证据规则的例外，主要原因有二：其一，公共文书本身具有很强的可靠性；其二，一般公共文书中的陈述，难以提供口头证言。如在之前的诉讼中证人经过宣誓作证，只要满足以下几点就可被采纳：①证人此前作证时接受了控辩双方的交叉询问；②证人是因不可抗力不能参加此后的诉讼；③前后两次诉讼行为中，证人证言的证明对象并没有发生变化。

---

〔1〕 参见陈光中主编：《21世纪域外刑事诉讼立法的最新发展》，中国政法大学出版社2004年版，第103页。

〔2〕 See L. Andrew, T. Choo, *Hearsay and Confrontation in Criminal Trials*, Clarendon, Oxford University Press, 1996, p. 103.

2. 美国法的相关规定

美国的法律在很大程度上都是对英国普通法的继承，这在诉讼法上表现尤其明显。美国的证据法规则一直都是援引英国普通法上的证据规则，直到 1975 年 1 月 2 日，美国国会才制定了联邦证据法。[1]

美国的联邦证据法规则体系层次鲜明，大体上分为三个层次：在最顶层的是美国联邦宪法及联邦法院作出的宪法性判例。联邦宪法包括《1787 年宪法》及此后制定的每一部宪法修正案。宪法性判例是法院作出的有关宪法解释的判例，其效力和宪法处于同一层级。其次便是美国联邦证据法与美国全国统一性的证据规则，主要有 1953 年统一州法委员会全国大会制定的《统一证据规则》和美国国会 1975 年通过的《联邦证据规则》。第三个层次便是联邦法院所作出的判例。依照判例法国家遵循先例原则，最高法院已经作出的判决，今后本级法院和下级法院遇到相同的情况，必须遵循先例。美国各州的证据法体系和联邦证据法体系大同小异。

美国的传闻证据规则主要是继承英国普通法上类似的规则。在一系列的立法出台后，尤其是 1975 年的《联邦证据规则》，美国也逐渐形成了自己的传闻证据规则体系。根据《联邦证据规则》的有关规定，将“传闻证据”定义为陈述者不是在庭审过程中亲自作证的证据。在第 802 条中规定，传闻证据不可采纳。

有关传闻证据例外的规定，主要是集中在《联邦证据规则》

---

〔1〕 参见周叔厚：《证据法论》，三民书局 1995 年版，第 31 ~ 32 页。

803 条至 807 条的有关规定中，分为陈述者可否作无关紧要的例外[1]、陈述者不能到庭的例外[2]和剩余的传闻的例外。[3]

二、传闻证据规则与直接言词原则的比较

（一）传闻证据规则与直接言词原则的共同点

1. 基本要求相同

第一，在对待证人出庭的态度上，二者的共同之处就是均要求陈述人出庭作证，确保证言的准确性，以此体现法律的公正性。陈述人亲自出庭作证的要求，也是为了控辩双方在庭审过程中质证。如果陈述人的陈述内容存在不客观或者不真实也能完全暴露于裁判者面前，有利于审判人员通过对陈述人作证的态度、表情、姿态等综合情况察言观色进行分析，进而辨明事实真相后作出正确裁判。

第二，二者对于未经法庭审查的证据，都不予采纳。现代司法内在要求公开公正，证据都必须经过法院质证、审查才能

---

〔1〕《联邦证据规则》第 803 条规定：①陈述者当场表达的感觉印象；②在极度兴奋状况下所作的陈述；③陈述者关于当时存在的心理状态、感情、知觉或身体状态的陈述；④出于医疗诊断或治疗目的的陈述；⑤被记录的回忆；⑥关于日常行为、活动的记录；⑦在第 6 项规定的记录中缺乏记载；⑧公共记录或者报告；⑨重要统计资料……参见王进喜：《美国〈联邦证据规则〉（2011 年重塑版）条解》，中国法制出版社 2012 年版，第 261～266 页。

〔2〕《联邦证据规则》第 804 条规定：①先前证词；②临终陈述；③对己不利的陈述；④关于个人或家史的陈述。参见王进喜：《美国〈联邦证据规则〉（2011 年重塑版）条解》，中国法制出版社 2012 年版，第 261～266 页。

〔3〕《联邦证据规则》第 807 条规定：①待证事实非常重要；②该证据比其他方式获得的证据具有更强的证明；③采纳该证据符合司法公正的宗旨。参见王进喜：《美国〈联邦证据规则〉（2011 年重塑版）条解》，中国法制出版社 2012 年版，第 261～266 页。

有效。直接言词原则的要求之一就是凡于审判程序之外获取的证据都不得作为法院裁判的依据，而传闻证据规则中也有相应规定。证人在法庭外所作的证据，除法院规定的情形外，都不得作为认定案件事实的根据。

第三，随着社会的发展以及立法技术的进步，人们逐渐意识到严格的言词原则或者传闻规则都是不可取的，因而都规定了一些除外情形。重点表现在证人出庭与否的问题上，充分尊重原被告当事人的意愿。如果原被告都认为证人不用出庭也一样可以证明其证言的证明力问题，那么证人可以不予出庭。在英美法系中，法官对于诉讼持中立立场，强调原被告的诉讼权利至上。如果原被告就证人不用出庭达成一致，则证人可以不出庭。而在大陆法系中，受英美法系的影响，在法典中也出现了相应的规范。如德国刑事诉讼法规定，当控辩双方以及被害人同意证人不用出庭时，法院可以以证人的询问笔录代替其当庭的证人证言。日本的刑事诉讼法也有相应的规定，证人或者犯罪嫌疑人已经供述后，由于不可抗拒的原因难以参加庭审时，其前期的供述可以作为法官进行裁判的依据。

2. 有助于发现案件客观真相

在直接言词原则的要求中，法官的作用尤为重要。它要求法官在法庭调查阶段中，就原被告双方所提供的证据必须一一亲历调查，以期获得对案件事实的直观了解，从而能依据自由裁量权作出公正的判决。传闻证据规则对传闻证据排除的同时，对于法官辨明案件事实真相之后形成正确判断更加有利。

而且，直接言词原则和传闻证据规则两者共同的价值追求都是发现案件真相。在大陆法系的形成过程中，直接言词原则能一直占据主导地位，其原因就是直接言词原则有利于法官发现案件事实真相。法官通过法庭调查，听取证人证言和原被告双方的辩论，自己亲历证据现场，根据最原始的资料形成自己对案件的看法，减少了偏听偏信，实现公正裁判、公正司法的价值追求。林山田教授认为："直接言词原则可以让法官在审理过程中接触第一手的资料，通过观察原被告的辩论，形成自己正确的判断"。[1]

3. 有利于保障诉讼权利和司法公正

在成文法法系中，直接言词原则是诉讼活动的基本原则之一。它要求原被告和证人都必须参加法庭调查，以利于法院对他们进行询问和调查，并形成判决。而传闻证据是不成文法系国家的重要证据排除规则，它规定了能被法院接受的证据类型。而对于传闻证据，原被告无法对其进行有效的质证，因而被排除在法官所能接受的证据的类型之外。从中可以看出，直接言词原则和传闻证据规则规定虽有不同，但最终的目的都是保证原被告的诉讼权利。

在成文法系国家和不成文法系国家中，都极为重视司法的公正。在现代诉讼活动中，正义的司法和公正的审判都是各国法治的基本准则。一个法治国家最为基本的标准就是司法的中立和公正。而公正司法的基本准则之一，就是原被告双方享有平等的诉讼权利。英国法律规定，所有的诉讼活动当中，原被告都一样，不但有辩论的权利，也有询问证人的权利。因此，为了让原被告更加充分的运用诉讼权利，就必须将法庭之外的

〔1〕 林山田："论刑事程序原则"，载《台湾大学法学论丛》1999年第2期。

证据加以排除。欧盟在成员国确立的共同法律准则中有如下规定：法官在审理案件时，在原被告提出质证的申请时，除法律规定的不可抗拒等原因外，原则上都应当同意其要求，让其询问证人，与对方进行充分的辩论。[1]而联合国的《公民权利与政治权利国际公约》第14条中也有规定，在进行刑事诉讼时，必须保证犯罪嫌疑人的最低诉讼权利，即有要求有利于自己的证人出庭的权利和询问控方证人的权利。从上可知，在各国和国际组织的司法实践中，保证原被告的辩论和对证人询问的权利，是两大证据原则（规则）的共同追求，有利于保证诉讼权利和公正司法。[2]

（二）传闻证据规则与直接言词原则的区别

分属两大不同法系的直接言词原则和传闻证据规则，即使二者之间因为同样的价值追求存在很多的共通之处，但是由于其产生的土壤和后期的发展途径的不同，二者之间也存在着很大的区别。

1. 适用背景不同

第一，直接言词原则和传闻证据规则产生的土壤不一样。直接言词原则源自于欧洲大陆，起初服务于纠问式程序，虽在后期发展为职权式，但在庭审过程中，法官仍起着主导作用。在这种模式下，法官在案件审理过程中起着举足轻重的作用，且在其价值排序中，追查案件的真相远大于保证当事人的权利。为了追究案件的真相，则需要法官对于庭审的各项证据的适用

〔1〕 参见［法］卡斯东·斯特法尼等：《法国刑事诉讼法精义》，罗结珍译，中国政法大学出版社1999年版，第742页。

〔2〕 参见陈瑞华：《刑事审判原理论》，北京大学出版社1997年版，第186页。

的审查亲力亲为。由于过于强调法官的“自由心证”，因而对于何种证据能够进入庭审并不加以规定，其重视的是对于法官而言，进入法庭的何种证据应当予以采纳。而与大陆法系相对应的英美法系中，推行的是当事人主义。法官在庭审过程中，对于证据的审核应以当事人的辩论为主，而法院的职责在于给原被告提供一个公平的辩论程序，因而对于证据进入法庭的资格要加以严格的控制，这也是为了避免非法律专业的陪审团成员被误导的一种需要。基于此，传闻证据应运而生，并得以发展。[1]

第二，由于中世纪纠问式诉讼模式所采取的间接和书面审理方式难以避免对诉讼当事人所拥有的诉讼权利忽视所造成的弊病，因此审判就不得不要求言词证据的出示必须当庭于法官面前，以此确保对案件事实的查明以及人权的保障。基于此因，直接言词原则才逐渐产生并发展而来。传闻证据规则的产生和发展却是来源于英美法系中的当事人主义和陪审团制度。由于陪审团大多都只是一些不完全了解法律的普通人，法官只有首先将那些有可能会引发偏见或误导的传闻证据通过审查之后排除，这样才能有效避免陪审团作出错误裁判，而且基于对抗制诉讼模式控辩双方都必须在裁判者面前根据各自证据证明自己的诉讼主张，否则很可能导致败诉，于是传闻证据才在这样的背景之下逐步确立并得以发展。

2. 启动程序不同

直接言词原则是基于大陆法系的理论基础。法官在诉讼活

---

〔1〕参见宋英辉、吴宏耀：“传闻证据排除规则——外国证据规则系列之三”，载《人民检察》2001年第6期。

动中负有义务去查明事实的真相，因而法官会主动地按照直接言词原则来审理案件。在诉讼程序中如果出现了违背该原则的诉讼活动，法官会依职权适用该原则，宣布该诉讼活动无效。传闻证据规则为英美法系的证据排除规则，其启动程序被深深地打上了英美法系的烙印。在法官严守中立的情况下，法官不会主动去查明某项证据是否为传闻证据，只有在当事人对传闻证据提出异议时，法官才会根据传闻证据规则启动审查。换言之，如果当事人没提出异议，则法官也不会主动去排除传闻证据。

3. 规范对象不同

直接言词原则是大陆法系的诉讼原则，其主要调整的是法官与证据之间的关系。法官在主持庭审时，需根据直接言词原则的要求，确定何种证据可以成为其裁判的依据。而传闻证据规则则是基于传闻证据难以保证证据的真实性，并且也违背了被告的对质权而被适用的。[1]不难看出的是，传闻证据规则是从证据进入法院的资格入手，力求保证原被告有对证人进行质证的权利。

4. 证据效力的影响不同

直接言词原则规范来源于法官对证据的客观判断，基于直接言词原则的相关要求，案件证据效力的成立与否，在于法官根据法定程序进行调查得出的结论，当事人之间的辩论与质证只是法官形成心证的要素。反观传闻证据规则中，一项证据效力不仅仅需要法官的认定，而且必须经过当事人的质证方能成

---

〔1〕 参见黄东熊、吴景芳：《刑事诉讼法论》，三民书局2001年版，第17页。

立。传闻证据规则的价值追求在于保证当事人的诉讼权利，确保原被告都有对证人进行质证的权利，如果违背了上述的价值追求而得出的证据是无效的。

5. 贯彻程度存在差异

在成文法法系中，法官从审理案件之前就开始接触案件的卷宗，并且要对案件形成判断，以确定是否接受该案件。在这一过程中，法官难以遵循直接言词原则。并且，在许多成文法法系国家中，法院和检察院之间是相互配合的。在庭审中，容易导致法官偏向于信任检察院的讯问笔录，而忽视了直接言词原则的运用。[1]所以，直接言词原则在成文法法系国家中并未得到完全意义上的贯彻。而与之相对应的是，在英美法系的体系中，庭审审查只查证据的资格，并且在庭审中，贯彻的是当事人主义，法官的作用被弱化，因而传闻证据规则被贯彻得较为彻底。

6. 外在表现形式不同

由于两者分属不同法系，所以在证据法的外在表现形式方面也就各自有着不同的特点。因为大陆法系拥有较为发达的诉讼法且证明方式偏重于“自由心证”，所以也就并无明确成文的证据法。相关法律也就没有关于直接言词原则的明文规定，其原则体现方式是规定诉讼参与人必须出庭作证。英美法系虽然属于判例法系，但大多数的英美法系国家都建立了证据法典，传闻证据规则是其中明确加以规定的重要内容。

---

〔1〕 参见［法］卡斯东·斯特法尼等：《法国刑事诉讼法精义》，罗结珍译，中国政法大学出版1999年版，第770页。

（三）两大法系趋同性与差异性之分析

英美法系国家的法律中并没有直接言词原则的相关规定，尤其是在美国，因为大量的辩诉交易的存在，在一定程度上表现出其刑事诉讼并不以审判为中心。不过，这仅仅是一种表面现象。其实，英美法系是最为重视审判为中心的，通过其构建最为严格的传闻证据规则就足以证明。但是，传闻证据规则也只是英美法系国家重视直接和言词的审理模式表现之一。在英美法系的诉讼过程的诸多方面，我们都可以发现直接言词原则的影子。

在英美法系中占主导地位的抗辩式诉讼模式中，要求原告和被告都当庭作出陈述，对自己所主张的事实进行陈述和申辩，展开辩论，然后陪审团根据双方的陈述作出评判。在这种审理模式下，双方当事人在庭审过程中的表现对于诉讼的最后输赢极为关键，因此往往诉讼双方当事人都会亲自参与到庭审过程中，陪审员和法官也要亲耳聆听双方当事人的主张，这与直接原则的审理模式不谋而合。

而英美法系中传闻证据规则与言词原则的关系更是无需赘言。传闻证据规则主要价值便是强调交叉询问在诉讼程序中的重要性。而对证人的交叉询问，便要求证人必须出庭作证，并口头陈述自己所要证实的内容。这与言词原则的要求也是一致的。

同时大陆法系的直接言词原则也受到英美法系的影响，尤其表现在证据规则领域中。在大陆法系国家，大都没有确立传闻证据规则。这是因为直接言词原则往往具有和传闻证据规则相似的功能。因此，随着时代的发展，大陆法系国家的相关法律规定也从传闻证据规则理论中借鉴了不少有益的成分。这些从前文的分析中可以看出，关于传闻证据的规则，大陆法系国家的立法相关规定和英美法系的相关规定存在着极大的相似性。

虽然英美法系和大陆法系具有一定的趋同性，但是其基本构造的不同也决定了两者存在着本质的差异。在刑事诉讼的证据规则上，两者表现出了不同的证明标准。在英美法系国家，刑事诉讼的证明标准是“排除合理怀疑”。所谓排除合理怀疑即要求控方通过举证来排除合理怀疑来证明被告人犯有某种罪行。而在大陆法系则实行的是“内心确信”的证明标准。只要控方的举证，能够使法官对指控被告的罪名形成内心确信，便可认定被告有罪。“排除合理怀疑”和“内心确信”代表了两个不同法系不同的诉讼思维模式。在英美法系的刑事诉讼过程中，更加注重进入庭审环节证据的合法性。“排除合理怀疑”和“法定证据规则”是相伴而生的。而“内心确实”则是和“自由心证”是一对孪生兄弟。这也就是说在英美法系的审判过程中，有着一套更为严格的证据筛选标准，对于证据的能力要求更为严格。而在大陆法系国家，证据的作用是帮助法官形成“内心的确信”，因此对于证据的合法性要求并非那么严格，只要证据真实可靠，能够帮助法官评判案件即可。而形成这种差异的原因是英美法系的诉讼活动都是围绕着陪审团来设计，而大陆法系则是针对专业法官来设计。因此，在大陆法系国家，对于法官自身对证据的判断提出了更高的要求，而英美法系在陪审团接触证据前，提前设计好一个过滤的筛子，以便陪审团在程序正义的精神下进行裁判。

第三节 国际公约中的相关规定

一、《公民权利与政治权利国际公约》中的相关规定

（一）《公民权利与政治权利国际公约》与刑事诉讼法

第二次世界大战给人类社会带来了极大的心灵创伤。为了极力避免大规模战争的再次发生，国际社会达成了一致共识，即保障基本人权，遏制暴虐的独裁政体出现。这样“保障人权”就上升到了维护世界和平的高度，与“保障和平”联系到了一起。而联合国成立之初，联合国人权委员会就着手制定了以《联合国宪章》为核心的人权法律体系，《公民权利与政治权利国际公约》（以下简称《两权公约》）正是其中的重要组成部分。

1966年12月16日，第21届联合国大会第2200A号决议通过了《两权公约》，并同时开放给各国签字、批准和加入。《两权公约》于1976年3月23日生效。迄今为止，已经有一百多个国家参加该条约，其中包括中国。

1998年10月5日，我国签署了《两权公约》，标志着我国对于该条约的认可。不过，该条约尚未在我国发生效力，尚处于人大审批阶段。[1]《两权公约》和我国法律保障人权的精神是不谋而合的。我国在2004年修宪的时候明确将“国家尊重和保障人权”写入宪法，[2]这也意味着我国开始逐步建立以宪法为

---

〔1〕 参见刘楠来主编：《发展中国家与人权》，四川人民出版社1994年版，第196～197页。

〔2〕 参见《中华人民共和国宪法》第33条规定：凡具有中华人民共和国国籍的人都是中华人民共和国公民。中华人民共和国公民在法律面前一律平等。国家尊重和保障人权。任何公民享有宪法和法律规定的权利，同时必须履行宪法和法律规定的义务。

核心的人权法律保障体系。因此，加入《两权公约》，并对照其规定修改本国法律是十分必要的。

（二）《两权公约》中有关直接言词原则的规定

《两权公约》与刑事诉讼法的关系尤为紧密，其中多项条款都涉及刑事审判问题，其中第14条被认为是有关公正审判权最全面、细致的规定。[1]第14条共有7款，主要涉及在刑事审判过程中个人的基本权利，通过规定个人在诉讼中的基本权利来确保公正审判权得以实现。其主要内容包括：①法庭前的平等，所有的人在法庭和裁判所前一律平等；[2]②凡受刑事控告者，在未依法证实有罪之前，应有权被视为无罪；③判定对当事人所提出的刑事指控时，每个人都有资格平等享受以下最低限度保证；[3]④涉及少年的案件，程序方面应该考虑少年人的年龄及

---

〔1〕 参见赵建文："《公民权利和政治权利国际公约》第14条关于公正审判权的规定"，载《法学研究》2005年第5期。另参见左文君："公正审判权在我国适用的立法完善——以《公民权利与政治权利国际公约》为例"，载《太原理工大学学报（社会科学版）》2014年第4期。

〔2〕《公民权利和政治权利国际公约》第14条规定：在判定时对任何人提出的任何刑事指控或确定他在一件诉讼案中的权利和义务时，人人有资格由一个依法设立的、合格的、独立的和无偏倚的法庭进行公正的和公开的审讯。由于民主社会中的道德的，公共秩序的或国家安全的理由，或当诉讼当事人的私生活的利益有此需要时，或在特殊情况下法庭认为公开审判会损害司法利益因而严格需要的限度下，可不使记者和公众出席全部或部分审判。

〔3〕《公民权利和政治权利国际公约》第14条规定：其主要享受的保障有：（甲）迅速以一种他懂得的语言详细地告知对他提出的指控的性质和原因；（乙）有相当时间和便利准备他的辩护并与他自己选择的律师联络；（丙）受审时间不被无故拖延；（丁）出席受审并亲自替自己辩护或经由他自己所选择所法律援助进行辩护；（戊）讯问或者业已讯问对他不利证人的，应当保障对其有利的证人在相同的条件下出庭接受讯问。（已）如他不懂或不会说法庭上所用的语言，能免费获得译员的援助；（庚）不被强迫作不利于他自己的证言或强迫承认犯罪。

帮助其重新做人的需要；⑤被判有罪者，有申诉救济的权利；[1]⑥有罪判决被推翻后，蒙冤者有权获得赔偿。[2]

上述的第 14 条第 3 款有关最低限度保证的相关规定，就其实质而言，可以说是对于直接言词原则的体现。直接言词原则要求法官直接参与庭审，居中裁判，听取控辩双方的陈述、举证质证和辩论意见。而在这样的庭审过程中，首先要保证控辩双方的基本平等，不能使一方处于完全弱势地位，丝毫没有话语权，这样就起不到兼听则明的效果，使得直接审理徒具形式，根本无法从中发现客观真实。而第 3 款中的（甲）、（己）就是为了避免被告人因为语言不通变成“哑巴”，无法为自己被指控的罪行进行辩护。（乙）和（丁）是关于辩护权的充分保护。在法官直接采证的模式下，如果控辩双方失衡，在庭审过程中控方占据绝对优势，辩方却由于各种原因仓促应对，根本无法形成有效的辩护，那么所谓法官的直接采证有可能变成偏听偏信，与审查卷宗的书面审理方式并无太大区别。因此，条约将被告人为辩护作充分准备作为其最低限度权力。（丙）的主要功能在于防止被告在面临刑事控诉时被无故拖延。

该条约有关证据的规定更是与直接言词原则紧密相连。（戊）规定，讯问或者业已讯问对他不利证人的，应当保障对其有利的证人在相同的条件下出庭接受讯问，该项很明显是将证

---

〔1〕《公民权利和政治权利国际公约》第 14 条规定：凡被判定有罪者，应有权由一个较高级法庭对其定罪及刑罚依法进行复审。

〔2〕《公民权利和政治权利国际公约》第 14 条规定：在一人按照最后决定已被判定犯刑事罪而其后根据新的或新发现的事实确实表明发生误审，他的定罪被推翻或被赦免的情况下，因这种定罪而受刑罚的人应依法得到赔偿，除非经证明当时不知道的事实的未被及时揭露完全是或部分是由于他自己的缘故。

人出庭作为公正审判最低限度保障。需要说明的是，该条文中有关“讯问”的表述应为“询问”。在我国诉讼程序中，讯问往往是指侦查机关对于犯罪嫌疑人的审问，询问则是指控辩双方对于证人的询问。[1]而本款的含义是保障有利于被告人的证人出庭作证，保障被告人询问证人，保障被告人对证人证言举证质证的权利，故此处表述应为“询问”。

二、《联合国反腐败公约》中的相关规定

腐败问题困扰着世界上绝大多数国家，尤其是腐败问题日趋有组织化、国际化。2000 年联合国大会作出决议，决定制定一部跨国打击腐败活动的公约，为此成立专门的“腐败公约谈判工作特设委员会”，该委员会自成立后召开了 7 届会议，共有 125 个国家和地区参与进来。[2]2003 年 10 月 31 日，第 58 届联合国大会全体会议审议通过了《联合国反腐败公约》（以下简称《反腐败公约》）；2005 年 10 月 27 日，我国第十届全国人大常委会第十八次会议全票通过了此决定。[3]

《反腐败公约》作为一部国际性的反腐败公约，无疑加大了对腐败犯罪的打击力度。腐败问题已经成为困扰全世界的难题。无论政体如何，世界各国都存在不同程度的腐败问题，一些国家的腐败问题已经达到了无法容忍的地步。本公约在第 1 条第 1

〔1〕 参见程味秋、［加］杨诚、杨宇冠主编：《公民权利和政治权利国际公约培训手册》，中国政法大学出版社 2002 年版，第 276 页。

〔2〕 杨宇冠、吴高庆主编：《〈联合国反腐败公约〉解读》，中国人民公安大学出版 2004 年版，第 18 ~21 页。

〔3〕 联合国反腐败公约（中文本），载 http://www.spp.gov.cn/site2006/2006-04-30/001987455.html，最后访问时间：2015 年 3 月 23 日。

款便开宗明义："集合各种措施，以便更加有利打击腐败犯罪"。在具体操作中，本公约更是注重各国之间的合作，例如第44条提到："……有关缔约国应当相互合作，特别在程序和证据方面，以确保这类起诉的效率"。〔1〕在具体手段的运用中，其又对侦查技术和特殊侦查手段、各国之间的合作执法都作了详细的规定，可谓对腐败保持了高压打击，这对于高效地发掘、惩治腐败犯罪有着重要意义。

另一方面，《反腐败公约》对腐败行为的打击，是在正当程序的限度内进行的。也就是说，惩治腐败犯罪并不意味着要矫枉过正，而是要在保障人权、程序正当的范围内进行。该公约在导言部分已经清楚地阐释正当程序原则，即"在追究腐败犯罪的刑事诉讼环节和追回赃款的民事和行政程序中，要适用正当法律程序的基本原则"。〔2〕《反腐败公约》对正当程序的规定，具体表现在承认无罪推定原则和尊重人权。该公约第30条第6款规定"各缔约国均应当在符合本国法律制度基本原则的范围内，考虑建立有关程序，使有关部门得以对被指控实施了根据本公约确立的犯罪的公职人员酌情予以撤职、停职或者调职，但应当尊重无罪推定原则"。〔3〕第30条第4款规定："就根据本公约确立的犯罪而言，各缔约国均应当根据本国法律并在适当

〔1〕 联合国反腐败公约（中文本），载 http://www.spp.gov.cn/site2006/2006-04-30/001987455.html，最后访问时间：2015年3月23日。

〔2〕 陈光中、胡铭："《联合国反腐败公约》与刑事诉讼法再修改"，载《政法论坛》2006年第1期，第85页。

〔3〕 联合国反腐败公约（中文本），载 http://www.spp.gov.cn/site2006/2006-04-30/001987455.html，最后访问时间：2015年3月23日。

尊重被告人权利的情况下采取适当措施……”〔1〕

腐败犯罪的侦查活动中，证据尤其是证人证言往往至关重要，但与此同时证据收集面临诸多困难。为此，该公约规定了以下保障证据收集的方法：①为证人及其近亲属提供人身保护；〔2〕②让证人采取安全的方式作证；〔3〕③针对证人跨国作证的困难，规定证人跨国作证可以以电视电话会议方式进行，也可以由缔约国代为询问。〔4〕

通过上述规定，我们可以看到《反腐败公约》对于证人作证的人身安全和方便证人出庭作证作出了相应的规定，从而实现在程序正当的前提下更好地打击犯罪。这也是直接言词原则的题中之义。

三、《联合国打击跨国有组织犯罪公约》中的相关规定

《联合国打击跨国有组织犯罪公约》（以下简称《有组织犯

〔1〕 联合国反腐败公约（中文本），载 http://www.spp.gov.cn/site2006/2006－04－30/001987455.html，最后访问时间：2015 年 3 月 23 日。

〔2〕《反腐败公约》第 32 条第 1 款规定：“各缔约国均应当根据本国法律制度并在其力所能及的范围内采取适当的措施，为就根据本公约确立的犯罪作证的证人和鉴定人并酌情为其亲属及其他与其关系密切者提供有效的保护，使其免遭可能的报复或者恐吓”。

〔3〕《反腐败公约》第 32 条第 2 款规定：①制定为这种人提供人身保护的程序，例如，在必要和可行的情况下将其转移，并在适当情况下允许不披露或者限制披露有关其身份和下落的资料；②规定允许以确保证人和鉴定人安全的方式作证的取证规则，例如，允许借助于诸如视听技术之类的通信技术或者其他适当手段提供证言。

〔4〕《反腐败公约》第 46 条第 18 款规定：“当在某一缔约国领域内的某人需作为证人或者鉴定人接受另一缔约国司法机关询问，而且该人不可能或者不宜到请求国领域出庭时，被请求缔约国可以依该另一缔约国的请求，在可能而且符合本国法律基本原则的情况下，允许以电话会议方式进行询问，缔约国可以商定由请求缔约国司法机关进行询问，询问时应当有被请求缔约国司法机关人员在场。”

罪公约》）旨在打击跨国有组织犯罪，并在这一领域扩展国际合作，加强国家之间的交流。这一公约产生的背景是国际有组织犯罪激增而且呈现跨国活动趋势，单靠一国之力难以形成有效制裁，遏制有组织犯罪迫切需要国际社会统一行动。

在此背景下，1998 年经联合国大会批准，预防犯罪与刑事司法委员会开始着手草拟关于打击有组织犯罪的公约及其他相关犯罪的议定书。《有组织犯罪公约》的起草工作历时 2 年，经历 11 次相关会议。2000 年 11 月 15 日，在联合国大会上，该公约获得联合国大会通过。[1]颇具趣味性的是，该公约在意大利西西里岛的首府巴勒莫开放供各国签署，而这里正是闻名于世的意大利黑手党的主要聚集地。各国积极响应公约，都以较快速度签署公约并在国内批准。截至目前，该公约的签署国达到 147 个。我国对此公约也是积极响应，于 2000 年 12 月 12 日签署，并于 2003 年由全国人大常委会批准了该公约。[2]

《有组织犯罪公约》是一部有关打击刑事犯罪的公约，其必然会涉及刑事诉讼中的程序性问题。该公约中程序性的规定主要涉及对于证人出庭的相关保障制度，这一点恰恰与直接言词原则不谋而合，毕竟直接言词原则的要求之一便是证人出庭。只有完善证人人身保障等相关措施，证人出庭制度才能真正落实。由此可见，该公约也渗透着直接言词原则的精神，其相关要求体现为证人作证保障、庭外证人保护和被害人保护等。

---

〔1〕 参见杨宇冠、杨晓春编：《联合国刑事司法准则》，中国人民公安大学出版社 2003 年版，第 68 页。

〔2〕 参见陈光中主编：《刑事诉讼法》，北京大学出版社、高等教育出版社 2013 年版，第 521 页。

该公约第24条规定了证人作证的相关保证措施："在不影响被告人的权利包括正当程序权的情况下，本条第1款所述措施可包括：（a）制定向此种人提供人身保护的程序，例如，在必要和可行的情况下将其转移，并在适当情况下允许不披露或限制披露有关其身份和下落的情况；（b）规定可允许以确保证人身安全的方式作证的规则，例如，允许借助于诸如视像连接之类的通信技术和其他适当手段提供证言"。[1]

除了作证时的相关保障，《有组织犯罪公约》还将对证人的保护延伸到庭审之外。《有组织犯罪公约》第24条第1款规定："各缔约国应在其力所能及的范围内采取适当的措施，为刑事诉讼中就本公约所涵盖的犯罪作证的证人，并酌情为其亲属及其他与其关系密切者提供有效的保护，使其免遭可能的报复或恐吓"。[2]

同时，对于证人的保护并不局限于狭义的证人，还包括被害人。《有组织犯罪公约》第25条规定："各缔约国应在其力所能及的范围内采取适当的措施，以便向本公约所涵盖的犯罪的被害人提供帮助和保护。尤其是在其受到报复、威胁或恐吓的情况下"。"各缔约国均应制定适当的程序，使本公约所涵盖的犯罪的被害人有机会获得赔偿和补偿"。"各缔约国均应在符合其本国法律的情况下，在对犯罪的人提起的刑事诉讼的适当阶段，以不损害被告人权利的方式使被害人的意见和关切得到表

---

〔1〕参见陈光中主编：《刑事诉讼法》，北京大学出版社、高等教育出版社2013年版，第523页。

〔2〕参见陈光中主编：《刑事诉讼法》，北京大学出版社、高等教育出版社2013年版，第523页。

达和考虑”。[1]

小　结

大陆法系，尤其是德国法可以称得上是现代意义上的直接言词原则的起源。德国的直接言词原则所体现的精神来自古罗马法、古日耳曼法，吸取了资本主义的社会契约论、人本主义等理论，建立起当事人主义的诉讼观念，从而形成了以法庭言词辩论为主的直接言词原则。二战后，由于社会诉讼观念的变迁、科技的进步以及诉讼效率的提高，德国的直接言词原则也出现一些新的变化，这些变化主要是由审判效率的提高和科技进步所带来的。

大革命之后，法国也在自己的诉讼制度中确立了直接言词原则，并在刑事诉讼法中做了详尽的规定。随着社会发展，直接言词原则也呈现出新的发展趋势。首先，书面审查逐渐在诉讼中占据一定的地位；其次，录像、录音在特定情况下也可以代替证人出庭作证。

在日本、意大利和俄罗斯这些混合诉讼模式国家，混合继承大陆法系和英美法系的制度是其主要特点。直接言词原则在这些国家都有着不同的体现，又都有着各自的特点。

在英美法系，与直接言词原则异曲同工的是传闻证据规则。传闻证据规则是陪审团制度发展到一定阶段的必然产物，这一

---

〔1〕《联合国反腐败公约（中文本）》，载 http://www.spp.gov.cn/site2006/2006-04-30/001987455.html，最后访问时间：2015 年 4 月 2 日。

规则要求证人出庭作证只能以自己亲身经历来作证，而不是转述他人的经历。但是，传闻证据规则并不是绝对的，无论在英国法中还是美国法中，它都存在例外规则。正是这些例外规则与传闻证据规则本身构成了完整的传闻证据规则体系。

在国际文件中，尤其是对各国刑事诉讼法制度起指导作用的《两权公约》中，多项制度都涉及直接言词原则，可见直接言词原则是公正审判的基石。同时，《反腐败公约》和《有组织犯罪公约》中对证人的各种保障措施也都是出于直接言词原则的要求。

第三章　直接言词原则的价值

第一节　基于实体公正维度的分析

实体公正是刑事诉讼运行过程中，最为重要的价值之一，在很多文献中都可以看到这样的论述，由此可知实体公正是刑事诉讼研究中很重要的一环。但实际上在实体公正的研究中，却存在着诸多难题。首先，实体公正的具体内容难以界定。程序公正的定义是通过刑事诉讼过程来实现结果公正。但是，实体公正的具体内容是什么，这种结果公正的评价标准是什么，这些都显得含糊不清。有一种实体公正虚无主义认为，实体公正并没有具体涉及的内容，只是法律人对通过法律程序获得结果公正的一种一厢情愿的理想。其次，程序正义至上理论盛行，学者把热情都浇注到程序正义当中，而忽视实体公正。虽然在当今司法实践中，尚存在着重实体轻程序的顽疾，然而在学术界，则又是另外一番景象。学术界对程序正义的研究可谓汗牛充栋，甚至在程序法的研究中言必及程序正义。而对实体公正的研究却是凤毛麟角，很少有学者将实体公正作为一个独立的问题进行研究。[1]相当一部分学者认为，程序正义才是诉讼法的本体，优于实体公正。[2]但是，过分强调程序正义，往往容易忽略程序正义的服务功能。

目前学术界这种虚无实体正义，抬高程序正义的观点并不科学。一部正义的刑事诉讼法理应实体正义和程序正义并重，两者各司其职。实体正义也拥有丰富的内涵，只是研究者很少涉猎而已。本文认为，实体公正在刑事诉讼法上的具体目标应体现为：犯罪者受到应有的刑罚、不使无辜者蒙冤、罪责刑相适应。当然，这是一种理想状态，我们在现实中达到这种理想状态还比较困难，难免会有犯罪人逃脱惩罚，无辜者蒙冤受到处罚，我们是不可能做到绝对公平正义的。但是，这并不能说明实体公正是虚无缥缈的。实体公正是诉讼法的重要价值追求，一定程度上可以说是终极目的。只有不断完善审判程序，加强新技术、新策略在侦查、审判过程中的应用，使得审判结果不断向实体公正靠近。

为达到上述目的，我们对实体公正又进一步设置了如下具体标准：

---

〔1〕 中国知网文献检索可以作为一个强有力的佐证。截至2015年7月30日，在中国知网检索篇名为“实体公正”的文章，有83篇，而且绝大多数是论述实体公正和程序公正的关系，甚至于相当一部分研究都是在论述程序公正优于实体公正，其中仅有4到5篇是单独论述实体公正的，而发表在比较有影响力的期刊上，下载次数超过200次的只有李荣：“量刑实体公正的影响因素研究”，载《河北法学》2012年第5期；唐仲青：“实体公正探析”，载《西南政法大学学报》2002年第3期。

〔2〕 参见魏文彪：“程序公正是实体公正的前提”，载《人大研究》2006年第4期。

第一，发现案件客观事实。当案件的诉讼程序被启动，到了庭审阶段，公诉人对于被告人的指控往往经过侦查机关的调查和公诉机关的审核，其指控的事实可能与实际事实相一致，然而作为裁判者的法官仍然不能偏听偏信，需要通过庭审过程来发现客观事实。[1]一方面，兼听则明更有利于发现案件事实真相；另一方面，出于保障人权的考虑，应当充分保障被告人的辩护权利。因此，实体公正的首要要求便是法官在庭审过程中发现案件客观事实，并将其作为其裁判的基础。

第二，规范与事实的合理对应。在法律规范和客观事实之间建立起合理的联系是作出裁判的关键一步。在这个过程中，法官需要考虑如何选择法律规范和客观事实进行连接，如何裁剪客观事实，选择其中有用的部分，使其符合法律的构成要件，让规范与事实之间形成合理对应关系。而这一过程无疑是困难的，既需要法官有着深厚的法律理论功底，又需要法官具备对案件事实高超的归纳总结能力。因此，实现实体公正，法官自身素质也是必不可少的。

第三，选取适用于案件事实的规则。通过上述环节，法官将规范与事实之间合理对应，选择出合理的规范。这一过程完成也意味着法官三段论推理的完成，而合理的三段论推理往往会使最终的判决结果更加接近实体公正。

建立直接言词原则，就是在追求实体公正的道路上需要迈出的重要的一步。按照直接言词原则，审判要以言词的方式进行，作出裁判者要亲历证据，并根据自己亲身的感受作出裁判。

---

〔1〕 唐仲清："实体公正探析"，载《西南政法大学学报》2002年第3期。

这种审判模式相比书面审理只阅读侦查机关和公诉方提供的卷宗材料、不与当事人和证人接触的方式，无疑更加有利于法官居中裁判发现案件事实真相，使裁判结果更加接近实体公正。确立直接言词原则有助于实现实体公正，这体现为以下几个方面：

一、增强法官的亲历性和责任意识

在诉讼过程中建立直接言词原则，要求法官亲自审理案件，参与庭审的全过程，并根据其在庭审中获得的信息作出裁判。这就使得法官必须为自己的审判结果负责，而不能因为自己审理案件，将裁判权力拱手让于审判委员会而推脱对案件的责任。因此，这不仅仅增加了法官对案件的话语权，也无形中增强了法官的责任意识。

实现司法公正，发现案件客观真相，不仅需要法官具有深厚的法律功底和高超的审判技巧，同时也需要法官拥有高度的责任感，这可以看作实体公正的重要一环。各国法律为实现实体公正，对法官职业伦理都有着详尽的规定。2001 年 10 月 18 日，最高人民法院颁布《中华人民共和国法官职业道德准则》，其中第 8 条、第 9 条要求法官在履行职责的过程中，要忠于法律，以事实为依据进行裁判。[1]具体而言，这一规范又可以分为以下几点：

1. 避免主观臆断

实体公正的要旨便是在个案中实现公平正义，而公平正义

〔1〕《中华人民共和国法官职业道德准则》第 9 条规定：坚持以事实为依据、以法律为准绳，努力查明案件事实、把握法律精神，正确适用法律，合理行使裁量权，避免主观臆断、超越职权、滥用职权，确保案件裁判结果公平公正。

的基础便是对客观事实的正确认定。例如，我们在讨论法律问题时，经常会提到某某因为侵犯了他人的合法权益，应对他人予以精神损害赔偿，而得到上述结论的首要前提便是我们能够确定其侵犯他人合法权益这一客观事实。若是对客观事实的认定就不重视，充满随意性，那么实体公正就无从谈起。当然在一些案件中，客观事实存在模糊性，已经不能还原案件的客观真相。这一方面是客观情况所限，毕竟案件事实已经发生，不可能完全还原当时情景；另一方面，司法人员在办理案件过程中的逆向思维是从结果去认识原因、从现在来推理过去，这也决定了他们的认知难免与案件事实真相有所偏差。不过，这种模糊性和偏差是司法公正所允许的。司法公正只是要求根据可以获得的证据和确定的事实得出合理裁判。

司法公正真正排斥的是主观臆断，可以分为以下两种：①脱离法律人思维的主观臆断。法律人的职业素养要求法律人面对客观事实要客观公正。如果法官不以理性公正的态度去面对案件事实，而是诉诸个人情感，这也只会离客观事实越来越远。②法官夹杂个人私利判断案件事实，这样便不能公正、不偏不倚地对案件事实进行认定。这两种主观臆断会使案件的审判的结果离实体公正越来越远。因此，为避免这种主观臆断，应增强法官的责任感。

2. 准确适用法律，避免滥用职权、恣意裁判

从上述实体公正的标准来看，法官准确适用法律也是获得实体公正的重要过程。这不仅仅要求法官拥有高超的法律技巧，更为关键的是法官要有高度的责任感，不能够滥用职权违法办案。在实践中，有时候会出现法官恣意判决的现象，这就需要

法官有强烈的责任感。

3. 坚持适用法律上的一律平等

实体公正要求法官必须客观公正，居中裁判，不能够偏袒任何一方。如果法官出于个人感情或者私利偏袒案件任何一方当事人，都无疑会阻碍实体公正的实现。当法官对于一方存有偏见，他在对案件事实进行归纳和认定时，会自然而然地选择性相信对其不利的证据，在法律规范的适用上，也会适用对其不利的规则。

因此，通过直接言词原则的建立，推动法官责任的落实，无疑能够更好地规范法官的行为，使得案件的审理更加公正合理，也更加接近实体公正。

二、减少证据流转环节，降低失真概率

证据在诉讼过程中的作用，就是向法官传递有关案件事实的信息。信息是物质的存在形态之一，是物质存在形态的外在显示。〔1〕物质是信息的载体，信息是在物质的基础上派生出来的。事物之间存在普遍的联系，而相互的联系往往是两者相互作用，不断地发生变化，信息的传播也是这样一个过程。“某物体的外在表现形式信息（信源）被另一个物体（信宿）所接受，对于某物体来说就是信息的异化过程，而对于另一物体来说，则是信息的同化过程”。〔2〕而所谓证据便是“在裁判过程

〔1〕 参见邬焜：《信息哲学——理论、体系、方法》，商务印书馆2005年版，第538页。

〔2〕 参见邬焜：《信息哲学——理论、体系、方法》，商务印书馆2005年版，第50页。

中，以理性的方式对案件裁判结果产生影响的输入信息”。[1]

因此，不仅证据本身的真伪对于发现客观真相至关重要，证据流转环节的简繁对于认定案件事实也举足轻重。如果裁判者是直接面对证据，那么证据的失真率相比一项证据同裁判者间接建立联系而言，无疑会大大降低。毕竟在实践中，证人向侦查机关作证，侦查机关是将证人证言整理成案件笔录送到法官面前，法官只能面对着冰冷的书面材料作出裁判，而不能对证人作证时的表情动作进行观察，以判断其是否说谎。而且有时候侦查机关在询问证人时，往往会朝着有利于侦查的方向引导证人，法官通过这样的文字材料作出判断，很难做到客观公正。

直接言词原则的构建，正是为了有效减少证据传播的中间环节，便于在法官和证据之间建立最直接的联系。直接言词原则要求法官直接参与庭审过程，而且是自始至终地参与审判，从而使法官能够全面了解案情。同时，证人出庭以言词的方式作证，法官可以在其作证的时候，观察证人的面部表情、语态语速来判断证人证言的真假。克服法官裁判对侦查人员所作笔录的依赖，以防偏听偏信，能够更好地保证法官居中裁判，避免证据失真。

三、避免书面证据对案件事实认定的不利影响

言词证据以书面方式在法庭上提出，这不仅是中国庭审的普遍现象，也是世界各国不可避免的。在历史上，书面证据作

---

〔1〕［美］罗纳德·J. 艾伦：“证据法的理论基础和意义”，张保生、张月波译，载《证据科学》2010年第4期。

为定案依据，一度是职权主义国家审理方式的主流。但随着时代发展，这种以“书面审理”为主导的审理方式的弊端日渐暴露。这种秘密、间接的审理模式，往往会使案件的审理结果距离实体公正越来越远，使得民众对其合理性产生了极大的质疑。书面审理的弊端主要有以下几点：

第一，侦查机关主导刑事诉讼过程，其制作的书面证据毫无阻碍地进入庭审。在书面审理模式下，起主导作用的并非居中审判的法官，而是书面证据材料的制作者——侦查机关。侦查机关通过询问证人、收集证据制成卷宗材料，移送到法院。而审理的案件的法官不能对证人进行询问，以核实笔录中的证言是否属实。那么，庭审过程就成为了对侦查结果的确认。

第二，侦查机关秘密获取的证据未经充分质证，便成为定案依据，有碍实体公正的实现。出于破案的需要，侦查机关的侦查手段往往是秘密的，其获取的证据不被外界所知悉。在书面审理模式下，侦查机关主导诉讼过程，法官最后认定事实的证据不是通过接受舆论监督的公开审判获得的，而是侦查机关通过侦查手段秘密收集的。以这种方式认定事实，社会公众难以对其形成有效的监督，极易导致权力的滥用。〔1〕在书面审理占主导地位的审理模式下，刑讯逼供成了侦查机关的常备“武器”，由此造成的冤假错案也是层出不穷。〔2〕实体公正在这种模式下就无从谈起了。

第三，面对侦查机关滥用权力，书面审理模式缺乏相关的

〔1〕　参见［美］米尔吉安·R. 达马斯卡：《比较法视野中的证据制度》，吴宏耀、魏晓娜等译，中国人民公安大学出版社2006年版，第270页。

〔2〕　参见何家弘主编：《外国证据法》，法律出版社2003年版，第35页。

制度约束。在书面审理模式下，法官较为看重侦查机关收集的各种证据，只要这些书面证据不存在太大的瑕疵，便可以此作出定罪量刑的裁判。而庭审的制度设计却忽视了被告人的对抗权利。在这种以侦查机关提供的书面证据定罪量刑的案件中，被告人的话语权微乎其微，制度又未保障其抗辩的权利，自然会使庭审流于形式，成为确认侦查机关“战果”的场所。

直接言词原则要求案件公开审判，控辩双方必须到场，法官亲历法庭，听取证人证言和控辩双方陈述，其目的就在于打破这种间接、秘密的审理模式，防止权力的滥用。具体而言，直接言词原则的要求体现为以下几方面：

第一，作为裁判依据的证人证言，原则上不得以书面的形式提出。直接言词原则的首要要求就是法官亲历证据，听取证人作证。这是为了避免法官偏听偏信，只依据侦查机关提供的卷宗材料来认定事实。

第二，庭审的过程以口头的方式进行。书面审理最大的特点就是案件可以不公开审理，法官通过阅读卷宗材料，便可认定事实，作出裁判。而直接言词原则要求法官必须亲历证据，控辩双方也要到场，案件的审理以口头的方式进行。这消除了法官审理卷宗的秘密性，便于公众对司法权力运行过程进行监督。〔1〕

第三，允许在例外情形下使用书面证据代替口头作证。直接言词原则向书面审理“宣战”，旨在排除这种间接、秘密审理

〔1〕 如德国《刑事诉讼法典》第250条规定：“如果对案件事实的证明建立在证人证言的基础上，那么这个证人应当出庭作证，通过宣读询问笔录或者书面证据代替的方法是无效的”。参见李昌珂译：《德国刑事诉讼法典》，中国政法大学出版社1995年版，第107页。

带来的不公正，通过原始证据来认定真实，实现实体公正。然而，若是幻想只依靠原始证据，排除一切书面证据来认定事实，难免陷入了完美主义的陷阱。[1]毕竟，在现实中存在着大量证人无法出庭作证的情形，或者出于效率原则考虑，证人无需出庭作证的情况。因此，要灵活适用直接言词原则，应允许在以下情况中使用书面证据：

（1）证人无法出庭作证时，可使用庭前制作的书面证据。因为一些客观原因，例如证人死亡、路途较远或者身体原因不能出庭作证的，如果侦查机关之前已对其进行询问并制作笔录，在庭审过程中，可以经双方当事人同意，将笔录作为证据采纳。[2]这是因为，出于职权主义国家对实体真相的苛求，如果一些关键证据因客观原因不能以口头形式作出，若不允许其以书面形式提出，必然会造成客观真相无法查明，因此需要在禁止书面证据的前提下设置这个例外。

（2）帮助证人恢复记忆和消除矛盾。在庭审作证过程中，证人可能因为各种原因遗忘相关事实，这时可以借助之前所作的笔录帮助其回忆。当证人在法庭上作证的内容和之前的书面证据不一致时，法官可以据此判断证人证言的可信性，决定采

---

〔1〕参见［美］米尔吉安·R. 达马斯卡：《比较法视野中的证据制度》，吴宏耀、魏晓娜等译，中国人民公安大学出版社2006年版，第275页。

〔2〕如《德国刑事诉讼法典》第251条规定：如证人、鉴定人或者共同被指控人已经死亡、发生精神病或者居所不能查明；因患病、虚弱或者其他不能排除的障碍，证人、鉴定人或者共同被指控人在较长时间或不特定时间内不能参加法庭审判；因路途十分遥远、考虑到证词意义，认为不能要求陈述人出庭；检察官、辩护人和被告人同意宣读等情况下，允许以宣读以前的法官询问笔录代替当庭询问证人、鉴定人或共同被指控人。参见李昌珂译：《德国刑事诉讼法典》，中国政法大学出版社1995年版，第107页。

纳其庭上作证的证言或之前的书面证据，甚至可以以此判定证人的品格。[1]

（3）可以在轻微刑事案件审理中，普遍采取书面证据。书面证据有其天然优势，法官可以通过在庭审前阅读案件卷宗，快速熟悉案情，做好庭前的准备工作，更好地驾驭庭审过程。加之在职权主义国家，对证人的交叉询问极不普遍，卷宗材料依然是法官了解案情的主要方式。[2]在大陆法系国家对轻微刑事案件的审理中，书面审理已经被普遍采用。例如在法国，对轻罪案件、违警案件，法官一般都通过阅读侦查卷宗的书面证据进行认定。[3]这极大提高了刑事诉讼的效率。

总体而言，直接言词原则的建立，有助于避免书面证据对认定事实的不利影响，尽可能地实现实体公正。

第二节　基于程序公正维度的分析

程序正义是司法程序在运行过程中所独有的价值。与实体正义这种“结果价值”相比，程序正义更倾向于“过程价值”。程序正义的内涵十分丰富，有关论述也可谓汗牛充栋，[4]其中

〔1〕［美］米尔吉安·R. 达马斯卡：《比较法视野中的证据制度》，吴宏耀、魏晓娜等译，中国人民公安大学出版社 2006 年版，第 276 页。

〔2〕［德］托马斯·魏根特：《德国刑事诉讼程序》，岳礼玲、温小洁译，中国政法大学出版社 2004 年版，第 144 页。

〔3〕参见左卫民：“中国刑事案卷制度研究——以证据案卷为重心”，载《法学研究》2007 年第 6 期。

〔4〕通过中国知网的搜索，以“程序正义”作为篇名的文章有 905 篇，远多于“实体公正”搜索的 83 篇。

最为经典的当属罗尔斯在《正义论》中对“程序正义”的定义。罗尔斯提出，程序正义存在三个形态，分别是不完善的程序正义、完善的程序正义和纯粹的程序正义。对社会资源进行合理分配，正确配置权利与义务，解决社会不公正的问题，就需要按照纯粹的程序正义来设计社会制度。这是因为纯粹的正义不存在任何有关结果的独立标准，有的是判断产生结果的过程是否公正的独立标准。这就意味着，只要人们恰当地遵守和执行了程序，其所得到的结果就会被认为是公正的，而不受社会和个人地位变化的影响。[1]罗尔斯的论述也向我们证明了程序正义有自己的独立价值。这一价值在法律程序中也不例外。英国学者达夫认为：“裁判的公正性与过程的公正有着必然的内在关联性”。[2]直接言词原则正是为了实现程序正义这一价值，主要表现在以下几个方面：

一、促进以审判为中心的诉讼制度建构

（一）审判中心的内涵

审判中心是指在刑事诉讼的各个程序中，审判程序应当处于中心位置并起决定性作用。审判中心是一个中国法特有的概念，在西方法治国家的法律条文和学术表述中都无迹可寻。[3]其背后的原因是在西方刑事审判中，为被告人定罪量刑的过程

〔1〕参见［美］罗尔斯：《正义论》，何怀宏译，中国社会科学出版社 2001 年版，第 80 ~ 85 页。

〔2〕See R. A. Duff, *Trial and punishment*, Combridge University Press, 1986.

〔3〕我国媒体和期刊多将审判中心翻译为 trial - centered；将审判中心主义翻译为 trial - centralism，这是一种直译的方法，并非来源于西方的专有术语，《元照英美法词典》中没有这一词汇。

都是围绕着审判活动展开的。侦查活动和公诉审查等审判前程序都是为审判程序服务，因而法院自然而然对审前行为的合法性具有审查权。换言之，审判在国外刑事诉讼程序中处于绝对核心地位，没有必要再特意提出“审判中心主义”这一概念。其中典型代表就是德国《刑事诉讼法典》，其程序部分并没有单列侦查、起诉环节，二者均被第一审程序所包括。[1]

审判中心，不仅仅是具有中国特色的概念，也是一个刑事诉讼法范畴内的概念。这是因为，在民事审判程序中和行政审判程序中，原被告交锋都是在庭审活动中进行的，不存在审判中心问题。而刑事诉讼需要经过侦查、审查起诉和审判三个相互独立的阶段，按照我国宪法和刑事诉讼法的规定，三者的关系是“分工负责、互相配合、互相制约”。因此，明确提出“审判中心主义”尤为必要。

厘清“审判中心”的概念，就要搞清楚几个概念相互之间的关系。首先，与“审判中心”相对应的是“侦查中心”。所谓侦查中心，是指对犯罪嫌疑人、被告人的定罪量刑不是通过法庭调查来完成，而是在庭审之前的侦查环节就已经基本确定了，审判程序只是对这一结果的确认。其次，便是与“审判中心”紧密相关的“庭审中心”。有学者认为，“庭审中心”是“审判中心”的另一种表达方式，[2]“庭审中心”要求庭审实质化，与被告人定罪量刑有关的所有证据都要在庭审中充分展现。

---

〔1〕 参见陈光中、步洋洋：“审判中心与相关诉讼制度改革初探”，载《政法论坛》2015 年第 2 期。

〔2〕 参见陈光中、步洋洋：“审判中心与相关诉讼制度改革初探”，载《政法论坛》2015 年第 2 期。

法官根据庭审而非事后阅读侦查卷宗来认定事实，作出裁判。再者，有学者提出了“第一审中心主义”。其主要论点有三：其一，在侦查、起诉、审判三个环节中，审判环节是决定性环节；其二，在审理和裁判多个行为中，以庭审为中心；其三，在一审、二审和审判监督程序中，因为事实问题主要在一审认定，因此，第一审应该是最为重要的审级。[1]

“侦查中心”与“审判中心”正好是相对的一组概念。提出“审判中心”的一个大背景是，目前司法实践中普遍存在着先定后审、庭审虚化的“侦查中心”倾向。党的十八届四中全会通过的《中共中央关于全面推进依法治国若干重大问题的决定》明确提出推进以审判为中心的诉讼制度改革，这正是对社会中普遍存在的“侦查中心主义”的回应。也就是说，“侦查中心主义”的盛行是审判中心提出的背景。

“庭审中心”提出庭审实质化，要求所有的证据材料都在庭审过程中展示，这正是“审判中心”的核心所在。至于认为“审判中心”和“庭审中心”指的是同一概念的观点，也有不妥之处，毕竟审判环节不仅仅包括庭审，还包括合议庭评议，法官在庭下的思考过程和裁判等。“审判中心”不仅仅关注庭审，还聚焦由庭审到裁判的整个过程。当然，“庭审中心”是“审判中心”的关键环节，这一点毋庸置疑。

“第一审中心主义”是“审判中心”进一步细化的要求。更为准确的说法是，事实认定要以第一审为中心。[2]这是因为，

---

〔1〕 参见龙宗智：“论建立以一审庭审为中心的事实认定机制”，载《中国法学》2010年第2期。

〔2〕 蔡墩铭：《两岸比较刑事诉讼法》，五南图书出版公司1996年版，第368页。

一审所接触到的证据信息更具有可靠性和直接性，证人出庭作证，法官可以直接对其询问；而第二审并非完全的言词审理，对于双方争议不大的部分，法官会采用书面审理，同时随着时间推移，二审在事实认定上的难度更大。因此，“审判中心”在事实认定上更加强调“第一审中心”。

（二）审判中心主义的意义

通过以上几个概念的辨析，我们对“审判中心主义”的内涵进行了清晰的界定。那么，“审判中心主义”的制度价值何在？

第一，以审判为中心的制度建构可以更好地贯彻刑事诉讼法的原则，提高司法公信力。我国刑事诉讼法确立了公开审理、保护辩护权等诸多原则。在以侦查为中心的诉讼模式下，庭审被虚化，这些与庭审息息相关的诉讼法原则也被虚置。以侦查为中心向以审判为中心的转变，无异于重新激活了这些原则。比如公开审理原则，其目的是让审判过程接受媒体和群众的监督，使司法行为民主化。但是在侦查中心的诉讼模式下，虽然庭审全程向公众公开，但是定罪量刑的证据实际上都在侦查阶段秘密取得，法庭庭审只是走过场，因此审判公开的目的难以实现。而在以审判为中心的模式下，所有的证据都要经过庭审，这就意味着所有定罪量刑的证据都接受公众的监督，这样运行的司法程序更加民主，也更加具有公信力。

第二，审判过程中的三角结构最为稳定，是司法运行的最佳状态。法官居中裁判，控辩双方分列两边平等对抗，这是法治国家刑事诉讼的普遍状态。这种稳定的三角结构，既可以保障案件经过充分的陈述和辩论，得到更为合理的判决，同时也保障了被告人的辩护权。这种结构相比较从侦查、公诉到审判的“流水线”作业，更加公正合理，是司法运行应有的状态。

第三，审判中心是对司法规律的尊重。大陆法系的诉讼理念发展过程，无一不是从以侦查为中心向以审判为中心转变。这是因为“侦查中心”存在着种种弊端。如前文所述，“侦查中心”使庭审虚化，往往侦查过程取得的证据，不经筛选地成为了定罪量刑的依据。公开审理已不是产生判断的中枢了，无非是徒费功夫走个过场，对侦查结果的进一步追认和渲染。[1]正是因为这些弊端，近代以来大陆法系国家都舍弃了以侦查为中心的理念，开始向以审判为中心转变。由此可知，审判中心主义司法规律。

（三）以审判为中心的诉讼制度改革

以侦查为中心向以审判为中心转变刻不容缓，但这一改革面临的阻力不小。在司法实践中，“审判中心”的建立存在如下阻碍：

第一，我国刑事立法长期以刑事侦查为中心，刑事审判居于边缘或次要地位，这是我国刑事诉讼架构的实际运行形态。刑事侦查获取的口供等证据一般而言都会自然地成为刑事审判认定的证据，刑事侦查的结论也会不出意外地成为审判结论。刑事侦查俨然成为刑事诉讼中最为重要、最为关键的阶段，刑事审判已经成为侦查机关展示和推演侦查行为的舞台。[2]在这

---

〔1〕［德］勃朗特·舒乃曼：“警察机关在现代刑事程序中的地位”，吕艳滨译，载《研究生法学》2000年第2期。

〔2〕陈兴良：“独立而中立——刑事法治视野中的审判权”，载《华东政法大学学报》2007年第6期。

种模式下，很难有审判中心主义的用武之地。

第二，极低的证人出庭率也使直接言词原则和建立以庭审为中心的刑事诉讼模式成为空谈。我国的刑事审判中，极低的证人出庭率一直被各界所诟病。虽然官方没有给出证人出庭率的统计，但是我们可以从凤毛麟角的资料中窥视一二。在经济比较发达的几个地区，北京市人民法院统计的刑事证人出庭率只有不足1%；深圳的稍微高一些，也只有2%～5%；上海市黄浦区2000年所作的统计也是不足5%。[1]无论我们制度设计如何完美，证人不出庭接受法官的询问，直接言词原则就无从谈起。

第三，侦查机关的侦查案卷笔录在整个刑事审理过程中始终发挥着主导和核心的作用。如果不从根本上改变案卷笔录中心主义的刑事审理模式，刑事审判活动很大程度上也只不过是对刑事侦查所得证据和结论的再一次确认。我国现行的诉讼流程以案卷笔录为中心，刑事审判中心主义要求的直接言词证据为中心的模式尚未建立起来。[2]

（四）确立直接言词原则，推动以审判为中心的诉讼制度改革

在推动审判中心主义诉讼制度改革的道路上，确立直接言词原则十分必要，直接言词原则的具体要求也实际起到了推动刑事以审判为中心的作用。

第一，直接言词原则要求证人出庭作证，而证人出庭与否

〔1〕何家弘、南英主编：《刑事证据制度改革研究》，法律出版社2003年版，第27页。

〔2〕陈瑞华："案卷笔录中心主义——对中国刑事审判方式的重新考察"，载《法学研究》2006年第4期。

正是以审判为中心的关键所在。如前所述，证人不出庭的原因是复杂的。一方面，证人本身可能碍于情面或者害怕打击报复；另一方面，侦查机关和公诉方有时候害怕证人当庭翻证，不愿意证人出庭作证。若证人不出庭作证，在法庭上举证质证、展开法庭调查都无从谈起，以审判为中心也成为了一句空谈。

第二，直接言词原则要求审判以口头的方式进行，这符合以审判为中心诉讼制度改革的目的。以审判为中心，要求裁判依据的所有证据都要经过庭审的审查。直接言词原则要求庭审以口头的方式进行，所有的证据都要经过庭审，由控辩双方举证质证，法官要听取控辩双方的陈述和申辩，排斥书面审查模式。因此，贯彻直接言词原则必然会推动审判成为刑事诉讼的中心。与此同时，一切庭审的活动均以口头的方式进行，所有的证据都在法庭上经过口头的方式宣读，庭审向公众公开，公众便可以通过公开的审判对司法裁判进行监督，这也是以审判为中心的目的之一。

二、保持法官的中立性

法官中立是指在刑事诉讼过程中，控辩审三方构成一个稳定的等腰三角形，负责审判工作的法官位于这个等腰三角性的顶端，严守中立，既独立于辩护方，也独立于控诉方，在庭审过程中不偏袒任何一方。其具体要求有以下几点：

第一，法官不能等同于控诉方。在我国早期的司法理念中，有这样一种错误的观点，认为公检法三个部门分工负责、互相配合，完成刑事诉讼的过程。“互相配合就是公检法三个机关，在分工负责的基础上，相互支持，协调一致，共同作战，保护人民。而且这种相互之间的配合，可以更好地形成合力，从而调查清楚案件事实，惩罚犯罪，保障人民的利益”。[1]但是，按照现代法治国家的观念，法官的地位应该有别于控诉机关，更不能履行控诉的职能。刑事诉讼本身就存在着控诉机关处于强势地位的现象，如果法官再偏袒控诉机关，或者以追究被告人刑事责任为自己的价值追求，那么审理过程就难有公正可言。

第二，法官不得偏袒辩护方。法官对控诉方的偏袒是有其历史成因的，然而在一些案件的审理过程中，法官对辩护方的偏袒，则多是出于个人原因。法官可能被错误的情感所引导，也可能是与被告人之间存在利害关系，而这些情形既影响了司法的公正，也违背了法官的职业伦理。司法是维持政治及社会关系的一个有力支点，而这个支点的基础并非法官的至高无上和法律的万能，而是通过司法的消极中立和自我抑制而建立起来的公信力。[2]

第三，从正面解释的角度来看，法官中立要求法官不偏不倚，同等对待控辩双方。法官要在控辩双方均在场的情况下审理案件，而且要给予控辩双方同等的陈述自己意见和反驳别人意见的权利，让控辩双方在法庭上充分辩论。同时，作为审判者的法官，也要对控辩双方发表的意见保持同等关注，不能偏听偏信。

目前在我国的司法实践中，法官中立是个十分尴尬的问题。

---

〔1〕全国人大常委会法制工作委员会刑法室中国高级律师高级公证员培训中心编著：《中华人民共和国法律集注（修订本）》，法律出版社1992年版，第528页。

〔2〕参见［日］谷口安平：《程序的正义与诉讼》，王亚新、刘荣军译，中国政法大学出版社1996年版，第8页。

虽然我国曾经试图通过司法体制改革以及对刑事诉讼法的调整来解决这一问题，然而现实效果并不明显。不能保障法官公正审判的很大一部分原因，在于没有确立直接言词原则。

在明确了直接言词原则的国家，控辩双方都被要求参加庭审，不得缺席，还要在庭审上充分发表自己的陈述、申辩意见，作为裁判者的法官也要亲历庭审现象，其作出裁判的依据便是他在庭审过程中接触的控辩双方的举证质证、陈述申辩。这样一来，庭审过程无疑变成了刑事诉讼的中心，侦查和审查起诉等司法活动都为审判服务。审判中心是法官中立的前提。试想，在一个定罪量刑不以审判为中心的司法制度中，即使法官居中审理，又有何意义?

同时，直接言词原则的一些要求与法官中立相一致。直接言词原则要求控辩双方在法庭上要充分的陈述和申辩，这与法官中立的要求不谋而合。法官居中审理，正是要法官在法庭中成为消极的旁听者，让控辩双方充分论述。庭审过程成为了控辩双方交锋的舞台，法官居中观察，并根据自己听取的双方陈述作出理性、合理的裁判。

此外，建立直接言词原则就是为了实现司法公正。明确直接言词原则将使庭审成为刑事诉讼的中心，法官的判断也成为了核心，因此法官保持客观中立极其重要。如果法官不能中立，而是偏袒其中一方，那么确立直接言词原则，让审判成为中心，比之前的诉讼制度对司法公正损害更大。这是因为直接言词原则的目的就是通过确立法官在刑事诉讼中的核心地位，让一切刑事诉讼活动都服务于法官的判断。若法官不能公正地作出判断，那么制度设计得再精妙也无济于事。

因此，直接言词原则与法官中立有着密切的联系。确立和贯彻直接言词原则是法官中立的根本保证。与此同时，法官中立也是直接原则价值目标得以实现的重要条件。

三、保障控辩双方平等对抗

在刑事诉讼中，法官中立是实现程序正义的重要一环，除此之外控辩平衡也是不可或缺的。所谓控辩平衡，是指控辩双方应该被赋予同等的地位，并根据控辩双方关系特点设计相平衡的诉讼权利和诉讼义务，以保障辩护方有一定实力可以对抗控诉方，从而保证两者的关系平衡。所以，控辩平衡的核心在于为辩护方增加权利的同时，要限制控诉方的权力。

控辩平衡的要求主要有二：①“平等武装”；②“平等保护”。“平等武装”一词的含义是：“在刑事审判中，作为控诉方的检察官和作为辩护方的被告人及其律师有着相同的诉讼地位，这可以称之为平等武装，这也是公正审判的实质要素之一”。[1]刑事诉讼就像是一场斗争，而控辩双方就好比斗争的双方，若想让这场斗争公平公正地进行，就要给予双方同等的武装。具体而言，控诉方以将被告人定罪量刑为目的，积极主动地进攻，其权力为控诉权；被告人及其辩护律师，则多是扮演防守的角色，通过收集证据、参加庭审发表辩护意见，来抵御控诉方的进攻，其权利是应诉权。被告人的应诉权具有一定的防御性，不需要积极主动进攻，因此应诉权又分为积极应诉权和消极应诉权。积极应诉权是指被告人积极地展开调查、收集

---

〔1〕 陈瑞华：《刑事审判原理论》，北京大学出版1997年版，第57页。

证据、参加辩护来证明自己的清白；消极的应诉权是指被告的沉默权，即被告人有权在诉讼中保持沉默。[1]无论是控方的控诉权，还是辩护方的应诉权，究其本质都是诉讼权力，而拥有诉讼权力的双方理应有着平等的诉讼地位。

但是，辩护的一方作为单薄的个人往往无法与国家机器作后盾的控诉方相提并论。在刑事诉讼中，控诉一方掌握着巨大的国家资源，可以为追究犯罪而不惜成本。相较之下，被告人则十分弱势，没有庞大的国家资源可以利用，大多数被告人还并非法律专家，自己无法对被指控的罪行进行有效的辩护，甚至其人身自由亦被限制，根本无法开展调查取证工作。若不赋予辩护方与公诉方对抗的权利，很难使其与控诉方相匹敌。因此，控辩平衡并非是形式上的平衡，还应该做到实质上的平衡。因此在刑事诉讼中，要赋予辩护方更多的权利。首先，要允许当事人委托辩护律师，通过专业人士的介入，弥补大多数当事人缺乏专业知识的短板；当事人没有足够财力委托辩护人时，法律援助机构应该为其提供免费的法律服务。其次，在举证责任方面，控方要承担绝大部分的举证责任，而且控方要在庭前单方开示证据，即在庭审前向被告公开出示其所收集的全部证据。最后，对被告人有罪的证明，要证据确实充分，达到排除合理怀疑的程度，否则不得认定被告人有罪。

在赋予双方“平等武装”之后，双方呈现势均力敌之势，这时最关键的是要做到“平等保护”。所谓平等保护，实际上与

---

〔1〕 参见［日］田口守一：《刑事诉讼法》，刘迪等译，法律出版社2000年版，第110页。

前文所述的法官中立有着密不可分的关系，是指法官在审理案件时，要平等对待控辩双方，对于双方所提供的证据和陈述申辩意见保持同等的关注，不偏不倚。即使在赋予双方同等对抗能力情况下，如果法官偏袒其中一方，那么双方的诉讼地位也难谓平衡。尤其是法官和控诉机关同为国家机关，在庭审中法官难免会更偏向于控诉方，那么控辩双方的地位无论怎样设计，都难以达到平衡。因此，法官的居中裁判，不偏向任何一方，控辩双方平等对抗，组成最为稳定的诉讼三角结构，是诉讼的理想状态。

这种稳定的三角结构也正是直接言词原则的追求目标。在直接言词原则的审理模式下，庭审变成了刑事诉讼的主战场，控辩双方在庭审上展开角逐，此时控辩双方是平等对抗的主体。这就改变了侦查中心主义模式下，法官只对卷宗进行审查，控辩双方地位极不平衡的情况。在以侦查为中心的审理模式下，公安机关和检察机关拥有绝对的话语权，其活动对当事人的定罪量刑起到关键作用，而犯罪嫌疑人、被告人作为被追诉的对象，只能依法接受侦查机关调查，其对抗权力有限，地位与控诉方相比极其弱势。直接言词原则的首要目的便是将刑事诉讼的中心由侦查转向审判。作为控诉方的侦查机关由诉讼结果的主导者变成了法官审理活动的服务者。控诉方要想取得诉讼的胜利，必须和辩护方对簿公堂，在庭审中出示证据、陈述控诉意见和理由，让法官采纳其控诉意见。此时控诉方和辩护方处于同等的诉讼地位，双方无高下之分。

与此同时，为避免控辩平衡流于形式，直接言词原则还着眼于细节，做了诸多有利于辩护方的安排，使其更加有实力对抗控诉方。首先，直接言词原则要求控辩双方必须到场。这是因为如果辩护方不在场，就无法充分行使辩护的权利，这不利于其权利的保障。其次，直接言词原则要求，除例外情况，证人必须出庭作证，否则证人证言不得作为定案的依据。在实践中，证人往往只接受了侦查机关的当面询问，这样的证人证言既未经过法官亲自审查，也未经辩护方充分质证，便作为定案的依据。要求证人必须出庭作证，正是要打破这一现状，避免辩护方的质证权被架空。最后，直接言词原则赋予了辩护方充分的申辩权，当事人可以就被指控的内容展开充分的辩论。而在法官只对案件卷宗进行书面审查的诉讼模式下，辩护方申辩的权利是无法得到充分保障的。

第三节　基于诉讼效率维度的分析

在当今社会，一个国家刑事诉讼制度的效率可以反映出一个国家的法治文明程度和司法公信力。因此，诉讼效率原则也逐渐成为了刑事诉讼的重要原则之一。研究触及效率，就已经涉及了人类社会的根本矛盾——资源的稀缺性和人的需求。〔1〕这具体反映在司法领域中就是如何投入较少的司法资源来实现正义的需求。同时，司法效率也是一个分配公平的问题。波斯纳在《法律的经济分析》中指出："公正在法律中的第二个意义便是效率。在许多案例中，我们可以窥视一二。人们往往形容

〔1〕 参见李文健："刑事诉讼效率论——基于效率价值的法经济学分析（上）"，载《政法论坛》1997 年第 5 期。

未经司法审判而被定罪、交通肇事的受害人无法求偿、没有合理的对价取走他人财产这些行为是不公正的，而这些行为最好的解释便是浪费资源。在这个资源稀缺的社会里，浪费资源便是不道德的行为”。[1]因此，诉讼效率成为了当今刑事诉讼的主要价值追求之一。

欲达到诉讼的高效率，首先就要计算诉讼成本。那么，在刑事诉讼中，诉讼成本都包含哪些呢？

第一，直接成本和错误成本。所谓直接成本，是指国家为了追究犯罪，动用国家资源，在侦查、起诉、审判以及执行的过程中所耗费的人力、物力、财力。这些成本是刑事诉讼中直接消耗的。错误成本是指在对犯罪的追诉中，国家机关的不当追诉和错误追诉，给当事人造成了严重的损害，由此产生的弥补当事人损失的成本和司法公信力受损后恢复的成本。

第二，伦理成本，即参与刑事诉讼的所有个人（既包括犯罪嫌疑人、被告人，也包括证人）所受到的精神利益的损失。

第三，公民购买正义的成本。诉讼过程需要耗费大量的成本。这包括司法单位人员工资，司法体系的运作所耗费的财政资金以及司法工作人员的时间和精力的投入。这些都是出于公民对正义的追求。为了实现正义，公民愿意承担这一成本。

综上，司法成本具有复杂性和多元性，同时还要兼顾伦理性和经济性。以最小的司法成本获取司法公正，也是我们应该努力的方向。直接言词原则的确立，也正是提升诉讼效率的必

---

〔1〕［美］波斯纳：《法律的经济分析》，蒋兆康译，法律出版社 2012 年版，第 18 页。

然要求。

一、提高庭审效率

在以侦查为中心的诉讼模式下，法官只需要对案件卷宗进行书面审查即可，庭审流于形式。庭审对于最后的定罪量刑根本无足轻重，这也就造成了控辩审三方对庭审均不重视。在这种背景下，庭审程序表现为一种出奇的“高效率”，参与庭审的各方默契配合，走过场式地将庭审结束。

然而，这种高效只是虚假的“高效率”，庭审对被告人的定罪量刑并没有实质的影响。庭审活动并未起到应有的效果，在其结果上就表现为一种无效率。实质上高效率的庭审过程应该是法官通过庭审获取裁判案件的主要证据，控辩双方在庭审过程中充分发表意见，法官最后作出判断所依据的主要证据材料都来自庭审活动。

直接言词原则就是力求打造这样一种高效率的庭审活动。直接言词原则要求控辩双方充分参与到庭审活动中，在庭审过程中充分发表意见。除非符合特殊规定，证人必须出庭作证，否则其证言不得作为定案依据。通过这些制度设计，庭审的空间得到了充分的利用。法官可以通过对庭审活动的高度关注，来获得作出裁判所需要的依据，从而节省了其他不必要的时间，提高了法官审理的效率。同时，庭审活动本身也变成了一个高效率的活动。通过庭审活动，所有证据均在庭上都得到展示，控诉方的控诉意见和辩护方的陈述和申辩都在庭上充分发表，有助于法官查明案件事实，进而提升司法效率。

二、降低错误裁判成本

在诉讼成本中，错误裁判成本因错误裁判造成的损害而生，这种成本是巨大的。错误裁判首先会损害人们对司法活动的信任。在一个司法公正的社会里，公民普遍信仰法律，相信司法的公平公正，自觉规范自身行为使之符合法律的要求。而在冤假错案频发的社会背景下，公民普遍不信仰法律，对司法活动的公正性产生怀疑，自身的行为也与法律背道而驰。因此，错误裁判对司法体系造成的损害是巨大的，短时间内难以弥补。

同时，错误裁判无疑会大大增加社会治理的成本。在刑事诉讼中，错误裁判意味着错放了坏人，本应被限制人身自由的罪案始作俑者依然逍遥法外，随时可能再次犯罪，对社会造成危害。而且，被错误定罪的无辜者却不幸入狱，这难免会造成无辜者对司法体系的不信任，甚至会采取其他极端行为。如戈尔丁所言："通过构陷一个无辜者来平息一个大的麻烦，这在实践中具有一定的可为性，但是这种在道德上很难被接受的非正义行为具有极大的危险性。因为，这种行为一旦被滥用，公众谁也不知道下一个无辜者是谁"。〔1〕

然而当错案被平反，国家机关不仅名誉受损，还要支付国家赔偿。同时办理案件的司法工作人员也会受到行政处分，甚至刑事处罚。司法系统内部为错误裁判付出的代价无疑也是巨大的。

造成错误裁判的很大一部分原因就是以侦查为中心的审理

---

〔1〕［美］戈尔丁：《法律哲学》，齐海滨译，三联书店 1987 年版，第 156 ~ 162 页。

模式。侦查行为中往往存在着不当的理念和行为，这是错误裁判出现的直接诱因。在侦查活动中，由于侦查手段的单一和侦查技术的落后，侦查机关长期依赖口供在所难免。而当一个案件的突破点集中于能否获得犯罪嫌疑人的口供时，再加之“命案必破”的压力，刑讯逼供也似乎变得不可避免了。本应对侦查机关形成监督制约的非法证据排除制度，又因侦查权过于强大而难以启动。由于限期破案的压力，侦查机关往往没有将证据固定扎实，就草草结案，加之绝大多数情况下，案件都会以侦查机关的处理结果来定罪量刑，确实有可能造成冤假错案。

如前文所述，直接言词原则的确立，有利于发现客观真相，实现实体公正。这是因为，直接言词原则不再以侦查为中心，而是将诉讼的中心转移到庭审中来，加强了对侦查活动的监督和制约。侦查机关的一些非法的诉讼行为，到审判环节会被毫不留情地排除。这大大提高了刑事诉讼活动的公正性，有助于避免冤假错案的发生，减轻了司法的错误成本负担，提高了效率。

三、减少不必要的上诉或抗诉

当一个案件能够得到公正审判，控辩双方都能信服，也均认为最后的判决接近案件事实的真相，控辩双方就不会再上诉或抗诉，这就提高了司法效率。当然这是一种理想的情况。上诉是辩护方的权利，其行使权利的行为不仅不应该禁止，还应该鼓励。控诉方面对法院不合理的判决，为了惩治犯罪，使被告人受到应有的制裁，也应该毅然提起抗诉。这样的上诉和抗诉都是具有积极意义的。应该避免的是因为受到不公正审判而导致的上诉和抗诉，它们不仅无端增加司法成本，而且当上诉仍然不能获得公正审判的时候，当事人难免会对司法的公信力产生怀疑。

直接言词原则旨在使案件在刑事诉讼程序得到充分的审理。例如，所有的证据都在第一审的庭审过程中得到充分的展示，控辩双方积极地在庭审中陈述自己的意见，展开举证质证。这样一来，案件在一审中就得到了充分的审理，案件事实也得到了查明。被告人或者公诉方虽然不满一审判决的结果，但考虑到一审已经对案件进行充分的审理，而且没有新的事实和证据，此时再提出上诉或抗诉也无济于事。这无疑节省了司法成本，大大提高了司法效率。

小 结

直接言词原则的价值之维，大体可以分为实体、程序和效率三个维度。

在实体之维，直接言词原则通过使法官亲历证据，在庭审中直接获得证据，避免证据在多个环节之间流转而失真，同时摈弃过于依赖于书面证据的审理模式，从而更好地发现实体真实。

在程序之维，直接言词原则力求建立一种以审判为中心的刑事诉讼模式。而在这一模式下，法官中立审判、控辩双方平等对抗应是题中之义。

在效率之维，直接言词原则可以促进庭审效率的提高，同时使审判者拥有最终决定权，也使其在工作中更加严谨，降低了错误裁判成本，减少不必要的上诉或抗诉。

第四章　直接言词原则的规范分析

第一节　直接言词原则对诉讼主体的基本要求

直接言词原则对主体的基本要求可以概括为两个字：亲历。对于法官来说，只有亲自组织庭审，并在庭审中亲耳听取控辩双方的辩论意见，才能形成对案件的基本认识，并确保最终作出的判决在最大程度上接近案件真实。对于控辩双方来说，只有亲自参加庭审活动，才有表达诉求、陈述观点的机会，也只有在双方的言语交锋中，才有利于案件真实的表露，以及全面展示案件证据情况。直接言词原则还有利于控辩双方对法官最终裁判的认可。因为共同的经历往往会形成相似的认知，至少不会相差太远。

我国古代“以五声听狱讼”，其实也反映了司法的亲历性。同样事实的陈述，在场听取与不在场听取效果大有不同，这是生活经验告诉我们的。更何况在法庭这样一个严肃、严谨的环境中，陈述者的相貌、语速、陈述时的态度、所表现出来的情绪往往因陈述是否真实而有所不同。法官在诉讼中同样能够产生和具有这样的经验和体会，从而实际影响着法官“心证”的形成。[1]有研究表明，人与人之间的沟通50%以上是靠身体语言，例如眼神、声音、小动作、身体姿势等。在与法官的对视中，有的当事人可能会转移视线、语音发颤，有的当事人则目光坚定、言词恳切，这为准确地判断案情提供了宝贵的第六感。[2]以上研究和经验均说明直接言词原则具有心理学科学依据和法理学正当前提。

一、法官不得更换

（一）不更换法官确保自由心证的主体唯一

直接言词原则，要求在案件的办理过程中，审理者与最后的裁判者必须统一，也即坚决反对“审者不判，判者不审”的情况。这是直接言词原则下法官不得更换的必然要求。直接审理原则建立的科学依据即在于参加庭审的法官与仅仅是书面审理的法官对于同一卷宗反映的案件情况会有不同程度的认知。在有些情况下，这种认知甚至是截然相反的。既然认知不同，最后的裁判结果自然就大相径庭。如果审理者与裁判者不是同一个法官，即使参加审理的法官将自己对案件的意见告知裁判的法官（更何况此举还违反法官职业道德），裁判法官也难以摒弃一些错误的固执观念，导致法庭裁判变成可讨价还价的事情，

---

〔1〕 董亚平、周芳建：“关于我国刑事诉讼贯彻直接言词原则的思考”，载《吉首大学学报（社会科学版）》2007年第2期。

〔2〕 参见靳欣：“对不同意见写入判决书的再思考”，载《西藏民族学院学报（哲学社会科学版）》2011年第3期。

影响裁判发现案件真实目的的实现，也就难以实现裁判保障社会公平、公正，惩罚犯罪的目的。

法官在法庭审理活动中形成的自由心证，有时候难以表达，甚至是基于直觉的一种意识，这种意识对最终的裁判结果影响巨大。没有参与法庭审理的法官，即使业务再精通、法律技能再高超，也不能弥补对于法律真实的认知的缺失，反倒有可能使诉讼过程沦为一种专业技能秀，影响对当事人权益的保护。因此，直接言词原则模式下，法官虽然居中裁判，但是已然成为一种肩负裁判权的特殊当事人。有些案件的情况虽然没有反映到最终的刑事判决书中，但对于该事实的认定只有参加庭审的被告人、辩护人、公诉人及法官心知肚明，也只有他们对最终裁判认可度达到充分理解的地步。必须指出的是，自由心证与法官的业务知识和职业身份并无必然的联系。美国的大陪审团制度事实上行使着法官的权责。[1]

我国一直以来实行的是审判委员会裁判制度，也即参加庭审的法官对于案件的最终判决只有“汇报权”，没有决定权。这虽然有利于对刑事审判权的监督，但同时也导致判决与裁判认定不符、裁判认定与案件事实不符的情形。最终可能出现一个对于案件的判决结果，法官不满意、公诉人不满意、被告人也不满意的情况。且集体负责制最容易出现的弊病就是无人负责。故这种裁判制度对司法机制的戕害不言而喻。2013年以来，第三次中央司法改革锐意进取，试图规范这一现象。《中共中央关

〔1〕参见陈卫东主编：《刑事审前程序研究》，中国人民大学出版社2004年版，第228页。

于全面深化改革若干重大问题的决定》中就明确提出“让审理者裁判，由裁判者负责”，这等于又向直接言词原则靠近了一步。

（二）法官在庭审中处于居中地位

在直接言词原则的要求下，法官的地位是居中裁判。强调法官中立是实现控辩平等的前提。一方面由于在法庭中控辩双方需要通过各自举证和质证在彼此之间进行平等抗争，所以法官的地位自然而然就居于中立；另一方面，法官地位的中立也能够同时保障并且促使控辩平等。因为只有审判中作为裁判者的法官始终维护控辩双方诉讼抗争的平等，并且始终保持中立并不趋向或者偏袒任何一方，才能确实达到控辩平等的基本条件。[1]

当然，法官虽然地位居中，但不影响其作为庭审的组织者和引导者，[2]这要求法官具备基本的专业素能。如何组织庭审、归纳焦点、质证认证、查清事实、分清责任、说明理由、依法裁判，是法官素质的综合展示，也是语言的应用过程。在不断实践的基础上，要提高法官的业务能力、思维的敏捷性、思辨性和洞察力，提高语言表达的准确性、及时性，以有力地驾驭庭审。

法官居中地位还决定了法官应保持公正、平等地对待双方当事人及其代理人。要求不偏向任何一方当事人，更不能对当事人进行压制，确保当事人的各项诉讼权利行使。宣判之前，法官不得通过任何个人言语表情或行为表达个人对于裁判结果

---

〔1〕 参见刘方：“刍议实现控辩平等的基本途径”，载《中国司法》2010年第4期。

〔2〕 参见潘金贵：《刑事预审程序研究》，法律出版社2008年版，第265页。

所持观点或态度，避免当事人和其他诉讼参与人对其公正性产生合理怀疑；也不能采取任何不正当手段违背当事人的意愿迫使其撤诉或接受调解。

我国审判方式改革的一个重要突破是对于法官的基本职能作了进一步明确，改变传统庭审过程中法官包揽调查、承担举证的做法，改由控辩双方询问被告人，询问证人和鉴定人并且当庭出示证据。[1]对于法官的专业技能除了通过考试、考评、错案追究等进行监督外，同时还对法官职业道德采取约束措施。法官在履行其职责的过程中应该对当事人以及诉讼参与人采取平等态度，不得通过个人言行表现任何歧视，同业也有义务及时制止与纠正诉讼参与人和其他人员在庭审过程中以言行表达任何歧视，从而通过确保诉讼各方平等让其充分行使诉讼权利和客体权利。

（三）法官对言词证据审查的特殊要求

法官对于证据审查的标准应该是一致的。但是在直接言词原则下，法官对于言词证据的审查应该不同于非直接言词诉讼模式。结合司法实践中的弊端，法官对于言词证据的审查应该突出以下几个方面：

1. 对证人证言的审查重点

其一，证人证言是否是其直接感知的内容。如果证人证言的来源只是道听途说，那么就不能作为定案的根据。其二，证人证言的获得是否合法。如果是通过暴力、威胁等非法方法收

〔1〕 参见刘方：“刍议实现控辩平等的基本途径”，载《中国司法》2010年第4期。

集的证据，应当予以排除。其三，证人证言的形式是否合法，即审查侦查人员的数量及记录是否符合相关规定。如果询问证人只有一名侦查人员在场的，应当要求作出合理解释，作不出合理解释的应当予以排除。其四，证人与案件是否有联系，即审查证据的客观性。如果证人与案件有利害关系，则其证言的真实性就较低。其五，证人证言之间及与其他实物证据能否相互印证。

2. 对被害人陈述的审查

在大陆法系国家，被害人陈述包括在人证里面。被害人是犯罪行为直接的承受者，容易痛恨、仇恨犯罪嫌疑人，基于人的本性难免会作出夸大事实的描述，所以对被害人陈述审查时应注意是否与其他证据能够相互印证，验证其真伪。

3. 对犯罪嫌疑人供述与辩解的审查

犯罪嫌疑人是犯罪行为的直接实施者，对案件发生的原因、时间、地点、方式及细节最为清楚，因此犯罪嫌疑人供述是证明案件事实的最直接的证据。但是人具有趋利避害的本性，犯罪嫌疑人基于逃避法律追究或者其他心理作出的供述真伪难辨。在审查的过程中应注意以下几点：其一，与同案犯的供述是否矛盾；其二，与证人证言、被害人的陈述及其他实物证据能否相互印证；其三，自身的供述是否存在矛盾或者不合理之处；其四，通过同步录音录像核查口供的真实性及合法性。

4. 对鉴定意见的审查

在我国刑诉法中鉴定意见属于独立证据中的一种，但在鉴定人出庭的情况下，其又具有言词证据的某些特征。对于鉴定意见的审查，应注重以下几个方面：其一，检材的来源、取得、保管、送检是否符合法律及有关规定，与相关提取笔录、扣押物品清单等记载的内容是否相符，检材是否充足、可靠；[1]其二，鉴定机关资质是否齐全、鉴定人员资质是否合法；其三，鉴定意见与待证事实有无关联；其四，鉴定意见是否告知相关人员。[2]如果检察官在审查证据的过程中发现有《刑事诉讼法》第54条规定的非法取证的情况，应当启动非法证据排除程序，经过审查确实属于非法证据的，应当予以排除不得作为定案的根据。

二、控辩双方全程参与

（一）控辩双方参与庭审的主要方式

在刑事案件中，被告人当然地参与到庭审活动中。不管是在押的被告人被提审到案的，还是被取保候审或者未被采取强制措施的被告人被通知到案的，其自然而然第一时间就能参加到庭审活动中。而公诉人出庭，法院一般在开庭3日前，以出庭通知书的形式通知人民检察院派员出庭支持公诉。

直接言词原则要求在庭审过程中，所有提供言词证据的证人、鉴定人都必须出庭作证。只有证人、鉴定人等亲自出庭，法官、公诉人以及辩护人才有机会对证人进行交叉询问，查明

---

〔1〕 参见沈臻懿：“《死刑案件证据规定》第23条的诠释与解读——以鉴定意见审查判断为视角”，载《犯罪研究》2011年第2期。

〔2〕《最高人民法院关于适用〈中华人民共和国刑事诉讼法〉的解释》第84条规定：对鉴定意见应当着重审查以下内容：①鉴定机构和鉴定人是否具有法定资质；……③检材的来源、取得、保管、送检是否符合法律、有关规定，与相关提取笔录、扣押物品清单等记载的内容是否相符，检材是否充足、可靠；……⑤鉴定程序是否符合法律、有关规定；⑥鉴定的过程和方法是否符合相关专业的规范要求；……

案情。因此，在直接言词原则下，证人、鉴定人出庭应该成为一种制度，以证人、鉴定人出庭为原则，不出庭为例外。在我国目前的司法实践中，证人、鉴定人一般不出庭，被害人出庭也较为少见。

对于证人、鉴定人出庭的方式，一方或者控辩双方可以采取申请出庭的办法，由法院决定通知证人、鉴定人出庭作证。证人、鉴定人也可以主动要求出庭作证。在申请出庭的情况下，公诉人、被告人均可以提出要求证人、鉴定人出庭的申请书，而法庭一般采取开庭前向证人、鉴定人送达出庭通知书的办法，要求其于规定时间到规定地点提供规范证言。未来在我国建立起直接言词原则以后，证人、鉴定人出庭成为常规状态下，申请出庭申请书将无存在的价值。法院可以一律采用出庭通知书直接通知证人、鉴定人出庭作证，并需要配合建立起相应的津贴补偿、证人保护等制度。如果证人、鉴定人无正当理由拒不出庭作证，则相应的诉讼一方要承担举证不能的后果。

（二）控辩双方参与庭审的主要活动

控方在我国的刑事诉讼公诉案件中就是指检察机关，辩方是被告人及其辩护人。控辩双方参与庭审都肩负着一定的任务。控方的任务是提供证据，完成对犯罪嫌疑人所犯罪行的指控。辩方的任务是提供被告人无罪、罪轻等方面的意见，旨在全面或者部分反抗控方的指控。庭审活动的任务虽然一致，即查明犯罪、作出裁判，但是在不同的法系和国家，具体的活动程序和内容又有不同。尤其是在适用直接言词原则的国家和不适用直接言词原则的国家，其庭审的侧重点是不同的。从我国的立法和司法实践上来看，法庭审判的首要原则便是公开原则。正如贝卡利亚所言："审判应当公开，犯罪的证据应当公开"。[1] 因此在刑事诉讼中，控辩双方在法官的指引下，原则上应当公开参与庭审活动。参与的活动主要有：开庭、法庭调查、法庭辩论、被告人最后陈述、评议和宣判六个方面。

1. 审判长宣布开庭

《最高人民法院关于适用〈中华人民共和国刑事诉讼法〉的解释》规定，开庭阶段的活动程序是：①开庭审理前，查明公诉人、当事人、证人及其他诉讼参与人是否已经到庭。②审判长宣布开庭，传被告人到庭后，应当查明被告人基本身份信息。[2] ③告知合议庭组成人员、书记员、公诉人、辩护人、鉴定人和翻译人员的名单。④告知当事人、法定代理人在法庭审理过程中依法享有的权利和依法应当承担的义务。[3]

2. 法庭调查

法庭调查是指案件在公诉人和当事人以及其他诉讼参与人共同参与之下，由合议庭主持的针对案件事实以及证据进行调查核对的一项诉讼活动。作为案件进入实体审理之前非常重要的阶段，法庭调查也是法庭审判过程中非常重要的一个环节。案件事实能否得以确认、案件的被告人是否应该承担刑事责任

---

〔1〕 参见［意］贝卡利亚：《论犯罪与刑罚》，黄风译，中国大百科全书出版社 1993 年版，第 20 页。

〔2〕 包括被告人的姓名、出生年月日、民族、出生地、文化程度，职业、住址，或者单位的名称、住所地、诉讼代表人的姓名、职务；是否曾受到过法律处分及处分的种类、时间；是否被采取强制措施及强制措施的种类、时间；收到起诉书副本的日期。

〔3〕 这些权利和义务主要有：可以申请合议庭组成人员、书记员、公诉人、鉴定人和翻译人员回避；可以提出证据，可以申请通知新的证人到庭、调取新的证据，可以提出重新鉴定或者勘验、检查的要求。

取决于法庭调查的结论。法庭调查第一步：①公诉人宣读起诉书。起诉书是控方对被告人犯罪事实的认定，所有的证据都将围绕起诉书指控的犯罪事实展开。起诉书是人民法院审判的合法依据，起诉书当然地引起刑事审判。[1]起诉书一旦被宣读，也就正式表明被告人被人民检察院提请法庭审判，同时也表明了审判内容和范围，并且也可以让旁听公民对案件基本情况有所了解。②被告人、被害人陈述。宣读完起诉书，被告人、被害人可就起诉书指控的犯罪事实分别进行陈述。[2]③讯问、询问被告人、被害人和附带民事诉讼原告人、被告人。在审判长的主持和监督之下，公诉人可以根据起诉书中所指控的犯罪事实对被告人发出讯问。得到审判长的许可之后，被害人、原告人和辩护人以及诉讼代理人也可以向被告人发问。由于被害人作为指控犯罪事实的直接受害者对于案情更为了解，因此受害者本人或其诉讼代理人的发问可以有效对公诉人讯问的不足之处进行补充，从而当庭对质被告人的虚假陈述并且增强控诉力度。在得到审判长准许的前提下，附带民事诉讼的原告人或其法定代理人以及诉讼代理人也可以针对附带民事诉讼部分的事实向被告人发问，以此证实自己由于被告人犯罪行为所遭受的物质损失、精神损害和被告理应承担的赔偿责任。而被告人的辩护人或其法定代理人以及诉讼代理人同样也可以在控诉方对

---

〔1〕 参见陈瑞华：《刑事诉讼的前沿问题》，中国人民大学出版社2000年版，第346页。

〔2〕 这些权利和义务主要有：可以申请合议庭组成人员、书记员、公诉人、鉴定人和翻译人员回避；可以提出证据，可以申请通知新的证人到庭、调取新的证据，可以提出重新鉴定或者勘验、检查的要求。

被告人的讯问完毕之后向被告人发问，通过揭露有利于被告人的事实情节达到辩护目的。当然，审判人员也并非只是消极的裁判者。如果法官在审理过程中有疑问或者当事人陈述表述不清而有必要询问的时候也可以向各方发问，但是审判人员的发问通常是建立于各方陈述或发问基础之上，并且是为了有针对性和有目的性的消除案情疑点。④举证质证。依据证据规则应该由控诉方承担举证责任，即公诉人应该针对起诉书中的各项指控犯罪事实向法庭举证，故而对证据的核查应该从控方向法庭举证开始。[1]在得到审判长准许的前提下，被害人或其诉讼代理人、附带民事诉讼的原告人或其诉讼代理人也可以分别提请传唤尚未出庭作证的相关证人出庭作证，或者将一些公诉人并未出示的证据当庭出示，或者对一些未宣读过的证人书面的证言以及鉴定结论和笔录证词进行宣读。

案件各方向法庭出示的证据，都应该经过当庭质证、辨认和辩论。证人证言的质证程序是：审判人员首先应该核实到庭证人的身份和证人与当事人之间以及与案件之间的关系，明确告知证人必须如实提供证言并且如果故意作伪证或隐匿罪证需要担负的法律责任。对于证人的发问，提请传唤一方拥有先发问的权利，完毕之后对方在获得审判长准许的前提下也可以发问。鉴定人出庭作证的程序是：审判人员首先应该核实到庭鉴定人的身份和其与当事人之间以及与本案之间的关系，明确告

---

〔1〕 对指控的每一起案件事实，经审判长准许，公诉人可以提请审判长传唤证人、鉴定人和勘验、检查、辨认、侦查实验等笔录制作人出庭作证，或者出示证据，宣读未到庭的被害人、证人、鉴定人和勘验、检查、辨认、侦查实验等笔录制作人的书面陈述、证言、鉴定结论及勘验、检查、辨认、侦查实验等笔录。

知鉴定人必须如实提供鉴定意见并且如果故意作虚假鉴定所要担负的法律责任。在鉴定人宣布鉴定结论之前，必须在如实提供鉴定结论保证书上签名，对于鉴定人的询问和证人程序以及规则相同。

根据司法解释相关规定，如果合议庭在审理案件的过程中发现被告人可能存在自首、立功等法定量刑情节，但移送的证据材料中却并无这方面的证据材料的，应当建议人民检察院移送。[1]如果案件的庭审过程中，公诉人由于发现该案件还需进一步补充侦查并建议延期审理，合议庭应当同意。但是公诉人在案件庭审过程中建议延期审理的要求不得超过两次。针对法庭宣布延期审理的案件，如果人民检察院在要求的补充侦查期限之内并未向人民法院提请恢复法庭审理的，人民法院应当按人民检察院撤诉处理。[2]针对证据的调查核实，人民法院有权进行勘验、检查、扣押、鉴定和查询、冻结。如果有必要还可以通知检察人员和辩护人到场。[3]另外，如果庭审过程中需要申请通知新的证人到庭或者调取新的证据以及申请重新鉴定或勘验，应该提供证人姓名以及证据存放地点并针对拟证明案件事实或重新鉴定勘验理由进行说明。法庭如果认为有必要同意则在同意之后宣布延期审理；如果不同意则应该说明拒绝同意

---

〔1〕《最高人民法院关于适用〈中华人民共和国刑事诉讼法〉的解释》第226条。

〔2〕《最高人民法院关于适用〈中华人民共和国刑事诉讼法〉的解释》第223条。

〔3〕《刑事诉讼法》第154条。

的理由后继续审理。[1]

英国刑事诉讼法在早期有言词预审的规定,[2]即在被告人没有律师出庭或者控方提供的有罪证据不充分，被告方提出异议的情况下，法庭则先进行言词预审，从而决定是否进入法庭审判。后期发展起来的“通过审查证据的移送”其实就是言词预审发展的新阶段。[3]这说明无论是国外诉讼法还是我国诉讼法，对于直接言词原则均有不同程度的体现，可见其适用广泛。

3. 法庭辩论

从理论上说，法庭辩论是整个庭审活动的中心。在这个阶段，控辩双方围绕法庭调查中揭露出来的事实和证据进行辩论，对抗性较为突出，形成辩论焦点。顺序上，首先是公诉人发表公诉词，就指控的犯罪事实、卷内已经查明的证据、法庭调查中被告人的表现等进行重点说明，提出被告人罪轻、罪重，如何进行处罚的量刑建议。社会影响较大的案件，公诉人还要结合案件的发生和危害情况，进行法制宣传和法庭教育。然后是被告人自行辩论和辩护人进行辩护，其目的是反驳公诉人的指控，或者提出自己罪轻、无罪的证据。法庭辩论一般要进行两三轮才可以完成。在辩论中双方不断地进行攻击和防御，形成辩论的核心问题，然后就核心问题再进行辩论，以期达到事实越辩越明的目的。

---

〔1〕《最高人民法院关于适用〈中华人民共和国刑事诉讼法〉的解释》第220条。

〔2〕参见程味秋主编:《外国刑事诉讼法概论》，中国政法大学出版社1994年版，第29~30页。

〔3〕参见宋英辉、吴宏耀:《刑事审判前程序研究》，中国政法大学出版社2002年版，第307页。

4. 被告人最后陈述

被告人最后陈述意味着庭审活动即将结束。法律设置这个环节的初衷是，给被告人最后的表明态度的机会，对于是否认罪、认为自己罪轻还是罪重作出最终的陈述，甚至提出可能影响法庭判决的新说法、新证据。应当说，从理论上看，这一程序设置非常科学和必要；但是从实践效果看，被告人陈述多成为被告人当庭忏悔，请求法庭从轻处罚的“表态发言”。在这个阶段，被告人往往陈述自己家庭如何困难，自身素质如何不足，犯罪后已经认识到错误，经过关押，重新审视自己的人生，今后一定奉公守法之类。

5. 评议

当事人陈述结束后，审判长会宣布休庭。然后合议庭成员进入评议室进行评议。合议庭在审判长的主持下对案件进行评议。在评议的过程中，合议庭对于庭审过程进行全面的总结。根据控辩双方的举证质证和法庭辩论，针对案件的事实问题和法律适用问题进行充分的讨论，其讨论内容由书记员记录，形成评议笔录。评议的结果以少数服从多数的民主决议方式作出，而少数意见也要记录到评议笔录中。最后，合议庭成员和书记员均要在评议笔录上签字。

6. 宣判

如果案情简单、事实清楚、证据确实充分的，法庭会当庭宣判。但是，大部分案件审判长都会宣布休庭，待合议庭评议案件后择日宣判。应当指出的是，在我国凡是当庭宣判的案件，法官在未进行庭审活动之前，早已经通过对卷宗的翻阅，形成对案件事实和证据的内心确认，庭审沦为形式。而择日宣判的案件，将对案件事实和证据的认定权上交审判委员会，直接办案的法官只有汇报权，事实上也是违反直接言词原则的。

（三）法官对于证据的审查方法

法官对证据的审查判断以及认定，是建立在其法律知识和业务技能之上的一项综合活动。没有经过专业性和合理训练，难以完成。[1]

1. 一般证据规则

第一，法官对证据的判断应当首先遵循证据证明力的一般原则：原始证据证明力大于传来证据证明力；查证属实的直接证据证明力大于间接证据证明力；[2]多项吻合证据证明力大于单一证据证明力；鉴定意见等不能当然作为定案依据。

第二，孤证不能定案。孤证是指能够证明案件事实的证据只有一个，或者虽有几个与该证据有关联的其他证据，但无法全面反映案件的情况。在司法实践中，最常见的情形有：只有被告人供述与辩解，而无其他证据；只有被害人陈述；只有证人证言，而无法查明犯罪嫌疑人、被告人。

第三，补强证据规则的适用。所谓补强证据规则，是指某一证据虽然能够证明案件事实，但不能单独作为认定案件事实的依据，必须在有其他证据以佐证方式补强其证明力的情况下，才能作为本案的定案根据。[3]其功能是对法官的证据裁判自由

〔1〕 参见［德］马克斯·韦伯：《论经济与社会中的法律》，张乃根译，中国大百科全书出版社1998年版，第86页。

〔2〕 参见李剑、张德英："从刑事诉讼法48条谈鉴定意见的证明力"，载《贵阳市委党校学报》2012年第2期。

〔3〕 参见王胜全："补强证据规则的适用分析"，载《人民法院报》2003年8月12日，第4版。

进行限制。即要求对某些有缺陷的证据，不能单独作为认定案件事实的依据，需要对这种证据在数量上加以补强。从数量的角度来强化这种证据在质量上的证明价值，以此保障运用这类证据证明案件事实的可靠性。

2. 常用证据证明方法

刑事诉讼中，被法官直接采证的证据，事实上遵循着一定的证明方法。其中被广泛运用的证明方法有：

第一，直接证明法。这是最为普遍，也最为常用的一种方法。不仅是法官，甚至日常生活中，我们也会用到这些证明方法。例如归纳法、[1]演绎法、[2]类比法[3]等。而上述几种方法中，类比推理最不安全，但是在司法实践中运用十分广泛。其基本形式是：一个规则适用于甲案件，如果乙案件在实质上与甲案件类似，那么适用于甲案件的规则也可以适用于乙案件。遵循先例的推理形式主要以类比推理为主。

第二，间接证明法。间接证明是指用一定的论据证明与原论题矛盾的论题的虚假，从而确立原论题真实性的方法。间接

〔1〕 归纳法的特点是：以个别的特殊判断作为理由来证明比较一般的判断的真实性。其在思维进行上，表现为用特殊事实证明一般原则。在司法实践中，不同的人对于特殊事实和一般原则的认知不同，导致其思维进程虽然正确，但是逻辑前提错误，最终判断也是错误的。

〔2〕 演绎法的特点是：论题是关于特殊事实的判断，论据是关于一般原理的判断，其思维进程是用一般原理来证明特殊事实。在运用演绎证明的过程中，只要论据可靠，推理的形式符合规则，结论就应当是可靠的

〔3〕 类比推理的特点是从个别到个别的推理，是根据两个或两类事物在某些属性上是相似的，从而推导出它们在另一个或另一个属性上也是相似的，其一般形式为：A（类）事物具有 a、b、c、d 等属性，B（类）事物具有 a、b、c 等属性，因此，B（类）事务也具有 d 属性。

证明常用的有反证法[1]和排除法。[2]

第三，综合证明法。单纯地运用某一种证明方法进行论证，只是学理上的分析讨论之必要。事实上，在司法实践中，直接证明方法与间接证明方法，归纳法、演绎法与反证法、排除法经常结合运用，例如通过直接证明从证据直接得出结论，通过间接证明排除其他可能。一般来说，直接证明得出的结论仅仅是具有高度盖然性，而不是必然真实性，需要再用间接证明排除其他可能。

第二节　直接言词原则对审判方式的基本要求

直接言词原则主要诉讼价值在于为被告人、辩护人充分行使辩护权提供可能、创造条件。以言词方式进行直接审理，使被告人及其辩护人能够在法庭审理中通过举证，提出证明被告人无罪、罪轻的证据材料；通过对证人、鉴定人的质询，展现辩护证据的真实性和证明力，揭示控诉证据的矛盾、不合理性；通过辩论，阐述被告人无罪、罪轻或者可以或应当减轻、免除刑事责任的理由和依据。[3]法官借助庭审方式认识案件事实的活动，时间、空间上的局限性要求庭审持续、集中。

---

〔1〕 反证法又称归谬法，是指通过证明与论题相反论题的虚假性，从反面证明论题为真的逻辑方法。运用反证法，应注意假设的反论题必须与原论题相矛盾，只有保证这个前提，其最终的结果才可靠。

〔2〕 排除法，运用的是选言推理的否定肯定式，是指把被证明的问题看作是该问题全部可能成立的几种假定之一，然后找到根据，证明除了论题之外的其他几种可能性都不成立。法官在运用排除法证明案情时，必须要穷尽一切论题，并用确实充分的证据排除其他一切可能，然后才能肯定论题的真实性。

〔3〕 卞建林："直接言词原则与庭审方式改革"，载《中国法学》1995 年第 6 期。

一、法官的亲历性

（一）法官直接采证与自由心证的关系

所谓法官直接采证，是指从事法庭审理的法官必须亲自进行法庭调查和采纳证据，或者说证据只有经过法官以直接采证方式获得，才能成为定案的依据。“如果一个法官失去对法庭的控制，那么法官便再也不能履行他的职责了”。[1]因此，法官是诉讼活动的主宰者，是案件证据的采证者。依据言词原则实施的庭审活动，要求当事人必须在庭审中以语言的形式陈述观点，表明态度。法官从控辩双方进行攻击或者防御的过程中，查明各自的诉求，并可以观察当事人的表情颜色，从中判断其说辞的逻辑是否成立，进而判断其诉求是否成立。遇到复杂问题，法官还可以对当事人加以讯问、询问，或者要求控方提供进一步的证据，以求在最大程度上对案件进行还原和证明。这个过程其实就是法官自由心证形成、发展，并最终得到确认的过程。

所谓自由心证，是指法官根据自己的经验，凭借其专业法律知识和业务技能，通过自己的良心，通过听取控辩双方的辩论，独立的、理性的内心确认，进而对案件作出是非裁判的证据制度。自由心证的最终目的依然是发现真实。正如有的学者所言：“形成法官自由心证之际给法官新鲜的印象，以期发现实体真实。”[2]

---

〔1〕 参见［美］小查尔斯·F. 亨普希尔：《美国〈刑事诉讼法〉》（第二册），北京政法学院刑诉教研室1982年翻印，第22页。

〔2〕 参见［日］土村武司：《日本刑事诉讼法要义》，董璠舆、宋英辉译，五南图书出版公司1997年版，第210页。

控辩双方各自承担一定的证明责任，其在法庭上的表现旨在通过陈述观点，说服法官。法官作为庭审活动的组织者，是被说服的对象，同时也是庭审的组织者和居中裁判者，享有一定的自由裁量权。法官手中的自由裁量权以及其通过自由心证形成对案件的确认权，使其某种程度上享有对当事人“生杀予夺”的大权。这就要求给予法官自由裁量权的同时，还要配置相应的监督权和制约机制。亲历庭审活动的控辩双方，甚至庭审的旁听人员，都可以形成对法官的实质监督。当然，庭审过程中形成的庭审笔录和诉讼规则，也一定在程度上制约着法官自由裁量权。

法官直接采证与自由心证的关系密切。直接采证给法官自由心证提供了实现的途径和方法，自由心证是法官直接采证的必然途径。但是，这并不意味着最终的裁判结果就一定是法官自由心证的真实反映。刑事裁判与自由心证一致的前提是“法官听凭良心裁判”“法官的裁判活动没有受到其他案外因素的影响”“法官是一个好人”等。事实是，人情、金钱、徇私等各种因素都可能影响法官的刑事裁判，导致自由心证与法官直接采证证据不一致、刑事判决与法官内心的自由心证不一致。这时候，相应的监督制度就会发挥制约作用，以保证裁判的公平、公开、公正。直接言词原则形成了一种使审判和诉讼各方相互制约的“公开场合”诉讼环境，有利于约束审判与诉讼各方的恣意妄为。[1]

---

〔1〕 参见龙宗智、杨建广主编：《刑事诉讼法》，高等教育出版社 2003 年版，第 322 页。

（二）法官直接采证的范围

在诉讼规则的制约下，法官直接采证必须遵循一定的规则、制度、方法、步骤，按照一定的程序规范开展。也就是说诉讼规则为法官直接采证提供了一个大致的范围和方向。当然，立法技术越是先进、科学，其对法官采证的范围规定的就越合理、越详细。反之亦然，只能给法官提供一个采证的大致范围。

法官采证首先是对证据的采证。既然作为刑事诉讼的证据，必然符合刑事诉讼证据的基本特征，也即刑事诉讼证据必须符合客观性、关联性、合法性，关于证据的三性将在后面的论述中再详细展开。

具体而言，法官直接采证的范围可以分为以下两大类别：

第一，实体性问题采证。所谓实体性问题，是指关于证明犯罪行为达到社会危害性、具有刑事违法性和应受刑法惩罚性的问题。依据我国犯罪构成理论，法官需要审查犯罪主体、犯罪客体、犯罪主观方面和犯罪客观方面四个要件。在具体适用刑法条文时，在法律事实表述上，要明确证明“何人、何时、何地、和谁、何种后果、何种手段、何种危害”等基本问题。

第二，程序性问题采证。程序性问题，是指与案件处理有关的程序性事项，包括管辖、回避、采取强制措施、申请恢复诉讼期间、补充侦查、不公开审理、延期审理、中止和终止审理、违反法定程序、执行中止和终结等方面的事实。

我国当前的诉讼制度非常重视程序性证据的采证，盖因程序性证据是实体性证据的基础和保障。程序公正是实体公正的保障，虽然程序公正与实体公正不是必然正对应关系，但是整体而言，程度公正是实体公正第一步。

（三）法官直接采证的例外

1. 被告人认可的事实

在刑事案件庭审中，法官必然讯问被告人的一句话就是“某某某，你对公诉人宣读的起诉书有意见吗?”如果被告人认可且案情简单的，法官可以采取简化的方式审理本案。在这种情况下，被告人要么对指控的基本犯罪事实无异议，要么只提出诸如平时表现良好、系初犯、偶犯等情节。这时候法庭的对抗性大大降低，法官对证据的采证标准可以适度放宽。尤其是在民事诉讼中，对于当事人互认的事实，法官只需要罗列证据即可，可以不一一质证。但是在刑事审判中，对于被告人自认的犯罪事实，在证据采证上，标准规则要严于民事诉讼活动。这是因为民事诉讼的证据标准只要达到高度盖然性就可以，而刑事诉讼的证据标准是：确实、充分，也即达到排除合理怀疑的程度。民事诉讼一般是当事人之间的财产、人身权利与义务纠纷，对当事人双方的生活影响不是特别重大。但是在刑事诉讼中，关系到对被告人逮捕、监禁、判刑甚至剥夺生命，因此其证明标准必须达到唯一性、排他性。

2. 上诉案件及适用裁定审理的案件

第二审人民法院对上诉案件，可以开庭审理，也可以不开庭审理。不开庭审理的情形下，意味着法官无法进行直接采证。这是因为这些案件已经过一次庭审，基本事实已经查明，二次开庭会造成诉讼资源的浪费。我国刑诉法并没有对上诉规定法定理由，只要上诉人不服原审人民法院的判决、裁定，就可以提出上诉，且受上诉不加刑原则的影响。司法实践中上诉案件比例较大。由于一些上诉案件其实并没有新的证据出示，也没有新的辩护理由，所以第二审法院基于诉讼经济的角度也并不是在审理的时候全部都会同意开庭审理。故此法律规定人民法院对于案件事实已经清楚的一些案件可以不开庭审理。但是为了确保未开庭审理的上诉案件的办案质量，法律针对可以不开庭审理的案件的条件和程序等方面都作出了明确规定：①犯罪事实必须清楚；②合议庭要经过阅卷、讯问被告人，听取其他当事人和辩护人、诉讼代理人的意见。不开庭审理方式与开庭审理方式的不同之处在于不经过法庭调查和辩论环节，但是并不影响上级人民法院承办人对案件事实的调查和认证。

裁定是人民法院在审理案件或者判决执行过程中，对有关诉讼程序和部分实体问题所作的一种处理。一般来说，人民法院用裁定处理的刑事程序问题主要有：诉讼期限的延展；中止审理；维持原判或者发回重新审判；驳回起诉；核准死刑；等等。人民法院用裁定处理的实体问题主要针对执行中的诉讼，例如减刑、假释等。因为裁定主要解决程序问题和少部分的执行中的实体问题。而这些问题主要是法院内部、案件外部的因素，因此不需要严格遵循直接言词原则也可查明。

3. 判书中误写、误算等技术性或者形式上错误的更正

所谓判决书中误写、误算或类似的技术上或形式上的错误，是指仅仅从判决本身及诉讼资料就可以得以识别或判断，就算是法官之外的其他人也可以认识到，因此其他未参与审判的法官也能够更正此类错误。所以，这样的错误更正通常并不需要经过言词辩论。

（四）法官直接采证的要求

通过直接言词原则，法官直接采证的证据应当达到一定的

程度。只有证据达到相应的程度，才可以据此对被告人定罪量刑。否则，在证据没有达到确实、充分的前提下，应严格遵循“疑罪从无”的原则。

1. 据以定案的证据必须全面

证据全面首先是证据内容上的全面性。即经过法庭采证的证据既包括有罪证据，也包括无罪证据；既包括罪重证据，也包括罪轻证据；既包括定罪证据，也包括量刑证据。其次，是证据种类全面。通过直接言词原则，法官采证的证据并不仅限于言词类证据，而是涵盖多种证据。既有被害人陈述，又有被告人供述和辩解；既有证人证言，也有经过当庭辨认、认可的物证、书证；既有专门机关就专门问题出具的鉴定意见，也有侦察人员依职权制作的提取笔录、勘验笔录、称量笔录、辨认笔录；既有依法收集的电子数据，也有反映案发现场情况的视频、照片；等等。

2. 据以定案的证据须整体连贯

证据的整体性是指证据包含犯罪构成的全部特征。对于一个犯罪行为，从其犯意产生、准备工具、制造条件到犯罪行为的实施，采用的工具、犯罪的手段、犯罪后的表现、潜逃外地还是销毁赃物等，都要有相应的证据予以证明。

3. 据以定案的证据符合内在规律

通过庭审，经过法官直接采证的证据，只有少部分是法官依职权调取并在法庭上出示经控辩双方认可的，大部分证据是由控方提供的。在大陆法系，控方的证据是建立在对侦察证据的甄别、确认、排除、补侦基础上的，具有一定的间接性。由于司法活动受到司法规则的指引和规范，专业的司法人员对于证据证明的对象、范围、证明方法和规律已经具备了相当的认知。对于证据的证明力和证据体系构成可以上升为系统规范，具有较强的指导性和操作性，形成特有的规律，适合法官等司法人员掌握、运用。

二、诉讼过程的言词性

直接言词原则下，控辩审三方以审判的名义聚集一起，审判过程必然以言词体现。比起审判中心主义，直接言词原则对审判模式的要求更加直接，即所有证据必须经控辩双方言词辩论、质证认证后才可以作为判案的依据。在英美法系和大陆法系的发展过程中，有两项制度与诉讼过程的言词性联系最为紧密：①起诉状一本主义，它可以最大限度地降低审判前法官对案件的认知，进而确保法官在审判过程中积极参与，自由裁判。②集中审理主义，它旨在将言词辩论集中在一个尽可能短的时段内，确保言词的真实性、稳定性。

（一）起诉状一本主义

1. 起诉状一本主义的概念

起诉书一本主义，是指公诉机关在案件提起公诉时，除公诉书以外，不得向法院附带任何可能导致法官预断的证据或其他文书。[1]该主义其实是对抗式诉讼制度的产物，是诉因制度的配套制度。二战后的日本是代表国家。[2]直接言词要求法官对于案件的判断和接触都在法庭审理中完成。在这之前，其对

〔1〕参见［美］米尔建·R. 达马斯卡：《漂移的证据法》，李学军等译，中国政法大学出版社2003年版，第94页以下。

〔2〕参见孙长永：《日本刑事诉讼法导论》，重庆大学出版社1993年版，第206页。

案件信息知晓的越少越好，这显然与起诉书一本主义对审判方式的要求不谋而合。或者说，在直接言词原则下，起诉书一本主义成为必然。

按照日本学者的说法，采纳起诉书一本主义的目的有二：①排除预断、防止偏见。[1]起诉书一本主义不允许控诉方在提起公诉时移送案卷及证据，并且对起诉书中所包含的证据信息严加限制，使审判法官的心智在庭审之前保持白纸状态，防止法官受控诉方单方提供的证据材料的影响而对案件事实形成预断和偏见。②构建庭审当事人主义。起诉书一本主义将卷证移送主义条件下的犯罪指控和举证两种合二而一的诉讼行为分开，使庭审中的举证行为由法官转移给控诉方，法官在控、辩双方之间处于中立地位，作出公平裁判。两项目的在价值取向上并不相同。前者强调刑事诉讼的“实体真实”，后者突出“程序公正”。

直接言词原则是大陆法系的产物。英美法系虽然没有直接适用直接原词原则，但是与其有异曲同工之妙的传闻证据规则事实上对诉讼起到了直接言词的规范作用。虽然直接言词要求法官在庭审之前尽可能少的接触案件，但是在不同诉讼模式下，严格采取起诉状一本主义的并不多见。这是因为起诉状一本主义存在诉讼效率、直接庭审方式等方面要求严格，给办案的法官甚至司法机关造成巨大压力和诸多不便。因此司法实践中，对起诉状一本主义均有不同形式的变通。

---

〔1〕 参见章礼明：“日本起诉书一本主义的利与弊”，载《环球法律评论》2009 年第 4 期。

2. 起诉状一本主义的要求

首先，要严格限制公诉方移送案件材料的范围。参照西方起诉书一本主义的起诉方式，让控辩双方的证据材料都集中到法庭开庭审判时出示，庭前移送严格按照刑事诉讼法的规定仅限于起诉书、证据目录、证人名单和主要证据复印件或者照片，不移送具体案件材料，防止法官先入为主。[1]我国刑事诉讼中曾经盛行一段时间的“复印件移送主义”，某种程度上是效仿起诉状一本主义。除了起诉书外，仅对主要证据复印移送，但在有的地方竟然因为经费的问题而困顿。[2]可见，“拿来主义”是行不通的。其次，对开庭前移送的案件进行审查的法官不能担任法庭开庭审判的主持人，避免法官产生预断而无法保持中立。最后，法官应当把主要注意力集中在法庭上。法官进行庭外调查应有控辩双方参与，避免法官改变裁判者的身份而变成案件的主要调查者。[3]

3. 起诉状一本主义的缺陷

理论上起诉状一本主义对查明真相意义重大。但是通过考察日本实施起诉状一本主义的司法实践，其自身的缺陷性和对诉讼制度的完美要求，使得司法实践中适用起诉状一本主义存在诸多困难。

第一，起诉状一本主义可能不利于发现实体真实。起诉状

---

〔1〕 参见刘方：“刍议实现控辩平等的基本途径”，载《中国司法》2010年第4期。

〔2〕 参见龙宗智：《刑事庭审制度研究》，中国政法大学出版社2001年版，第152～152页。

〔3〕 参见刘方：“刍议实现控辩平等的基本途径”，载《中国司法》2010年第4期。

一本主义将法官了解案情的渠道限定在庭审内，限定在言词辩论方式上，这就使得控诉方有机会隐藏不利己或者有利于他人的证据信息。尤其是资深律师或者公诉人，这些熟知诉讼规则的人，完全可能将庭审活动玩弄于股掌之上，因而不可避免地对案件的实体真实产生一定的损害作用。虽然采取起诉状一本主义，日本也有证据展示制度，但日本证据展示制度与英美法系国家不同。日本证据展示只是要求控方展示准备于法庭调查中使用的证据，而没有规定展示不准备用于法庭上的证据。而在这些不准备使用的证据之中，极有可能存在有利于被告人的证据信息。在日本司法实务中，控方往往以法律没有规定以及程序不公平为理由，拒绝向辩护方全面展示证据。控方的消极行为引起日本律师界的强烈不满，要求法官命令检察官展示，而法官又以没有法律授权为由不愿意这样做。〔1〕

第二，诉讼效率的降低，这是严格直接言词原则的必然结果。据相关统计显示，在1974年，日本地方法院第一审案件开庭审理的平均时间为6.6个月。〔2〕可见其诉讼效率的问题是如何突出。“正义的第二种涵义，也是最普通的涵义，是效率”，〔3〕可是起诉状一本主义下，效率难以保证。日本将控诉行为和举证行为分开，使控诉方当庭举证。同时，庭审法官在庭审前不能接触卷证材料，无法进行程序性和实体性审查。因此，当控、

〔1〕　参见章礼明：“日本起诉书一本主义的利与弊”，载《环球法律评论》2009年第4期。

〔2〕　参见［日］松尾浩也：《日本刑事诉讼法》（上卷），丁相顺译，中国人民大学出版社2005年版，第219页。

〔3〕　参见［美］理查德·A. 波斯纳：《法律的经济分析》，蒋兆康译，法律出版社2012年版，第31页。

辩双方就程序和实体问题发生争议时，就不得不完全依赖于庭审期间集中解决。在庭审中，只要辩护方针对控方提出的事实指控提供某种疑问，法官获得内心确信要么听信控方的书面证据，要么主动调查口头证据。如果法官从公平审判出发，尊重辩护方的辩护意见，查明真相就必须调查口头证据，而这样，诉讼效率问题就会突显。就证人证言而言，相对于以书面形式保存的笔录证据，证人提供的口头证据因法官的亲历性固然对查明事实真相有益。但其最大缺陷在于易变性，特别是辩护方在庭审之前已经接触了证人的情况下，而法官为此展开的深入调查又必然使庭审难以以持续集中的方式进行，经常出现中断的现象。〔1〕

为了应对这一问题，日本近年来进行了一系列改革。首先，增加庭前整理程序。庭前整理程序类似我国庭前审查程序。虽有学者认为，“将刑事庭前审查程序作为一个独立程序，只会浪费司法资源，损害司法效率”，〔2〕但不可否认的是，为了实现法官自由心证，有必要赋予刑事庭前审查程序独立地位。〔3〕日本改革后的法律就明确规定，在第一次开庭之前，由法官主持，控、辩双方当事人参加，开展庭审前的一系列准备工作。它包括确定诉因；明确公审期日的主张；整理案件争议的争点；根

---

〔1〕 参见章礼明：“日本起诉书一本主义的利与弊”，载《环球法律评论》2009 年第 4 期。

〔2〕 参见晏向华、彭颖：“也谈我国的刑事庭前审查程序改革”，载《人民检察》2003 年第 4 期。

〔3〕 参见刘少军：“刑事庭前审查程序若干问题探讨”，载陈光中主编：《诉讼法理论与实践（2002 年·刑事诉讼法学卷·上）》，中国政法大学出版社 2003 年版，第 449 ~452 页。

据传闻证据规则确定证据有无证据能力等项内容。[1]其次，改善证据展示制度。修改后的法律规定，法官基于庭审的诉讼指挥权主持控、辩双方的证据展示程序，并可以直接命令控诉方展示相关证据，包括对控诉方不利的证据，并且将原有展示制度的内容详细化。[2]但是，这种改革不可避免的破坏起诉状一本主义的诉讼功能，不仅其排除预断、防止偏见的初衷不能达到，还会引起起诉状一本主义本身规则对这些改革的冲突。

4. 起诉状一本主义的变通

因为起诉状一本主义本身固有的缺陷，导致其实施中存在诸多问题。但是不可否认的是这一制度的诉讼价值，尤其是随着诉讼文明的进程，其适用的可能性就越来越大。在目前犯罪率较为突出而司法人员相对不足的情况下，我们可以对卷宗移送主义和起诉状一本主义作一定的变通，以创制出适合司法实践的案件移送模式。而 2012 年《刑事诉讼法》[3]对于庭前会议制度的规定就是对起诉状一本主义很好的变通。对于证据材料较多、案情重大复杂、社会影响重大的案件，在开庭以前，审判人员可以召集公诉人、当事人和辩护人，对案件管辖、回避、非法证据排除、是否调取新证等与审判相关问题，了解情况，听取意见。同时，审判人员还可询问控辩双方对证据材料有无异议，对有异议的证据，应当在庭审时重点调查；对无异议的，

---

〔1〕 参见章礼明：“日本起诉书一本主义的利与弊”，载《环球法律评论》2009 年第 4 期。

〔2〕 参见章礼明：“日本起诉书一本主义的利与弊”，载《环球法律评论》2009 年第 4 期。

〔3〕《刑事诉讼法》预计将于 2018 年底发布新修订的内容，而本书的研究，限于时间，以 2012 年《刑事诉讼法》为基础。

庭审时举证、质证可以简化。这样就有效地解决了起诉状一本主义存在的弊端，提高了审判质量和效率。同时，控辩双方均参加庭前会议，都可以对法官施加影响，也避免了卷宗移送主义下的法官偏听偏信的问题。

（二）集中审理原则

集中审理原则是一种诉讼原则，因为其案件的集中审理也被称为不中断审理原则。它是指法院开庭审理案件的时候，审判人员不更改，案件连续进行不得中断审理的诉讼原则。

直接言词原则反对法官过早接触案件，片面接触案件，反对法官断断续续审理案件，也即在直接言词原则下，庭审方式必须是持续的、集中的。因为审判人员庭审前片面接触控诉方证据资料，无法兼听控辩双方意见，对案件作出预先判断容易偏离真实，且形成先入为主的思维定式，使审判人员在庭审中丧失应有的公正立场，审判人员对案件作出判断完全依赖于公诉机关随案移送的证据材料和有限的补充调查核实。[1]当其形成内心确信后，审判人员的庭审活动在很大程度上只是在核实自己在开庭前已经作出的判断。在此情况下，被告人的辩解和辩护人的辩护很难发挥效用，刑事辩护可以说是名存实亡，失去意义。[2]

1. 集中审理与直接言词原则的关系

直接言词原则是大陆法系国家在审判阶段审查认定证据的重要原则。直接言词原则包括直接审理原则和言词审理原则，

〔1〕参见卞建林："直接言词原则与庭审方式改革"，载《中国法学》1995年第6期。

〔2〕参见卞建林："直接言词原则与庭审方式改革"，载《中国法学》1995年第6期。

其一般禁止书面证据的适用。“那些不需要文字来记载就能形成判决的真实的依据必须要集中起来才可以形成”。说到底，无论是集中审理原则还是直接言词原则，最终目的都是保证法官自由心证的形成和确认。依据言词审理原则来实施的审理程序，被告人、辩护人、被害人、证人必须在场，并且以言词来进行陈述自己的经验，且法官对于控辩双方的陈述需要建立在庭审活动持续连贯上才能形成。法官对于庭审活动的印象随着时间的流逝会模糊、被遗忘。这都要求在直接言词原则下，庭审审理应当集中进行。如果案件的审理是断断续续而又支离破碎的，就不能够形成逻辑体系，言词审理就失去了意义。如果言词是在间断地进行，就会受到来自庭外的意见的左右。而且所产生的实体的印象也比较模糊，法官要形成心证比较困难，因此不得不依赖卷宗以及曾经的笔录材料来作出判决。这样，庭审就失去了意义。不是真正从当事人的表现中获取证据而是从交换卷宗中得出结论，这样的结果就便于一些人从中获取漏洞而形成了言词审理的空洞化。而如果对案件进行集中审理，法院在审判日进行法庭上的言词审理，就能够形成心证而直接进行裁判。这样就减少了对笔录以及书面数据的依赖，就有利于实施言词审理。

2. 集中审理原则下的庭审要求

第一，诉讼过程以言词方式推进。根据直接言词原则的要求，案件审理以言词方式展开。其中，对质、诘问最能体现审判方式的言词性，对质、诘问也是诉讼过程的言词性的主要体现。在集中审理原则下，控辩双方必然出庭对质，因为排斥书面证据的适用，必然要求证人出庭，接受控辩双方的诘问。在对质的压力下，尤其是在法官的观察和监督下，相应的证人证言的真实性也会较高。但是不容忽视的是，我国证人出庭制度基本形同虚设。书面证言被大量采用，诉讼过程的言词性大打折扣。为了扭转这一局面，我国现行《刑事诉讼法》加大了对证人出庭的要求。不仅明确规定“对没有当庭陈述的证言，如无法确认真实性的，不得作为定案依据”，理论界将其称为强制作证制度；同时规定了证人保护制度、证人出庭补偿制度等。这充分说明我国的审判方式正在逐步褪去职权主义色彩，向当事人主义和控辩式方向转变。

第二，建立证据展示制度。诉讼有着特殊的规则指引和价值所在，但是其专业性和规范性，限制了当事人对诉讼活动的把握能动性。因此，在集中审理原则下，有必要建立开放式的证据展示制度。这里的开放式指的是制度的简化性、可操作性。一方面，在诉讼开始后，法官应通过发问的方式展开和当事人之间的沟通，在了解当事人真实意愿的同时也解决当事人模糊的问题，并且针对当事人陈述过程中一些毫无意义的问题向其阐明义务后进行消除。另一方面，在程序指引上，法官应该要求当事人在指定期间内提供证据，否则逾期将丧失证据提出权。为了有效避免反复开庭或者诉讼延迟以及当事人的“证据袭击”，法官应该强化当事人诉讼促进义务，促进双方了解本方的法律主张观点。证据的展示也应该尽可能在一次庭审中充分完毕展示，以免庭审过程当中因为新证据的出现被打断连续性。

第三，提高诉讼效率。为了保证不需要文字来记载就能形成判决的真实的依据集中起来，要求庭审活动不仅持续不间断，而且还必须是高效、及时。实行审判合一，简单案件当庭进行宣判成为必要。法庭应将案件的审理以及宣判结合起来，在庭审结束后应立即作出裁判并予以宣布。这既是及时快速审结案件的需要，也是保证公正判决的需要。另一方面，对于不能当庭宣判的案件，应当规定定期宣判的期限，并且应当尽量缩短该期限。为了保障疑难案件的审理持续性，要进一步完善刑事审判中断制度。审判中断是集中审理原则的例外。在审判过程中，为保障被告人辩护权的实现或法院基于发现真实的义务，审判活动有时不得不停止下来。为了保障效率，有学者建议，诉讼中断最多不超过 3 日，[1]但是这显然不现实。我国刑事诉讼法规定了延期审理和中止审理情形。这种情况下，有必要控制审判中断的理由，缩减延期审理的期限。

3. 诉讼过程的言词性对集中审理模式的突破

虽然集中审理模式能够体现直接言词原则在诉讼过程中的言词性，但是集中审理模式最主要的诉讼价值在于避免法官在庭审前形成对案件的预判，纠正诉讼重心颠倒的诉审模式，确保审判中心主义的实现。因此，诉讼过程的言词性对集中审理模式提出了更高的要求和制度上的突破，主要表现在以下几点：

第一，建立审判中心主义。目前我国的审判方式其实是侦查中心主义。侦查阶段收集的证据以书面证据的形式在法庭上得到认证，最终成为裁判的依据，但是诉讼过程的言词性显然排斥书面证据在裁判中的作用。建立以审判中心主义是指在刑事诉讼各阶段之间的关系问题上，将刑事审判阶段作为整个刑

〔1〕 参见［德］拉德布鲁赫：《法学导论》，米健、朱林译，中国大百科全书出版社 1997 年版，第 125 页。

事诉讼的中心，侦查、起诉等审判前程序被视为审判程序开启的准备阶段。在审判中心主义下，根本的核心在于司法权的科学配置，合理界定审判权、审判管理权和审判监督权的关系。相比于侦查中心主义，审判中心主义重点在于解决目前司法实践中证据审查形式化和裁判形式化的问题。

第二，完善证人（包括侦查人员）出庭作证制度。证人出庭作证也是审判中心主义的必然要求。侦查人员是证人的一种。侦查人员出庭作证是现行刑诉法改革方向。侦查人员作为案件的办理者，案件的侦查和证据的收集都由侦查人员负责。在当事人提出非法证据排除的情况下，确定侦查人员出庭作证制度，是审判中心主义的必然要求，也是对侦查人员有力约束的措施之一。

第三节　直接言词原则对定罪量刑证据的基本要求

一、书面证据禁止原则

从证据的角度来说，法官作为证据的采纳主体，禁止采用书面证据作为裁判的依据，但是完全的书面证据禁止原则显然也是不科学和低效率的。书面证据禁止原则与英美法系的传闻证据排除规则诉讼价值相当，也即所有证据必须经过法庭审理，经过控辩双方言词质证以后才可以作为裁判的依据。

（一）大陆法系书面证据禁止原则的体现

英美法系虽未明确规定直接言词原则，但是其精神内核已经渗透到其司法实践中，诸如对书面证言作为证据的限制，在英美法系主要体现在传闻证据规则制度中。而在大陆法系国家职权主义审判模式中、发展成熟的直接言词原则下限制书面证据在裁判中的作用的制度是书面证据禁止原则。

1. 限制书面证据作为裁判依据

按照直接言词原则的要求，审判应当以言词的形式展开和推进。增强庭审的对抗性，确保被告人和辩护人的辩护权与抗辩权，是直接言词原则下限制书面证据的具体表现。

一方面，非法言词证据排除规则和庭前证据交换等制度的确立，切实起到了限制书面证据使用，确保“任何未经质证的证据都不得作为定案的依据”。当然，对于经过质证后，控辩双方无异议的书面证据，不在限制适用的行列。另一方面，大陆法系和英美法系在具体国情、诉讼配套制度、裁判理念和裁判经验等方面的差距，也成为大陆法系放宽对书面证据限制的客观原因。

2. 书面证据使用的例外

第一，法官自行调查收集的证据可以使用。在为了查明某些重要的案件事实，且侦查机关或者检察机关已经不能查明或者涉嫌回避等情形下，审判案件的法官有自行调查取证权。对这些证据，在控辩双方无异议的情况下，法官会直接采纳作为裁判依据。事实上，在法官作为取证主体的情况下，除非法官自己不认可所调取的证据，否则这些证据无论以何种形式体现，都会不可避免地影响法官的最终裁决。因此，在这种情况下，认可法官调取的书面证据的效力，是一种诉讼经验和诉讼技巧的必然结果。

第二，证明程序性事实的书面证据可以使用。所谓程序性证据，是指关于案件的管辖、回避、延期、鉴定等事项的证据。程序性证据更多体现为一种客观存在，与案件实体的回溯、证明要求不同。因此，考虑到诉讼效率等问题，书面性的程序性证据在审判中具有适用的正当性和合理性。如德国《刑事诉讼法典》就明确规定，如果不是直接与认定案件事实有关，而是为了其他诉讼程序的目的，特别是为了裁定是否传唤、询问某人的时候，允许宣读其先前的笔录及其它可以作为证据的书面材料。

在职权主义模式下，案卷移送主义使得法官在庭审前，通过对卷宗的审查已经形成了基本的自由心证。在这种情况下，书面证据对法官的影响就更为显著和不可避免。在德国、法国等国家，受书面证据的影响，很多轻微案件，法官无须通过正式的法庭调查和对质讯问，即可直接依据控方的材料和书面证据对被告人进行判处。在2012年《刑事诉讼法》修改前，我国轻微刑事案件采用简易程序审理的，公诉人可以不出庭，而由法官直接依据书面证据审理后进行判处。这虽然某种程度上牺牲了实体正义，但是大大提高了诉讼效率，对于缓解司法队伍压力和处理多发性盗窃等轻微刑事案件意义重大。

除此之外，在大陆法系，书面证据的内在可用性和外在必要性等特征决定了法官在裁判时，不可避免的采用一部分表现真实、取证合法的书面证据。书面证据的稳定性和客观性，还可以成为法官行使职权的正当性的见证。因此，在职权主义模式下，法官更倾向于采取书面证据作为裁判依据。

（二）英美法系传闻证据排除规则

1. 直接言词原则在英美法系的体现

英美法系并无直接言词原则的相关规定，但是直接言词原则的精神已经深深渗透到英美法系中。在英美法系的庭审中，无需强调直接原则，因为法官亲历证据是不证自明之理。而在英美法系中言词原则最好的体现便是非法证据排除规则。

2. 严格适用传闻证据排除规则导致打击犯罪不力

一方面绝对的证据口头化原则不具有现实性。固然，通过直接言词原则取得的证据是最佳证据，但并非唯一证据，且在许多情况下这样的证据是不可得的。同时，不可否认的是，并非所有的传闻证据规则都不可靠，都偏离真实。例如书面证言，在证据传递过程中就较少失真，即使证人有意无意地对其进行歪曲，法官也能从字面上领悟到案件真实。另一方面严格适用传闻证据排除规则，可能导致很多案情无法查清，以较小的个体权利危害到社会公众的基本人权，实乃得不偿失。例如，当直接感知案件事实的人已经死亡或者隐而不见时，如果否定可靠的传闻证据，将会导致不能查明事实真相的后果。因此，在普通法的发展历史上，一些传闻证据的可采性相继被判例法所肯定，形成了传闻规则的例外。事实上，20 世纪 60 年代，英美等西方国家由于适用严格的传闻证据排除规则，导致很多刑事案件无法侦破，造成社会秩序混乱，刑事案件高发，引发公民对政府严重不满情绪，造成了一些对立事件的发生。

3. 传闻证据排除规则的例外

英美证据法理论认为，一项传闻证据具备下述条件之一的，可以被采纳：①具有“可信性的情况保障”。即综合考虑该传闻证据的各相关情况，可以相信其具有较高的可信度或者不具有通常情况下传闻证据的不真实之危险性，即使未经当事人的交叉询问也不会对当事人利益构成危害。②已经给予反对询问或质问的机会。

美国将传闻规则的例外分为两类：附条件的例外和无条件的例外。所谓附条件的例外，是指在直接感知案件事实的人不能出庭作证时，方得采纳的传闻证据。此类传闻证据的证据能力是有条件的，决定于直接感知案件事实的人能否出庭作证。如果其能够出庭作证，传闻证据就不具有可采性；如果其不能出庭作证，该项传闻证据则具可采性。所谓无条件的例外，是指即使在直接感知案件事实的人可以作证的情况下，传闻证据也可以采纳为证据。其实质是从立法上正式承认了此类传闻证据的证据能力。例如陈述者就自己心理状态、感情、知觉或身体状态，如意图、打算、动机、内心情感、疼痛或身体健康等的陈述；出于医疗诊断或治疗目的所作的陈述；等等。

二、未经质证的证据不得作为定案依据

应当说，在所有的诉讼模式下，都要求证据必须经过质证才能作为定罪的依据。只是，在直接言词原则下，对于证据的质证方式、采证主体、质证标准都提出来不同程度的要求。

1. 质证的概念及目的

直接言词原则下的质证，指当事人双方采用发问、辨认、质疑、辩驳等核实方式对一方提出的证据进行质辩的过程。

质证的目的是就证据的可采性和证明力对法官的心证产生影响，使法院正确认定证据的效力。在直接言词原则下，未经质证的证据，不能作为认定案件事实的依据。法官在判决中，也不得援引未经质证的证据，即使这份证据是法院依职权调取的，也即质证的对象不限于控辩双方提供的证据。

2. 质证的内容

质证应当审查证据的证据能力。证据能力，即证据资格或者称为证据的可采性。证据必须具有真实性、关联性、合法性的特征。因而质证要围绕这“三性”，并针对证据证明力有无以及证明力大小，进行质疑、说明与辩驳。

对于言词证据而言，应以下列几个原则为基准来判断其证明能力的大小。其一，证人表达准确性。虽然证人能否清晰的表达与个人的文化水平、语言表达能力不无关系。但是，其证言的清晰表达程度和其内心对该事实确信也有着直接关联。当其内心确信事实客观发生时，其自然能够清晰表达自己所了解的客观事实。反之，若是证人编造证据则其很可能无法自圆其说。其二，证人的品质。证人的品质对证人是否诚实作证有着非常大的影响。世界上多数国家都设有证人宣誓制度。其制度设计就是为了保障证人作证时的诚信。但是，证人宣誓制度并不必然保证证人一定如实作证。还需要法官综合整体情况对证人的品质进行判断，继而判断其证言的可靠性。而关于证人品质，不能说一些有不良记录或者犯罪前科的人其品质就一定不可靠，而一些无不良记录的证人其证言就一定真实。应该根据案件具体情况，综合证人的背景全面评析证人的品格。其三，证人感知准确性。人对外部信息的感知受制于外部环境和个人感知能力。因此，在判断证人证言的证明能力时，也要综合考虑证人目击案件事实过程中的外部环境。若是在外部环境对证人感知有重大干扰时，其证言的证明能力自然就弱。同时，在证人的感知能力不强的情况下，其证言的证明力也会受到影响。

对于实物证据，其质证内容主要包括以下几个问题：其一，实物证据的可靠性。物证在进行相关性推论之前，要确保其来源的可靠性。而关于其来源可靠性的证明主要是通过对物证的提取、保存过程的合法性进行证明的。在英美法系，由物证提取人出庭作证来描述物证的外形特征以及提取过程，以此来证明物证提取的合法性。而物证的保管者则出庭证明物证的保管链条并没有中断，物证不存在被替换、破坏的可能性。基于以上证明，可以证明物证来源的可靠性。而书证除适用物证证明的一般方法外，由于其是以书写的内容发挥证明作用的，还应鉴定书证的签名和笔迹来判断其可靠性。视听资料的可靠性则主要依靠技术手段进行证明。其二，实物证据的相关性。首先，要求实物证据和待证事实之间具有逻辑相关性；其次，实物证据与其他证据有效结合形成完整的证据链条，证明待证事实；最后，该证据与其他证据之间不存在矛盾之处。

此外，需要指出的是，在直接言词原则下，质证活动中控辩双方与法官的义务是不同的。质证是控辩双方的权利也是义务。法官的责任是对证据的采证，组织质证，但是因为法官与控辩双方共同经历庭审，则质证和采纳证据的方法、标准是基本一致的。质证要围绕一个基本的事实。法官要综合全案证据审查所有的证据之间是否协调一致。控辩双方在庭审质证时，不仅要从证据本身出发对证据进行质证，而且也要从程序上对证据进行质证。比如，对方是否在指定的期限内向法院提交证据。如果一方的举证不是在举证期限内的举证，或者不属于“新的证据”的范围，另一方当事人有权拒绝质证。

3. 无罪推定原则在我国刑事诉讼中的确立

直接言词原则要求法官对于案件的认知来源渠道是庭审。

法官对于证据的采证和认证在庭审中形成，最终支持法官判决的核心思想，也即自由心证在庭审中完成，甚至要求法官直接当庭宣判。在这样的审判中心主义下，任何人判决前，至少在庭审前是无罪的，这就是无罪推定原则的渊源。

第一，无罪推定的概念。无罪推定是指任何人在没有被依法认定为有罪之前都应该被推定或者被假定为无罪。无罪推定重点强调三层意思：对任何人有罪认定的宣告，只有法院才有权利认定，其他任何机关或组织都无权认定他人有罪；由于无罪推定是基于证据裁判主义，因此法院对被告人有罪的认定应该基于证据证明而并非推定或假设；即使是被告已经被逮捕或者被起诉或审判，在法院判决生效之前也是无罪的。

第二，无罪推定原则主要包括以下三个方面的具体原则或规则：

（1）疑罪从无原则，即控诉方提出的证据不足以认定犯罪嫌疑人或被告人有罪时，应当作无罪处理。疑罪从无是无罪推定原则的一个派生标准，即对任何一个案件的认定必须依靠确实、充分的证据，如果达不到证明有罪的标准，就会形成疑案。无罪推定原则对疑案的处理是按照“疑罪从无”原则，即在判决的结果上宣告无罪。立法上，我国确定了疑罪从无原则。现行刑诉法明确规定，证据不足，难以认定犯罪事实的，检察机关应当依法作出不起诉处理决定。法院在审判中发现证据不足的，检察机关应当承担举证不能的责任。

（2）控方举证规则。在此我们可以借鉴古罗马诉讼中对于证明责任的两条古老规则：①证明责任是由诉讼主张方承担，否定方可以不承担证明责任；②如果控辩双方都无法提交证据证明案件事实，那么承担证明责任一方败诉。根据古罗马诉讼中的这两条古老规则，控诉方应该承担证明被告人有罪的责任，而被告人可以不承担证明自己无罪的责任。所以，证明责任属于针对疑难案件中确定诉讼后果的一项证据规则。我国《刑事诉讼法》第49条对于证明责任也作出了明确规定：对于我国刑事诉讼案件的审理，检察人员承担公诉案件的证明责任；自诉人原则上承担自诉案件的证明责任，但是如果被告人提出反诉则应承担反诉证明责任。

（3）沉默权规则。其基本含义是指，犯罪嫌疑人、被告人可以在面临公诉或审判机关讯问时不说话，通过沉默的方式反对在强行要求之下可能导致的刑罚或者加重刑罚的供述权利。沉默权最开始出现于英国，然后在美国得以推行，并逐渐应用于欧洲各国以及我国港、澳、台地区，所以目前很多国家与地区的法律文件都有关于沉默权的相关规定。我国《刑事诉讼法》第50条虽然明确规定了不得强迫当事人自证其罪，但第118条同时保留犯罪嫌疑人对侦查人员的提问“应当如实回答”的规定。这使得沉默权是否在我国刑事诉讼中已得到确立存在较大的理论争议。在司法实践中，由于思想上的转变不及时，侦查人员、检查人员甚至法官都将当事人对关键问题的沉默，想当然的视为“无话可说”“无从辩驳”式的对犯罪的默认。

4. 质证原则的例外

出于诉讼效率和人类的基本认知不能违反科学原则等原因，质证原则也有例外，这属于司法认知问题。但是不同国家对于司法认知的范围规定的不同，如我国《人民检察院刑事诉讼规则（试行）》第437条的规定。[1]

小　结

在诉讼主体方面，直接言词原则要求作为案件审理者的法官中途不得更换，且控辩双方必须全程参与庭审。

在审判方式方面，直接言词原则要求法官要亲历证据，整个案件的审理过程要以言词的方式进行。

在证据规则方面，直接言词原则排斥书面证据，要求证人必须出庭作证，且经控辩双方质证，方能作为定案的依据。

---

〔1〕《人民检察院刑事诉讼规则（试行）》第437条规定：在法庭审理中，下列事实不必提出证据进行证明：①为一般人共同知晓的常识性事实；②人民法院生效裁判所确认的并且未依审判监督程序重新审理的事实；③法律、法规的内容以及适用等属于审判人员履行职务所应当知晓的事实；④在法庭审理中不存在异议的程序事实；⑤法律规定的推定事实；⑥自然规律或者定律。

第五章　直接言词原则在我国确立和适用的制约因素

第一节　我国刑事诉讼法中的冲突性规定

一、审判委员会的规定与运行

（一）审判委员会制度的历史沿革

审判委员会制度是极具中国特色的制度，在其他国家的司法体系中，并没有相同名称抑或是相同职能的机构。审判委员会制度发轫于新民主主义革命时期，有着深厚的中国文化和革命底蕴。其不断发展的历程，至今仍在审判中发挥着巨大的作用，也是中国司法随着时代变迁的一个缩影。

新中国成立之前，在新民主主义革命的司法体系中就出现了审判委员会这一机构。但是其组织机构和部门职能与当前的审判委员会有着很大的不同。1933 年，在江西瑞金成立的中国苏维埃政权曾发布《中华苏维埃共和国司法人民委员部对裁判机关工作的指示》，该项指示明确指出了裁判部对司法权的享有权利。而裁判委员会作为裁判部的一个内设机构，不享有对案件的决定权，拥有对案件判决所适用原则的讨论决定权。而这一规定也是首次以立法的形式对裁判委员会这一机构的职能进行规定。而裁判委员会也往往被认为是审判委员会的前身。[1]在后来的抗日战争和解放战争时期，裁判委员会制度被沿袭，并得到了进一步发展。在抗日战争时期，裁判委员会在陕甘宁根据地的各县区均有成立。委员会组成人员为：裁判人员、保安科长、保安大队长、县长、县委书记。会议主要由裁判人员召开和主导。[2]当时的边区法院实行三审终审制，而裁判委员会则负责第三审工作，审判委员会也因此得名。[3]而与此同时，审判委员会作为裁判机关，还享有着司法解释权，这与现今的审判委员会制度还有一定的区别。而到了解放战争时期，在革命根据地的司法制度中坚持和贯彻党管司法原则，加强党对具体审判工作的领导，审判委员会制度得到了进一步发展。当时东北解放区于1948年颁布了《东北解放区人民法庭条例》，它对审判委员会的设立作了规定，要求将其设立在村和区人民法庭的内部，其人员组成由上级政府委派一人、其余由农民代表大会选举的若干人组成。审判委员会的裁判方式采取民主集中制。[4]通过上述规定，我们可以看出，在新民主主义革命时期，

---

〔1〕参见蒲坚：《中国法制史》，光明日报出版社1987年版，第345页。

〔2〕延安市中级人民法院编：《陕甘宁边区高等法院史迹》，陕西人民出版社2006年版，第123页。

〔3〕参见李喜莲："论审判委员会审判职能的'回归'"，载《宁夏大学学报（人文社会科学版）》2007年第3期。

〔4〕西南政法学院法制史教研室编：《中国法制史参考资料汇编（第三辑）》1982年版，第513页。

审判委员会制度与现今人民法院的审判委员会制度在名称、机构职能上都有着很多相似之处。但是由于当时司法机关并非独立的权力机关，而是隶属于行政机关，因此，审判委员会并非是一个单纯的审判机构，而是集司法权、行政权于一身的政府机关。

新中国成立后，1949 年 12 月中央人民政府批准颁布了《最高人民法院试行组织条例》，此条例对最高人民法院委员会的组成和它的主要工作作了规定。该委员会的组成人员为：秘书长、专职委员、副院长和院长。而它主要的工作内容则是：对审判的方针和政策进行制定以及对重大的事项和案件给出决策。[1]该条例有关审判委员会的规定已经初具现代审判委员会的雏形，但是它只限于最高人民法院，并未提及地方各级人民法院。在 1951 年，中央人民政府又出台了《中华人民共和国人民法院暂行组织条例》，在该条例中明确规定：省、县两级法院应当设立审判委员会，并对其人员组成、讨论案件范围和指导案件的效力作出了详细的规定。至此，现代意义上的审判委员会制度全面构建起来。1954 年，我国的《中华人民共和国人民法院组织法》颁布并实施。该项法律对审判委员会的职能作了明确规定，这也是第一次以法律的形式将审判委员会制度确立下来。在社会主义探索阶段，人民法院工作遇到了曲折，审判委员会制度也一度中断。在 1979 年第五届全国人民代表大会的二次会议中通过的《中华人民共和国人民法院组织法》恢复了审判委员会

〔1〕 参见刘亚林："论审判委员会讨论个案职权"，载《重庆大学学报（社会科学版）》1998 年第 4 期。

制度，同时又在该法第 11 条增加了审判委员会应当实施民主集中制的规定。随后该法几经修改，都保留审判委员会制度。此后，颁行的“三大诉讼法”对审判委员会制度都有着相应的规定。

（二）审判委员会的相关规定

在我国，“三大诉讼法”、《人民法院组织法》以及最高人民法院以内部文件的形式详细规定了审判委员会的工作职能和它的组织机构。审判委员会制度在我国也可以称得上较为成熟的制度。

1. 审判委员会的组成

《人民法院组织法》明确指出了最高人民法院的审判委员会的人员构成的任免，需要由最高人民法院院长向全国人民代表大会的常委会作出提请。地方各级人民法院的审判委员会的人员构成，则是通过地方各级法院院长提请同级人大常委会进行任免。在具体的人员选择上，包括以下几类人：

第一，院长、副院长。作为法院机关的最高行政领导，其当然会成为审判委员会的一员。

第二，审判委员会的专职委员。根据中共中央 2006 年颁布的《关于进一步加强人民法院、人民检察院工作的决定》，要求在人民法院的审判委员会中应该适当配备专职委员。而专职委员应当从政治业务素质良好且符合任职条件的资深法官中产生。而且一旦成为专职委员，便一般不再担任其他职务。专职委员主要协助副院长分管某一领域的工作。还有的法院也尝试让专职委员直接审理在某一领域比较有影响力的案子，从而发挥其“专职”的特长。如在陕西省高级人民法院出台的《审判委员会专职委员办案有关问题的规定》就要求专职委员每年至少要审理5起案件。并且对审理的案件范围也作出详细的规定，主要是再审案件、疑难复杂重大的案件和上级法院督办的等有重大影响的案件。[1]

第三，庭长。作为各个业务庭的庭长，因为其本身的业务水平和行政职务，按照目前的管理，在任庭长满一年后，都会成为审判委员会这一机构的组成人员。办公室以及研究室的主任通常也会加入审判委员会。

第四，政治处主任、纪检组长。政治处主任和纪检组长是极具中国特色的制度，也是党对司法领导的体现。政治处主任和纪检组长是否成为审判委员会成员，各地做法不一。直到2009年，由最高人民法院在《关于地方人民法院纪检组长、政治部主任担任审判委员会委员和列席审判委员会有关问题的意见》中作出了针对这一问题的详细规定。根据纪检组长和政治处主任是否具有审判员的任免资格，分为三种情况处理：首先，已被任命为审判员、助理审判员的纪检组长、政治处主任，院长可以提请人大常委会任命其为审判委员会委员；其次，具有任命资格，尚未被任命为审判员、助理审判员的政治处主任、纪检组长，也可以提请任命为审判委员会委员；再者，如果不具备任命法律职务的资格，各级人民法院自行研究是否列席审判委员会。

第五，业务水平高的法官。最高人民法院出台的《关于改

---

〔1〕参见朱云峰、王琪轩：“陕西高院规范审判委员会专职委员办案”，载《人民法院报》2010年7月23日，第1版。

革完善人民法院审判委员会制度的实施意见》指出，审判委员会应当配备一定数量的具有高学历、高业务水平、丰富的审判经验和较好的政治素质，而且没有担任任何领导职务的法官。

2. 审判委员会中的专业委员会

为了使审判委员会这一机构的专业化得到保障，在《人民法院第二个改革的五年纲要（2004－2008）》中，提出了刑事和民事专业委员会在最高人民法院、各地区的高级以及中级人民法院的审判委员会中的设立。依照改革要求指示，2007 年最高人民法院成立了刑事专业委员会和民事专业委员会。其人员组成主要由院长、专职委员和熟悉相关业务的其他委员组成。根据 2008 年最高人民法院办公室的调研，全国各地高级人民法院积极响应最高人民法院号召。已经设立专业委员会的有辽宁、河南、山东和新疆四个高院，而大多数高院表示要积极设立。而其中上海、天津、北京高院结合自身审判委员会研究案件较少的实际，表示没有设立专业委员会的必要。

3. 审判委员会的相关职能

《人民法院组织法》规定，审判委员会主要具有如下职能：①对审判经验作出总结；②对疑难、复杂、重大案件进行处理；③与审判有关的其他工作。

第一，对审判经验的总结是审判委员会最为重要的任务。各地方人民法院在实践过程中累积了大量的审判经验。而且随着经济的高速发展，新类型的案件层出不穷，审判委员会应该及时的总结审判经验，尤其是对于出现的新案件，及时归纳总结新案件的新特点和应对方法，以便更好地适应时代发展。各级地方人民法院通过实践对审判经验进行总结的主要方式有：

对某一类案件的审判经验进行分析讨论，分析法律适用问题，为某一类案件总结审判经验；研究制定本院的审判管理制度；及时总结审判经验，选取本辖区内的典型案例，报送上一级人民法院。同时，指导性案例以及对司法解释的发布是最高人民法院审判委员会的又一功能。

第二，审判委员会最主要的职能，也是饱受争议的职能便是讨论决定疑难、复杂、重大的案件。[1]《刑事诉讼法》第180条规定，审判委员会讨论难以由合议庭作出决定的疑难、复杂、重大案件。而何为疑难、复杂、重大案件，法律并没有进一步详细的规定。在司法实践中，人民法院总结经验制定了一系列内部的相关文件，明确了审判委员会所要讨论的案件范围。其中又分为两类案件：

(1) 应通过审判委员会讨论的案件，各级人民法院对它的规定略有不同。《最高人民法院关于改革和完善审判委员会制度的实施意见》（以下简称《审判委员会制度的实施意见》）发布于2010年，它对此作出了以下规定：有两类案件应通过最高人民法院审判委员会进行讨论，一类是最高人民法院已经作出生效判决，判决结果确实有错需要再次进行审理的案件；另一类是依照审判监督程序，最高人民检察院提起抗诉的刑事案件。中高级人民法院的审判委员会所应讨论案件的范围，除了本院作出的生效判决需要再审的和同级人民检察院依据审判监督程序提起的刑事抗诉案件外，还包括：①判处死刑立即执行的案

〔1〕《人民法院组织法》第10条规定：审判委员会采取民主集中制原则，审判委员会的主要任务之一便是讨论决定重大、疑难、复杂的案件。

件；②拟宣告被告人无罪的案件；③拟对被告人免于刑事处罚或在法定刑以下量刑的；④拟就法律适用问题请示上级法院的；⑤因案情疑难、复杂、重大，拟提请上级法院审理的。

（2）可通过审判委员会进行讨论的案件。依照《关于改革和完善人民法院审判委员会制度的实施意见》第11条规定，包括以下几类：①关于案件，合议庭相互之间有较大分歧，难以作出决定；②案件具有极大的社会影响力；③在法律适用问题上存在疑难的案件；④对审判工作有指导意义的新类型案件。综上所述，可通过审判委员会进行讨论案件大致有三个条件：

一是案件必须疑难、复杂、重大。依据人民法院内部有关规定，只有案件疑难、复杂和重大，才会提交审判委员会讨论决定。至于什么样的案件属于“疑难、复杂和重大”，在解释上应该采取严格解释的态度，缩小审判委员会通过讨论作出决定的案件范围。它既可以使审判委员会对案件进行审理的负担有所减缓，又可以避免审判委员会过多的干扰正常的审判工作。具体而言，应该认定以下几类案件为疑难、复杂、重大案件：首先，依据相关司法解释，拟判处死刑的、人民检察院抗诉的案件需要提交审委会讨论决定。而拟判处死刑的、人民检察院抗诉的案件自然是属于较为重大的案件。其次，因相关法律规定不明确，合议庭在适用法律中确有困难的案件。再次，在本辖区内有较大社会影响力的案件。最后，随着时代发展出现的新的案件类型。在这些案件中，法律适用问题无疑更加复杂，而具有更高理论水平（从理论上来讲）的审判委员会就能够充分发挥自身优势，通过民主集中制的方式对这些案件的法律适用问题进行充分讨论，从而拿出更妥善的法律适用方案。同时，审判委员会以具有行政职务的领导和资深法官居多，有着更强的政治敏锐性和更加丰富的社会阅历，能够更加妥善的处理那些政治性强和社会影响力大的案件。因此，将审判委员会讨论决议的案件限制在合理的范围内，既能克服审判委员会制度自身的弊端，又能够充分发挥出审判委员会这一制度的优势。关于这一点，将在下文中详细论述。

二是必须是合议庭意见存在重大分歧，难以作出决议。即使一个案件非常疑难、复杂、重大，除非法律和相关文件规定应当提请审判委员会审理，只要是合议庭可以实现意见统一并给出裁决，就不需要再通过审判委员会的讨论作出决定了。而对于合议庭不能作出决议或合议庭各成员出现了重大分歧，无法统一处理意见的案件，则可由审判委员会通过讨论作来出决定。

三是必须是合议庭提请院长交由审判委员会审理的案件。一个案件是否提交审判委员会讨论决定，合议庭掌握着主动权。除按照规定应当提交审判委员会的一些案件以外，其他案件由合议庭自行决定是否需提交给审判委员会。若合议庭没有提请院长交由审判委员会审理的话，那么案件就无法进入审判委员会。

第三，其他有关审判的工作。这一项并非是简单意义上的兜底条款，其包含着丰富的内容。根据法律相关规定，审判委员会还具有以下法定职责：其一，启动审判监督程序。当院长发现本院业已生效的判决确有错误的时候，其自身并无权径自启动审判监督程序。而院长应提交审判委员会，由审判委员会讨论决定是否启动审判监督程序。其二，对助理审判员的任命。

审判员的任命程序十分严苛，需由法院院长提请同级人民代表大会常务委员会决定任命。而且审判员的任职条件也非常高，往往需要经过多年的学习和实践经验的累积，能够独立胜任审判工作。加之有一定名额、比例的限制，所以能够任命审判员的人较少。但是，在实践中，法院又面临案多人少的矛盾，现有的审判员根本无法应对如此众多的案件。为了解决这一矛盾，助理审判员应运而生。对于那些已经具备独立审判能力的人员，尚不具备任命审判员的条件，可以由院长提请审判委员会，任命其为助理审判员。助理审判员和审判员都是法官，都依法独立履行审判职能。其三，根据回避制度，决定院长的回避。根据刑诉法的规定，如果法院院长跟当事人有利害关系，应当由审判委员会决定院长是否回避。除了上述法定职能外，根据各地实践经验的不同，各地审判委员会还履行着不同的职能，在这里就不一概而论了。

4. 审判委员会的议事规则

审判委员会的议事规则是指各级法院审判委员会对于案件讨论、评议和决定所应遵守的规则和程序。法官评议案件的程序分为四个阶段，主要是对承办人的汇报进行听取、询问、发表意见、表决。

第一，听取承办人汇报。案件的汇报工作一般是由案件承办人来进行的。承办人在审委会上一般作口头汇报，合议庭其他组成人员、庭长和主管副院长发言进行补充。承办人的主要汇报内容应涵盖以下方面：如何运用证据及法律的适用问题；案件目前问题和争议焦点；合议庭经过讨论后取得的意见。

第二，进行询问。承办人汇报完毕后，审判委员会成员就本案的相关问题对承办人进行询问，承办人应该明确的予以回答。

第三，发表意见。经过前两个阶段，审判委员会的各位成员已经基本对案情有所了解，形成自己的主观判断。同时根据审判委员会讨论案件的民主集中制原则，每一个审判委员会成员都应自由、充分地表达自己的意见。因此，在这一阶段让每一个审判委员会成员充分发表意见。而发表意见的顺序，往往依据行政级别的高低，由低到高逐一发言。如果级别相同，由后进入审判委员会者先发言。这主要是避免资历浅、行政级别低者受到资历深、行政级别高的人影响，保障其充分表达自己意见。

第四，表决。在表决阶段，每一个审判委员会成员都享有着平等的投票权利，往往投票方式是举手投票。当决定经 1/2 以上代表举手表决通过后，合议庭应当执行该决定。

（三）审判委员会制度的运行

审判委员会的存在，发挥着一定的积极作用：①通过审判委员会对审判工作的集中管理，统一了法律适用标准；②限制了部分法官对权力的滥用；③一定程度上提高了案件的审判质量。但是在发挥这些积极作用的同时，审判委员会制度的弊端也日益显现出来，钳制着我国审判制度的发展。

1. 组织机构的行政化

这是审判委员会饱受诟病的首要问题。审判委员会主要职能应该是指导审判工作，具有很强的业务性，但从其组成人员到机构运行模式中，都具有很强的行政化。组成审判委员会的人员本应该是审判经验丰富、法律技巧高超的一线法官，然而现实却是院长、副院长、各庭长等行政领导组成了审判委员会。

进入审判委员会的门槛是依据行政级别来划定，而在审判委员会内部的位次也是由行政级别的高低来决定。虽然有些审判委员会成员审判经验丰富，但是由于行政级别较低，害怕与上级观点相冲突，不敢表达自己观点。因此，行政级别高低有别，也决定着审判委员会内部断然不可能是完全平等、自由的讨论。一些行政领导往往会用自己的意志来对讨论的结果进行控制。

审判委员会对成员没有进行人数多少、任期长短，资格符合与否的相应规定。因为审判委员会没有成员资格的硬性条件限制，导致一些对于法律业务并不熟悉的人进入该机构，对审判委员会的工作质量和工作效率都起到了直接的影响。另外，由于没有统一的人数规定，在实践中，出现有些法院审判委员会人数偏少，不利于发挥其功能；而有些法院的审判委员会人数又过多，显得机构臃肿。同时，因为在审委会成员方面缺少任期的限制，往往审判委员会成员都是终身制，除非工作调动或者离退休，否则一直会是审判委员会成员。这样不利于审判委员会的更新换代，不利于新鲜血液进入审判委员会中。

2. 审判委员会的非专业化

审判委员会不合理的组织机构，从一定程度上导致了审判委员会的非专业化。在审判委员会的组成中，法院的行政领导必然占据着一定的席位。而正是因为行政领导参与到审判委员会对案件的讨论中，使得往往对审判委员会的讨论结果起决定作用的，并非法律规范，而是领导的意志。而一些担任领导职务的审判委员会委员，尤其是院领导，部分是从法院系统之外调入，对于相关法律问题不熟悉。即使是从业务口成长出来的院领导，往往因为长时间不直接审理案件，业务水平也显得生疏，但是审判委员会的讨论结果却往往又被其意见所左右。而拥有着专业知识的审委会成员，又屈服于领导意志，不敢发表不同见解，只能依附领导的意见。因此，行政级别的存在，使得审判委员会的决定往往屈从于领导的意志。

与此同时，审判委员会所讨论的案件涉及刑事领域、民事领域、行政领域，也包括一些执行案件。审判委员会的成员则来自不同的部门。有些成员虽然有着丰富的审判经验，但其只是精于其中一个领域，对其他领域的业务知识所知甚少，让其参与到其陌生领域的案件讨论中来，很难发表专业的意见。只能听从别人的意见和看法，使审判委员会民主集中制这一作用难以发挥。这一问题引起了最高人民法院的重视，采取了一系列改革举措，如成立专业委员会，然而其效果并不明显。

3. 审判委员会的运行规则存在问题

健全的运行规则是审判委员会有序发展的必要保证，而我国的审判委员会制度，无论是从法律依据还是从议事规则的科学性上都存在一定的问题。

第一，审判委员会在讨论案件的议事规则上缺乏法律依据。审判委员会是我国司法审判中的一项重要制度。即使其饱受争议，但是在中国特色社会主义法律体系下依然会长时间存在。然而关于审判委员会的工作程序规则却没有相关的法律加以规范，只有法院的内部文件进行了规定。即使是法院的内部文件，其规定也不健全。关于审判委员会的工作程序有着详细规定的只有最高人民法院在 1993 年制定的《最高人民法院审判委员会工作规则》，为最高人民法院审判委员会的工作开展提供了依据。但是此规范也只适用了最高人民法院的审判委员会工作的开展，而地方各级人民法院的工作开展并无依据。地方各级法院只有可以比照的规则，径自制定自己的工作规则，这样难免造成其审判委员会工作开展的随意性。[1]

第二，审判委员会审理案件的启动程序混乱。按照刑诉法的规定，合议庭拥有着将案件提交给审判委员会审理的程序启动权，而院长享有是否提请审判委员会的决定权。而在实践中，这一程序的启动权，并不完全掌握在合议庭的手中。部分法院会通过内部文件的形式，要求合议庭遇到哪几类案件，必须提交审判委员会。在法院内部行政化依然很强的今天，合议庭断然不会违背这种内部文件。而且，该程序的启动权的主体也有扩大的趋势。根据《审判委员会制度的实施意见》的规定：合议庭所认为的不需提交给审判委员会的相关案件，若庭长和主管副院长都认为有必要提交，则需提请审判委员会作出审理。这一规定扩大了启动审判委员会审理案件的主体，进一步削弱了合议庭的权力。使得作为直接审理案件、对案件最为了解的合议庭决定案件结果的能力十分有限。

第三，审判委员会的议事规则运行程序不规范。依前文所言，承办人首先需要进行汇报，再由审判委员会进行询问，然后成员依据职位，由低到高发表评议意见，这便是审判委员会对一个案件进行讨论决定的一般程序。这种程序在实际运行中，存在着诸多问题。首先，汇报工作由承办人一人进行，其他合议庭成员往往只能补充发言，承办人的汇报难免不带有主观性。

---

〔1〕参见高洪洲："司法体制改革下的审判委员会"，载《江苏教育学院学报（社会科学版）》2005 年第 2 期。

然而，审判委员会成员往往事先没有接触案件材料，对案件了解甚少，在一定程度上会“跟着承办人的意见走”。这样一来，经过审判委员会的审理，不再是单纯地解决疑难、复杂的法律问题，演变成了承办人逃避责任的方式。[1]其次，发言的顺序一般是依据级别由低到高进行的，但是这在实践中贯彻的并不彻底。往往审判委员会的会议主持者一般是院长或者是主管副院长，其一般先就案情发表自己的评议意见。而审判委员会其他成员则顾及其领导职务，不敢提出与其评议意见向左的见解。大多数情况下，审判委员会其他成员会依附领导意见。即使有其他意见，也不敢针锋相对地提出，提出不同意见也显得畏首畏尾的。这样的审判委员会议事程序流于形式，难以达到真理越辩越明的效果。最后，表决程序并不科学。在当前，审判委员会审理的案件日益增多，开一次审判委员会需要讨论多个案件。在此情形下，审委会成员想快点结束讨论，往往会不假思索，依附他人意见，尤其是行政职务比自己高的领导的意见。而表决又采取举手表决的方式，这一简单的表决方式，使得本身就依附他人观点的成员，变得更加“人云亦云”。

4. 对直接言词原则的背离

贯彻直接言词原则，建立以审判为中心的审理模式，是当前司法改革的主要任务之一。然而，实际运行中的审判委员会制度却与这种诉讼模式背道而驰。

在审判中，证言是否可靠以及证言证明力的判断，多依赖

〔1〕 参见赵红星、国灵华：“废除审判委员会制度——‘公正与效率’的必然要求”，载《河北法学》2004年第6期。

于法官对作证者作证时思路是否清晰、感情是否真挚进行的观察和判断，而这种判断往往具有可操作性和不确定性。[1]因此，如卡佩莱蒂所言，若想获得公正的审判，就要遵循古老的“听取他方陈述”原则。该原则要求法官在作出判决之前必须充分获得有关案件的信息，并赋予双方攻击对抗的权利，以寻求诉讼上的对等。[2]因此，在审判过程中，为了更好地把握证言是否真实可靠、证据的证明力的大小，就需要法官亲历证据。而审判委员会对案件的讨论决定，正是对法官亲历证据的背道而驰。审判委员会对案件的讨论决定，使其凌驾于合议庭之上，成为了合议庭之上的裁判者。并且对案件的审理又是通过听取承办人汇报、阅读书面卷宗这种间接审理模式，往往造成了“审者不判，判者不审”的局面。这种书面审理的危害，已在前文作了论述，在此不再赘述。另外，因为审判委员会的成员大多数均为法院的领导，他们的意见在审委会讨论案件中具有举足轻重的作用，往往行政级别较低的审委会成员会屈从于级别较高的意见，造成了司法内部日益行政化，直接影响了司法职能的配置与发挥。

二、证人、鉴定人出庭作证的规定与运行

（一）证人出庭作证的规定与运行

1. 证人出庭作证的必要性

证人证言是证据的一个重要形式，其历史悠久并在刑事以

〔1〕 参见王亚新等：《法律程序运作的实证分析》，法律出版社2005年版，第274页。

〔2〕 参见［意］莫诺·卡佩莱蒂：《比较法视野中的司法程序》，徐昕、王奕译，清华大学出版社2005年版，第338～342页。

及民事诉讼中有着不可或缺的地位。英美法系甚至有“无证人，无诉讼”的说法。[1]而证人证言之所以如此重要，主要得益于其直观性和客观性两大特点。与其他证据不同之处在于，证人往往是案件发生时的直接见证人，一些关键证人甚至可能目睹了案件发生的过程。因此，证人的证言有助于司法机关直接了解案件发生的事实经过，具有直接性。同时，证人相较被害人陈述和被告人辩解，因其和案件没有利害关系，更能客观地表述事实，具有一定的客观性。因此，真实可靠的证人的证言对案件的审理至关重要。而证人出庭作证，接受控辩双方的质证和法官的询问，更加有助于法官判断证人证言的真伪。因此，证人出庭作证是司法公正必不可少的制度。证人出庭作证的必要性，主要体现在以下几点：

第一，有助于增强控辩双方的对抗性。我国 1996 年和 2012 年对《刑事诉讼法》修改都围绕着增强庭审过程的对抗性进行了一系列制度的设计。其中有关证人的出庭作证制度设计中最主要的便是证人出庭作证的完善。其主要原因是证人出庭作证对庭审调查环节的顺利进行极为有利。在法庭调查中，控辩双方对证据进行充分的举证质证，以便法官能够判断案件事实的真伪。如果证人不出庭作证，仅仅是出具书面证言，那么控辩双方质证的权利就形同虚设，而法官也丧失了直接询问证人的机会。同时，因为证言的内容受证人的个人意志所左右，其证言可能与事实有偏差，而且受表达能力的影响，一些证人无法

〔1〕 参见徐昕：“法官为什么不相信证人？——证人在转型中国司法过程中的作用”，载《中外法学》2006 年第 3 期。

清楚表达自己的想法。所以，当法官对这些证言有疑问时，如果证人不能出庭作证，那么不仅不能解答法官的疑问，而且对案件的查实也有所不利。

第二，有利于提升裁判的公信力。减少书面证据在庭审环节的滥用，增加了裁判的公信力。证人出庭作证可以使法官对证人的情况有个直观的基本了解，从而可以通过这种了解来判断其证据的证明力的大小。同时，在公开审理的前提下，证人通过出庭作证方式作出的证言也被公众所知悉，其后该证人证言作为定案的依据时，公众对于案件裁判结果的依据也就有了清晰的了解。因此这在无形中增加了审理的透明性，提升了裁判的公信力。在英美法系中，证人证言仅仅是指证人出庭，经宣誓后向法官和陪审团作出的口头证言，不包括侦查机关在侦查环节所作的笔录。[1]

第三，有利于保障被告人的诉讼权利。一般而言，被告人在刑事诉讼中都是弱势的一方。因此法律赋予其一系列的权利保障其能与控诉方相抗衡。而保障证人出庭作证，其目的也正是为了保障被告人的权利。这是因为，当一个国家证人出庭作证制度不健全、证人出庭作证率低时，法官往往只能以侦查机关在庭审前所取得笔录作为定案的依据。这很容易造成对控诉方的偏听偏信，即使法官对笔录中的证言有所疑问，也无法进一步追问。被告人的质证权利也形同虚设。如此看来，证人不出庭作证，对于被告人来说是极为不利的。而健全证人出庭作

〔1〕 参见乔恩·R. 华尔兹：《刑事证据大全》，何家弘等译，中国人民公安大学出版社1993年版，第10页。

证制度，也是保障被告人诉讼权利的题中之义。

2. 证人出庭作证制度的相关规定——历史与现在

第一，历史——1979 年《刑事诉讼法》相关规定。1979 年《刑事诉讼法》关于证人出庭作证的规定非常简单，根本无法应对实践中证人出庭复杂的情况。如在 1979 年《刑事诉讼法》中，明确规定证人的证词经过法庭质证，且被法官查实便可以用作定案的依据。[1]没有要求证人出庭作证，只要证言经过控辩双方质证即可。而且，关于证人在何种情况下应当出庭以及证人的拒证权都没有相应的规定。究其原因，主要是受制于时代因素。在 1979 年之前，我国的整个司法体系处于瘫痪状态，根本没有刑事诉讼的正常活动，很难为立法提供有价值的实践素材。同时，在百废待兴的历史大背景下，又急需要一部刑事诉讼法，以此来恢复刑事审判秩序，使刑事诉讼活动有法可依。1979 年《刑事诉讼法》就是在这种情况下产生的，这也造成了该法律存在诸多不完善之处，对一些重要制度的规定过于简单，如证人出庭作证制度。

第二，过渡——1996 年《刑事诉讼法》相关规定。早在 1996 年《刑事诉讼法》修正案中，就对健全证人出庭制度做出了不少努力。1996 年的《刑事诉讼法》修改，以努力构造对抗制的诉讼模式为立法修改的主要目的。[2]但是，其有关证人出

---

〔1〕 1979 年《刑事诉讼法》第 36 条规定："证人证言必须在法庭上经过公诉人、被害人和被告人、辩护人双方讯问、质证，听取各方证人的证言并经过查实以后，才能作为定案的根据。……"

〔2〕 参见龙宗智：《刑事庭审制度研究》，中国政法大学出版 2001 年版，第 120 页。

庭作证的规定却明显有悖于对抗制诉讼模式对证人出庭与否的要求。

（1）此次立法对证人出现无法出庭的情况作出明确规定：未出庭的证人其证言经过当庭宣读，听取控辩双方意见后，也可以作为证据使用。这一规定的出台，使得证人出庭作证的制度被架空，很难发挥实效。加之第48条仅仅明确了证人有作证的义务，而不是有义务出庭作证，导致出庭作证这一制度形同虚设。虽然，《最高人民法院关于适用〈中华人民共和国刑事诉讼法〉的解释》第141条规定了证人不出庭作证的四种情形，[1]但第四项“其他原因”的兜底条款的规定在实践中被滥用，在司法运行过程中，证人出庭率依然很低。[2]

（2）在1996年《刑事诉讼法》修改中，令人诟病的问题还包括未规定证人的拒证权和证人作证的相关保障措施。在国外的相关立法例中，均规定了在特殊情况下，证人有拒绝作证的权利。如与被告人具有近亲属关系的人，可以拒绝作证。此外，因职业原因也可以拒绝作证，如律师有权拒绝就其所知道的被告人情况作证。我国1996年的《刑事诉讼法》在这一方面尚属于空白。

（3）证人不愿意出庭作证，很大一部分原因在相关保障措施未到位。无论在英美法系国家还是大陆法系国家，对于出庭

---

〔1〕《最高人民法院关于适用〈中华人民共和国刑事诉讼法〉的解释》第141条规定：“证人应当出庭作证。符合下列情形，经人民法院准许的，证人可以不出庭作证：①未成年人；②庭审期间身患严重疾病或者行动极为不便的；③其证言对案件的审判不起直接决定作用的；④有其他原因的”。

〔2〕参见赵嵬：“直接言词原则与刑事证人出庭作证问题研究”，载《北京科技大学学报（社会科学版）》2008年第3期。

证人的保障可谓是无微不至。出庭证人的保障措施大体上可以分为两类，一类是人身安全的保障，另一类是经济补偿。

在人身安全保障方面，在美国，打击报复证人行为构成犯罪，在有些州的法律中最高可判处死刑。而且法官可以发出人身保护令，严禁有关人员接触证人。〔1〕同时在英美法系国家中还存在专门的保护证人的民间组织和官方机构。在英国，民间专门成立了证人保护组织，其为证人提供心理辅导，继而改善证人出庭状况。在大陆法系国家，德国没有像英美那样专门负责保护证人的专门机关，负责证人人身安全的任务落到了联邦警察局身上。

在经济补偿方面，美国既规定了证人必要费用支出的补偿，又规定了证人出庭作证享有补贴，该补贴是证人出庭作证的支出之外的。〔2〕在英国，有专门机构向证人发放补偿金。在德国，专门制定了《司法报酬与补偿法》，对证人因出庭作证所产生费用的补贴作出了全面的规定。在日本，《刑事诉讼法》第 164 条对证人出庭的补偿作出了规定，即证人可获得因出庭产生的住宿交通等费用以及日津贴的补偿，但已经获得上述补偿的证人不出庭作证，应当返还补偿。〔3〕

而我国 1979 年制定的《刑事诉讼法》中没有采纳证人、鉴定人出庭的相关保障制度的建议，在 1996 年《刑事诉讼法》修正案中该问题依然没有得到有效的解决和纠正。

---

〔1〕 参见樊崇义主编：《刑事诉讼法实施问题与对策研究》，中国人民公安大学出版社 2001 年版，第 326 页。

〔2〕 陈界融译著：《〈美国联邦证据规则（2004）〉译析》，中国人民大学出版社 2005 年版，第 108 页。

〔3〕 宋英辉译：《日本刑事诉讼法》，中国政法大学出版社 2000 年版，第 120 页。

第三，现在——2012 年《刑事诉讼法》相关规定。2012 年《刑事诉讼法》在证人出庭作证制度上，相较 1996 年《刑事诉讼法》有了很大的进步。这主要表现在三个方面：①明确了证人出庭作证的情形；②证人出庭作证的权益保障；③证人拒证权的规定。

（1）在证人出庭作证上，2012 年《刑事诉讼法》明确了在何种情况下证人应当出庭。在 1996 年的《刑事诉讼法》中，只规定了证人有作证义务，而并没有规定在何种情况下证人有出庭作证的义务。而 2012 年《刑事诉讼法》直接以立法方式予以明确，在第 187 条第 1 款规定："公诉人、当事人或者辩护人、诉讼代理人对证人证言有异议，且该证人证言对案件定罪量刑有重大影响的，人民法院认为证人有必要出庭作证的，证人应当出庭作证"。依据 2012 年《刑事诉讼法》的规定，只要符合以下三个条件，证人必须出庭作证：首先，证人的证言对定罪量刑有重大影响，这是前提。若是对案件没有太大关联的证据，强制证人出庭徒劳无益。其次，需公诉人、被告人对证人证言有异议。这一条件一定程度上保障了质证权。最后，人民法院认为有必要。法官可以根据案件审理的具体情况，判断证人证言是否对查明案情有重大影响，以及证人是否适合出庭。这一条款明确了证人出庭作证的情形，具有可操作性，是对实践中证人出庭率极低问题的有效应对。在 2013 年召开的第六届全国刑事审判工作会议中，明确了下一阶段审判工作的重点是充分贯彻直接言词原则，重要证人到庭接受交叉询问。而这一要求无非是对《刑事诉讼法》第 187 条的进一步阐述，其目的在于强调该条文在审判工作中的落实。

（2）在证人保障制度上，立法有了长足的进步。首先，2012年《刑事诉讼法》第62条对证人的人身安全保护方面作了详细规定：①明确了适用范围；[1]②明确了保障措施；[2]③证人、鉴定人、被害人的近亲属也在保护之列。[3]在现实中，证人不出庭作证，很大程度上就是害怕打击报复，该条文对证人人身安全保障作出了详尽规定，从而使证人在人身安全上得到了有效保障。在经济方面，对证人给予一定经济补偿作为补助。[4]不仅如此，证人获得补助的同时，还作出了若证人有工作单位，工作单位不能直接或变相的对证人的工资或奖金等福利待遇进行克扣的规定。使证人的经济利益得到充分保障，让证人出庭作证无经济之忧。

（3）2012年《刑事诉讼法》也明确规定了证人在特殊情况下有权拒绝作证。2012年《刑事诉讼法》规定明确了被告人的配偶、子女和父母有拒绝出庭作证的权利。这顺应了世界刑事诉讼制度的发展潮流。[5]

但是，2012年《刑事诉讼法》的修改并非尽善尽美，也存

---

〔1〕对于危害国家安全犯罪、恐怖活动犯罪、黑社会性质组织犯罪、毒品犯罪等案件，证人、鉴定人、被害人 因在诉讼中作证，本人或者近亲属的人身安全面临危险的。

〔2〕人民法院、人民检察院和公安机关应当采取以下一项或者多项保护措施：①不公开真实姓名、住址和工作单位等个人信息；②采取不暴露外貌、真实声音等出庭作证措施；③禁止特定的人员接触证人、鉴定人、被害人及其近亲属；④对人身和住宅采取专门件保护措施；⑤其他必要的保护措施。

〔3〕证人、鉴定人、被害人认为因在诉讼中作证，本人或者其近亲属的人身安全面临危险的，可以向人民法院、人民检察院、公安机关请求予以保护。人民法院、人民检察院、公安机关依法采取保护措施，有关单位和个人应当配合。

〔4〕《刑事诉讼法》第63条规定："证人因履行作证义务而支出的交通、住宿、就餐等费用，应当给予补助"。

〔5〕《刑事诉讼法》第188条规定："经人民法院通知，证人没有正当理由不出庭作证的，人民法院可以强制其到庭，但是被告人的配偶、父母、子女除外"。

在着一些缺陷。在证人出庭上，赋予了法官太大的裁量权。在2012年《刑事诉讼法》中，人民法院认为证人是否有出庭的必要是决定证人出庭与否的非常重要的条件之一。而所谓“认为”“必要”都具有很强的主观性，他人无法知悉法官到底是根据什么认为证人是否应该出庭。而且，相关司法解释也未设置具体标准。如此规定，依然无益于解决实践中证人出庭难的问题。

3. 证人出庭作证现状与原因的实证考察

我国刑事诉讼中，证人出庭率低一直是一个不争的事实。“北上广”这些经济发达、法治较为健全的地区的数据仍然不理想。据相关数据显示，上海市黄浦区2000年证人出庭率不足5%；北京市人民法院在2000年证人的出庭率只有1%；而深圳市中院的证人出庭率也是在2%～5%徘徊。[1]在左卫民、马静华教授对某市所作的证人出庭率实证研究中，选取该市19个刑事法庭作为研究对象，竟然有一半法庭审理的刑事案件中没有证人出庭。有证人出庭的案件，仅有26起68名证人。以全市一年刑事案件审理数6810件为基数，证人出庭率仅有0.38%。[2]而且2012年《刑事诉讼法》实行后，证人出庭作证率并未得到改观。巨野县人民法院在2013年审结的411起案件中，有证人证言的案件287件，而在庭审阶段证人出庭的仅有3件。[3]

---

〔1〕参见张泽涛：“证人出庭的现状分析与对策探讨”，载《证据学论坛》2001年第1期。

〔2〕参见左卫民、马静华：“刑事证人出庭率：一种基于实证研究的理论阐述”，载《中国法学》2005年第6期。

〔3〕参见田源、杨继伟：《新刑诉法实施后证人出庭率低的原因分析》，载http://www.chinacourt.org/article/detail/2014/04/id/1285118.sht，最后访问时间：2016年1月5日。

我国证人极低的出庭率有着多层次的影响因素，主要表现在以下几点：

第一，证人缺乏出庭作证的动机。证人在作证时，首先顾及的是社会关系，也害怕他人打击报复。因此，证人都普遍不愿意出庭作证。房保国教授一项有关证人作证的动机的研究指出，证人是否出庭作证以及作伪证，一定程度上是考虑家庭关系和社会关系。而有些证人在法庭上推翻之前的证言，很大程度上是出于自己人身安全的考虑。而证人消极作证的动机更多可能是因为奖励制度不完善。[1]当然，正如哈泽利特所言，人的行为不仅仅受个人利益考量的制约，同时还受当时社会价值观念的影响。[2]目前，在我国刑事诉讼中普遍存在着证人不出庭作证的情况，在社会观念上大家普遍认可了不出庭作证的合理性。再加上司法机关顾及如果强迫证人出庭，遭遇证人的抵触情绪可能会拖慢诉讼进度，因此对证人出庭也采取放任态度。在这种环境的影响下，证人更加会选择不出庭作证。

第二，证人出庭作证制度在立法方面也存在着不足之处。诚如前文所述，2012 年《刑事诉讼法》的修改也并非尽善尽美，甚至在改变证人出庭现状上根本未发挥其应有的效果。究其原因，主要还是立法上存在着不完善之处。其一，证人出庭作证的范围不明确。在此次立法修改中，明确了对定罪量刑有重大影响、控辩双方有一方提出异议、人民法院认为有必要的，证人应该出庭作证。如果立法只罗列前两条，那么证人出庭范

〔1〕 参见房保国主编：《言词证据研究》，知识产权出版社 2012 年版，第 145 ~ 155 页。

〔2〕 See H. Hazlitt, *The Foundations of morality*, University Press of America, 107.

围已经是十分明确，可是再加上第三条标准——如果人民法院认定证人有出庭的必要，那么证人出庭的范围则会相对主观。对谁需要出庭，也变得具有可操作性。其二，证人的保障机制不完善。虽然2012年《刑事诉讼法》修改，将证人的保障以立法的形式明确下来，但是在保障范围、保障机关和事后保障上还有很多不足之处。在保障范围上，此次立法仅仅只对涉及危害国家安全犯罪、恐怖活动犯罪、黑社会性质组织犯罪、毒品犯罪等案件的证人采取保护措施，明显对证人的保护范围太小。在保障机关方面，公检法三家分别出台有关规定，明确其仅在对应的阶段范围内对证人进行保护。但是在实践中，法、检两个机关保障证人的能力明显不足，而公安机关在这一方面却有着得天独厚的优势。因此，无论案件的诉讼进度走到哪一阶段，对证人的保障义务最好主要由公安机关来承担。在事后保障上，我国法律欠缺明确规定，这很难使当事人无后顾之忧来出庭作证。其三，在对证人经济补偿上存在不足。利益上的考虑往往是人们的行为动机。如果证人的经济利益能够得到充分的保障，证人的出庭率自然可以得到提高。目前我国虽然明确了证人的经济补偿权，但是在2012《刑事诉讼法》规定了证人出庭相关保障制度后，未出台具体的司法解释进一步细化，使得证人获得补偿在实践中不具有可操作性。

第三，司法中一些传统观念和做法也不利于证人出庭作证。从公诉方面来说，公诉方出于完成业务考评的目的，对证人出庭作证持消极态度。一方面，证人出庭一定程度上拖慢了诉讼进度；另一方面，有些证人证言前后可能存在波动，使得公诉方完成诉讼任务出现困难。而从法官角度来说，在庭审前已经通过检察机关移送的卷宗对案件有了全面的了解，庭审实际上只是形式。如果大量的证人出庭，不仅于了解案情无益，还拖慢了整个案件的诉讼进度。同时，如果形成证人出庭作证的氛围，那么法官就要改变依赖书面证言和卷宗审查的习惯，要依靠亲历证据、自由心证对案件作出裁判。但是由于长期书面审理的实践，法官欠缺亲历审判经验，很难驾驭言词审理。

正是这一系列因素，培育了证人出庭率极低的社会大环境。而又是在这种环境的影响下，进一步加剧了各方不愿意证人出庭作证的心理，形成了一个恶性循环。使得无论增加证人出庭率的口号提的多么响亮，在实践中都无济于事。

（二）鉴定人出庭作证的规定与运行

1. 鉴定人出庭作证的规定

2012 年《刑事诉讼法》第 187 条第 3 款对鉴定人出庭提出了明确的规定：当控辩双方对鉴定意见有异议、法院认为有必要，鉴定人应当出庭作证。这一条明确了鉴定人的出庭义务。同时，紧接着又规定："拒不出庭的鉴定人，鉴定意见不得作为定案的依据"。明确了鉴定人不出庭的后果。一定程度上而言，鉴定人出庭作证制度得到了建立。

第一，2012 年《刑事诉讼法》修改将之前的"鉴定结论"更名为"鉴定意见"。这一改动主要是为了防止鉴定权对司法权的侵犯，避免司法实践中唯"鉴定结论"是从，直接依据"鉴定结论"作出判决的现象出现。[1]而更名为"鉴定意见"，则更

〔1〕 参见陈光中、吕泽华："我国刑事司法鉴定制度的新发展与新展望"，载《中国司法鉴定》2012 年第 2 期。

多是指鉴定人运用科学技术或专业知识对其专业领域内的问题所作出的分析和判断。这样既彰显了科学性，同时也体现了鉴定意见的主观性。这在一定程度上也是在提醒法官，鉴定意见因为各种客观条件限制以及鉴定人的主观局限，很可能出现偏差，其只是判决的参考意见，而绝非对案件的“科学判决”。

第二，建立了鉴定人的保护制度。在司法实践中，鉴定人不愿意出庭作证，很大一部分原因就是害怕打击报复。而2012年《刑事诉讼法》修改将鉴定人保护纳入立法中来，使对鉴定人的人身安全保护和对证人的安全保护是一致的。

第三，明确了鉴定人不出庭作证的法律后果。如前所述，鉴定人的鉴定意见并非完全客观真实，其必然会受鉴定人的主观因素影响，具有一定的主观判断的色彩。因此，在法庭上对鉴定人的意见进行审查，既是符合程序正义的要求，也是为了追求实体正义的目的。这是因为，在程序上，鉴定人出庭作证有利于保障质证权的实现，也符合直接言词原则的要求。在实体上，鉴定人出庭作证有利于法官鉴别鉴定意见的真伪，从而发现实体真实。[1]因此，在2012年修正的《刑事诉讼法》中，将不出庭作证的鉴定人的鉴定意见“不得作为定案的依据”。通过这种程序性的制裁来保证和督促鉴定人出庭作证。

2. 鉴定人出庭作证的运行

虽然有关鉴定人出庭作证的立法日趋完善，但是在司法运行过程中，鉴定人依然充当法庭上的“隐身人”。据有关统计显

---

〔1〕参见陈光中、吕泽华：“我国刑事司法鉴定制度的新发展与新展望”，载《中国司法鉴定》2012年第2期。

示，鉴定人出庭作证率不足5%。[1]

鉴定人出庭率低给司法活动带来了极大的困扰。一方面，现代司法活动呈现出了科技化和专业化等特点，具有专业知识的鉴定人所出具的鉴定意见对于庭审结果有着举足轻重的作用。另一方面，鉴定人却大多不出庭作证，其鉴定意见由控辩双方宣读，而其鉴定意见出台的背景、步骤、方法和所使用设备，由于参与庭审人员的非专业性，这些专业问题在庭审中难以得到解答，继而鉴定意见的真实性和客观性难以得到保障。若依据此类鉴定意见来定案，则难免会出现冤假错案。

再者而言，即使法律将鉴定人出庭制度规定的日趋完善，但若是鉴定人不出庭作证，其依然是空中楼阁，难以发挥实效。在司法运行过程中，鲜有鉴定人出庭作证，而设置的有关鉴定人出庭作证的制度也很少启动，也使得在司法实践中有关鉴定人出庭的细节做得不到位。在法庭上未明确鉴定人定位，在实践中将鉴定人等同于普通证人，鉴定人在证人席上陈述鉴定意见。但是这样无法突出鉴定人在诉讼中的特殊地位，因此有必要在庭审中专门设置鉴定人席。同时，由于鉴定人长期不出庭，法官也很难把握对鉴定人的询问技巧。法官对鉴定人的询问同对证人的询问别无二致。再加上法官对相关领域专业知识的缺乏，其只能询问一些表面性的问题，很难深入本质，这也使得鉴定意见的作用在庭审中大打折扣。

造成鉴定人出庭作证率低和鉴定人出庭作证流于形式的原

---

〔1〕参见陈瑞华：《刑事诉讼的前沿问题》，中国人民大学出版社2000年版，第102页。

因，有学者分析认为，主要有两方面：一方面，法官和控辩双方以及鉴定人对鉴定意见的认识不到位。法官虽然依赖鉴定意见，又追求诉讼效率，而忽视对鉴定意见的质证权。控辩双方又基于鉴定人出庭作证的繁琐的考虑，不主动要求鉴定人出庭。同时鉴定人本身也缺乏相关法律知识，认为自己主要任务就是出具鉴定意见，出庭接受质证不属于自己职责范围。另一方面，鉴定人出庭作证还存在着客观上的难题。首先，鉴定机构多集中在大中城市，因此当案件在偏远地区审理的时候，鉴定人出庭作证费用太高，申请鉴定人出庭作证的一方当事人难以负担。同时，由于审限的原因，法官要在法定期间审理完案件，而鉴定人忙于自己的事务，其出庭时间也不能得到保障。在审理期限内，鉴定人因主客观因素无法出庭作证是常见现象。[1]

本文认为，除上述原因之外，还有立法、司法对鉴定人出庭作证制度不够重视。在程序上，将其与证人证言同等视之，未给予特殊程序规定鉴定人出庭作证制度。在实体上，法官唯鉴定意见是从。正是这种程序和实体上的反差，造成了鉴定意见使用的混乱，在实践中难以发挥其应有的作用。

三、侦查人员出庭作证的规定与运行

（一）侦查人员出庭作证的规定

侦查人员是否应出庭作证一直是学界热议的话题。在英美法系国家，侦查人员常常以证人的身份出庭作证，接受控辩双

〔1〕 参见吴丹红："我国鉴定人出庭作证制度探析——以刑事诉讼为背景"，载《中国司法鉴定》2003年第2期。

方的交叉询问。而在大陆法系国家，侦查人员被认为是诉讼主体之外的第三人，不得作为证人出庭作证。但是随着两大法系的融合，大陆法系国家也开始承认侦查人员的证人地位。〔1〕2012 年《刑事诉讼法》第 60 条规定："凡是知道案件情况的人，都有作证的义务。生理上、精神上有缺陷或者年幼，不能辨别是非、不能正确表达的人，不能作证人"。该条文从积极方面和消极方面规定了证人的资格。在积极方面，要求对案件事实知悉的人才能作为证人；在消极方面，则规定有精神缺陷或者年龄尚小，对自己所证明的事实不能清楚辨别，不能正确表达的人，不能作证人。而侦查人员是符合这两个条件的，具有证人的资格。

2012 年《刑事诉讼法》在非法证据排除时明确了侦查人员的出庭义务。《刑事诉讼法》第 57 条明确规定了侦查人员在非法证据排除程序中的出庭说明情况的义务。〔2〕根据非法证据排除规则的要求，侦查人员对证据收集的合法性具有举证义务。若是侦查人员不能证明其收集证据的合法性，那么该证据就应予以排除。更有甚者，侦查人员会因采取非法手段收集证据而被追责。非法证据排除程序由被告人启动，类似于民事诉讼中

---

〔1〕 参见王刘筠、杨君相：《侦查人员出庭作证的现实窘境与对策研究》，载《中国检察官》2014 年第 17 期。

〔2〕《刑事诉讼法》第 57 条规定："在对证据收集的合法性进行法庭调查的过程中，人民检察院应当对证据收集的合法性加以证明。现有证据材料不能证明证据收集的合法性的，人民检察院可以提请人民法院通知有关侦查人员或者其他人员出庭说明情况；人民法院可以通知有关侦查人员或者其他人员出庭说明情况。有关侦查人员或者其他人员也可以要求出庭说明情况。经人民法院通知，有关人员应当出庭"。

的“反诉”，被有些学者称为“审判之中的审判”。[1]因此，侦查机关理应对非法证据排除十分重视，由侦查人员出庭说明情况。法律也将此以立法的形式规定下来。此时，侦查人员充当的是证明“证据合法性”的证人。另外，《刑事诉讼法》也规定了侦查人员对案件事实的证明义务。该法第187条第2款规定：“人民警察就其执行职务时目击的犯罪情况作为证人出庭作证，适用前款规定”。当侦查人员在执行任务的过程中发现有关案件事实，应该出庭作证，就自己所了解的案件事实向法官说明。这主要基于以下两点考虑：其一，侦查人员经常与犯罪活动打交道，在其日常履行职务时能发现大量犯罪事实，因此侦查人员出庭作证有助于查明案情；其二，侦查人员由于长期从事侦查工作，对犯罪活动有着别于常人的敏锐性，更能发掘有关案件线索。这时，侦查人员扮演的是证明“犯罪事实”的证人。

由此可见，虽然侦查人员出庭作证，有时也担负着证明案件客观事实的义务，但其与普通证人作证的内容存在着明显差别。

第一，与证人相比，侦查人员出庭作证的身份具有双重性。诸如在非法证据排除程序中，侦查人员出庭作证不仅是陈述案件事实，而且也是就其侦查行为接受司法审查。基于这一点，我们可以认为侦查人员实际上也是司法审查之诉的被告。[2]

第二，侦查人员作证范围不同。证人出庭作证是就其所了

---

〔1〕参见陈瑞华：《看得见的正义》，中国法制出版社2000年版，第79～91页。

〔2〕王超：《警察作证制度研究》，中国人民公安大学出版社2006年版，第5页。

解的客观事实作证，其证明的内容局限于案件实体部分，其主要解决的问题也只是证据的客观性和关联性问题。[1]而侦查人员出庭作证的内容既可以是定罪事实部分、量刑事实部分以及程序事实部分，其解决的问题除证据的客观性和关联性外，还涉及证据的合法性问题。

第三，侦查人员作证义务来源于其职务行为。证人的出庭作证义务一般来源于偶然因素的介入，其因偶然因素感知了案件事实，因此担负着帮助司法机关查明案件真相的义务。与证人不同，侦查人员是基于其侦查员的身份介入到案件事实当中参与调查取证，因此了解案件实体事实和程序事实。而侦查人员的侦查行为具有公务性、法定性的特征。因此，其作证义务的来源是其职务行为。

（二）侦查人员出庭的运行

侦查人员出庭作证在我国的运行情况并不尽如人意，存在多方面的困惑。

第一，以“情况说明”代替侦查人员出庭不具有合理性。在早期，学界的通说认为侦查人员不具备作为证人的条件。例如有些学者认为侦查人员如果充任案件证人，则与他们的诉讼职责相背离，这样可能会使案件不能得到公正的处理。[2]而且，在《刑事诉讼法》第28条当中又规定侦查人员回避的情形包括“担任过本案的证人、鉴定人、辩护人、诉讼代理人的”。侦查

〔1〕 何家弘、方斌：“论侦查人员出庭作证范围的科学界定”，载《中国刑事法杂志》2010年第10期。

〔2〕 王超、周箐：“杜培武案的证据学思考”，载《汕头大学学报（人文社会科学版）》2003年第1期。

人员是否具有作证资格的问题一直存在争论。因此，在实践中需要侦查人员作证，多以出具“情况说明”的方式对相关问题进行解答。而一般情况下，法官都会采纳这种“情况说明”。[1]但是这存在不合理之处。“情况说明”由侦查机关出具，加盖侦查机关印章并由侦查人员签字，其内容旨在对其工作内容进行解释，其必然会对侦查机关自身有利。在理论上，“情况说明”是否属于证据以及属于何种证据等问题都存在疑问。而且，以“情况说明”代替侦查人员出庭作证，使辩护方无法进行质证。因此，特别是在2012年《刑事诉讼法》明确了侦查人员作证义务的情况下，摈弃“情况说明”的传统，逐步要求侦查人员出庭作证并提供证言才是合理的选择。

第二，在实践层面表现为侦查人员出庭率低。侦查人员出庭自2012年《刑事诉讼法》实施至今已有些时日，但是侦查人员出庭情况依然不是很乐观。根据有关数据显示：北京市所有法院一共受理了10 958起刑事案件，其中9692件已结案。全市上半年共有63起由侦查人员出庭涉案人数共93人的刑事案件被法院审理，案件整体数量偏低，占比约为0.6%。[2]根据《刑事诉讼法》相关规定，侦查人员出庭作证启动的情形有三种：检察院依法提请法院通知其出庭，法院依职权要求侦查人员出庭和侦查人员主动申请出庭。而在实践中，极少有侦查人员主动提出出庭。而且，即使在法院要求侦查人员出庭的情况下，侦

〔1〕陈瑞华：“论侦查人员的证人地位”，载《暨南学报（哲学社会科学版）》2012年第2期。

〔2〕柴艳茹：“侦查人员出庭说明情况调查”，载《国家检察官学院学报》2013年第6期。

查人员的出庭率也不容乐观。根据北京市的资料显示，北京市人民法院在2013年上半年共向市法制办发函20件要求侦查人员出庭，而市公安局只安排了4件5人出庭。[1]

第三，侦查人员出庭作证制度一方面容易被忽视，另一方面又有被滥用的嫌疑。法官在案件审理过程中，对于被告人及其辩护律师提出的要求侦查人员出庭说明情况的要求一般不予采纳。这主要是因为在审理期限的压力下，法官要是允许侦查人员出庭作证的申请，还需要法官向侦查机关发函，并与侦查机关进行沟通协调。在目前法院尚处于弱势地位，其请求很可能被无视。侦查人员无法出庭，无疑会拖慢诉讼进度。另外，被告人及其辩护人也有滥用权利之嫌。非法证据排除规则被视为辩护策略中的一个重要手段，成为被告人的最后一根救命稻草，然而被告人及其辩护人却不顾及是否真有非法取证的事实直接提起非法证据排除。其提起非法证据排除，只是为了拖慢诉讼进度，这无疑会给法官审理案件造成困扰，使法官不愿接受辩护方的非法证据排除的申请。

第二节　对我国刑事司法机制的反思

一、卷宗中心主义

（一）卷宗制度概述

在大陆法系国家，卷宗笔录是对刑事诉讼各个环节的记录，

---

〔1〕柴艳茹：“侦查人员出庭说明情况调查”，载《国家检察官学院学报》2013年第6期。

也是法官进行裁判的最主要依据。[1]而纵观世界各个法治国家对待卷宗笔录的态度，可以大体分为三类：

第一，在大陆法系国家主要采用的“卷宗移送主义”。所谓“卷宗移送主义”是指检察机关在向法院起诉案件时，既要提交起诉书，又要将本案证据所形成的卷宗材料一并移交给法院。在大陆法系国家的刑事诉讼流程中，侦查、起诉和审判环节的司法活动和所采集的证据都要以书面的方式记录，并形成卷宗材料。而法官的裁判依据正是这些材料。在侦查环节，侦查机关收集犯罪嫌疑人实施犯罪的证据，对其讯问的笔录和证人笔录是构成卷宗的主要内容。而且卷宗的内容务必十分详细，例如讯问犯罪嫌疑人的笔录必须精确到几时几分，笔录内容要与被讯问人的叙述完全一致且有被讯问人签名。而与案件紧密相关的书证、证人证言往往形成于侦查环节，因此侦查卷宗在刑事诉讼环节中有着至关重要的地位，是定案的主要依据。而当侦查卷宗进入公诉环节后，作为“法律守护人”的检察官会对卷宗材料严格进行把关，并根据证据材料，决定是否提起公诉。在有些大陆法系国家，还设立有预审环节，即在公诉方提起公诉后，案件卷宗先到预审法官处，由预审法官对案件卷宗进行审查，决定哪些卷宗材料可以进入庭审环节。[2]在“卷宗移送主义”国家，围绕着卷宗的刑事诉讼程序大体上就是如此运作的。

---

〔1〕 参见［英］麦高伟、杰弗里·威尔逊：《英国刑事司法程序》，刘立霞等译，法律出版社2003年版，第4页。

〔2〕 参见宋英辉、孙长永、刘新魁：《外国刑事诉讼法》，法律出版社2006年版，第284页。

第二，在英美法系国家主要流行的“起诉状一本主义”所谓“起诉状一本主义”，是指公诉方在起诉时，只需向法官提交起诉书，而无需提交其他任何可能使法官产生预断的材料。[1]“起诉状一本主义”以日本为典型代表，且“起诉状一本主义”也正是日本所独有的表述，在英美法系国家并没有此术语。不过，我们不能因此说“起诉状一本主义”在英美法系国家并不存在。这是因为，在英美法系国家，确立了证据开示、预审、非法证据排除和交叉询问等一系列排除法官预断的程序，与“起诉状一本主义”有着异曲同工之妙。而且日本法上的“起诉一本主义”也是在二战后，继受英美法系的诉讼制度，改造之前的“卷宗移送主义”所形成的“起诉一本主义”。因此，我们可以认为，渗透着排除预判精神血液的英美法系国家的卷宗移送模式主要采取“起诉状一本主义”。[2]

第三，混合模式。所谓混合模式，是指在“卷宗移送主义”和“起诉状一本主义”两者的基础上各退一步。案件卷宗不需要全部移送，但也并非仅仅移送一份起诉书，而是将主要证据复印件随起诉书一起移送。我国 1996 年《刑事诉讼法》正是其中的典型代表。

（二）卷宗制度的立法变迁

在我国，卷宗在刑事诉讼中发挥着重要作用。在职权主义的审理模式下，法官以追求客观真实为目的主导审理过程。而

---

〔1〕 参见卞建林、孙锐：“诉审关系论辩——兼论对诉审关系异化的程序性抑制”，载《环球法律评论》2006 年第 5 期。

〔2〕 参见孙长永：《探索正当程序——比较刑事诉讼法专论》，中国法制出版社 2005 年版，第 313 页。

卷宗是记录侦查、起诉和审理每一个环节的详细文本，其对法官查明案件事实有着重要作用。这也造成了法官审理案件过于依赖卷宗笔录，庭审流于形式化。因此，在1996年《刑事诉讼法》修改中，为了减轻法官审理案件时对卷宗的依赖，避免法官在庭审前对案件有先入为主的预判，使庭审流于形式，因此，1996年《刑事诉讼法》一改1979年《刑事诉讼法》的“起诉时全卷移送”制度，采用了只“移送证据目录、证人名单和主要证据复印件”的“复印件主义”。[1]

这次立法修改获得了学界不少赞扬声。陈光中教授指出：“此次立法修改，有效地解决了法官未审先判，庭审流于形式主义等问题，有利于直接言词原则的贯彻，保障法官居中裁判，实现司法公正”。[2]但是也有学者提出进一步的要求，要求在“复印件主义”上更进一步，实现“起诉状一本主义”，以此来斩断法官审理案件时对卷宗的依赖，实现真正的对抗制庭审。[3]然而，刑诉法的修订却并未向这个方向发展。

在2012年中，我国又重新确立了“卷宗移送主义”，废除了之前的“复印件主义”。其主要是基于以下几点考虑：其一，确立“复印件主义”的原意就是担心法官提前接触全部卷宗使其产生预判，从而影响法官中立审判。但是在移送主要证据复印件的模式下，反而更容易使法官产生被告人有罪的预判。这

---

〔1〕 参见胡莲芳：“卷宗移送主义：对理想的妥协还是对现实的尊重——2012年刑事诉讼法确立卷宗移送的正当性”，载《西北大学学报（哲学社会科学版）》2013年第3期。

〔2〕 陈瑞华：《刑事诉讼的中国模式》，法律出版社2008年版，第111~113页。

〔3〕 参见张泽涛：“我国现行刑事诉讼法第150条亟需完善”，载《法商研究》2001年第1期。

是因为，哪些证据是“主要证据”，需要将其复印件移送至法院，完全由孜孜不倦地追究被告人罪行的公诉人决定。这无疑会使公诉方在移送主要证据方面，会倾向于移送可以认定被告人罪行的证据，使法官在审判前对被告人产生有罪的预判。[1]其二，“复印件主义”无形中削弱了律师的辩护权利。虽然立法一再加强律师的辩护权利，但是在刑事诉讼中，律师处于相对弱势一方是无可争议的。然而在采取“复印件主义”的情况下，律师在审查起诉阶段仍然无法查阅卷宗的全部内容，依然对公诉方掌握多少证据并不知情，很难有效地开展针对性的辩护，从而进一步加剧了控辩双方地位的失衡。

也正是基于以上两点，“复印件主义”的运行与立法者当初的设想相差甚远，“复印件主义”也到了不得不改革的时候了。但是，2012 年《刑事诉讼法》修改没有采纳“起诉状一本主义”，而是选择“卷宗移送主义”。一方面是基于现实的无奈选择，另一方面是因为“起诉状一本主义”也有缺陷。

第一，“起诉状一本主义”与我国的现状不符合。“起诉状一本主义”要求在庭审实质进行、控辩双方平等对抗的前提下，为避免干扰法官居中裁判而选择的卷宗移送制度。然而，我国的诉讼模式尚处于“以侦查为中心”，直接言词原则尚未得到贯彻，庭审呈现形式化特点，辩护方地位相对弱势。因此，在这样的背景下，实行“起诉状一本主义”不仅不能发挥其应有作用，还会增加法官审理案件的负担。同时由于证据未移交法院，

---

〔1〕 参见胡莲芳：“卷宗移送主义：对理想的妥协还是对现实的尊重——2012 年刑事诉讼法确立卷宗移送的正当性”，载《西北大学学报（哲学社会科学版）》2013 年第 3 期。

律师无法查阅卷宗，侵害了律师的知悉权。

第二，“起诉状一本主义”存在着固有的缺陷，其运行与制度初衷相违背。设置“起诉状一本主义”的目的在于保障与落实直接言词原则和以审判为中心等现代诉讼价值。然而，因为“起诉状一本主义”的一步到庭的审理模式，容易使法官准备不足，难以对案件形成有效的判断，从而造成“间断式审理”“诉讼拖延”等违背现代诉讼理念的顽疾。[1]而这些问题的出现也吞噬了“起诉状一本主义”应有的价值。

（三）我国“卷宗移送主义”的反思——基于直接言词原则的考察

深入推进贯彻直接言词原则，建立以审判为中心的诉讼制度是我国这一轮司法改革的重要任务之一。而在刑事诉讼中，卷宗制度的完善是确保实现这一任务的关键所在。虽然全卷移送的“卷宗移送主义”并不等于间接书面审理，“起诉状一本主义”也不等同于直接言词审理，但是这并不能说明2012年《刑事诉讼法》对“卷宗移送主义”的修改就尽如人意。“卷宗中心主义”的确立使“卷宗中心主义”的审理模式又逐渐得到认可，并逐渐恢复其正统思想地位。然而“卷宗中心主义”存在着诸多缺陷，并和其他一些因素一起互相作用，直接制约着直接言词原则的建立。

就“卷宗移送主义”本身而言，它存在着诸多问题：

第一，在我国，卷宗制作主体呈现官方垄断性。卷宗的记

〔1〕 参见陈卫东、韩红兴：“慎防起诉状一本主义下的陷阱——以日本法为例的考察”，载《河北法学》2007年第9期。

录反映着案件事实，往往是法官进行审理的主要依据。但是，在我国，作为侦查机关的公安机关和审查起诉的检察机关对卷宗的制作具有垄断性。作为辩护方的犯罪嫌疑人、被告人及其律师对于卷宗材料的形成起着微乎其微的作用，其所持有的有利于自己的证据很难附卷。即使2012年《刑事诉讼法》明确了律师意见的附卷权，但是在实践中也沦为形式，实际上难以发挥作用。而在德法等大陆法系国家中，卷宗制作的权力并不被国家机关所垄断，而是由控辩双方所共享。犯罪嫌疑人、被告人及其律师可以对卷宗的制作施加积极的影响。其可以阅读卷宗中的证据材料，对证据材料提出异议，而且辩护律师可以主动提出意见和异议，并要求这些意见和异议载入卷宗。[1]在卷宗制作由控诉一方主导，而犯罪嫌疑人、被告人并没有太多话语权的前提下，加之卷宗又是法官审理案件的主要依据，那么法官很难做到居中裁判，其不自主的就会偏向于控诉一方，这样就加剧了辩护方的弱势地位。

第二，卷宗的公开时间和程度都制约着辩护方的权利。在我国，侦查被视为一项秘密的活动，侦查机关担心犯罪嫌疑人知悉案情后会采取一些规避侦查的手段，从而增加案件办理的难度。因此，我国在卷宗的公开时间上相对滞后，在公开程度上也相对保守。在侦查阶段，我国的侦查卷宗是不公开的，犯罪嫌疑人及其律师无法知悉卷宗内容。2012年《刑事诉讼法》第36条仅仅赋予了律师可以向侦查机关了解犯罪嫌疑人涉嫌罪

〔1〕 参见左卫民："中国刑事案卷制度研究——以证据案卷为重心"，载《法学研究》2007年第6期。

名和有关情况的权利。而只有到了审查起诉阶段，律师才可以依据《刑事诉讼法》第 38 条的规定查阅、摘抄和复制卷宗材料。在此阶段，律师虽然享有此项权利，但在实际运行中仍然受到诸多刁难，其权利行使依然困难。但是，在德国、法国等大陆法系国家，律师在侦查阶段的阅卷权利基本得到满足，律师甚至可以复印、摘录卷宗内容，并将其交给犯罪嫌疑人。在德国法上，如果被告人未委托辩护人，在满足特定条件下，侦查机关可以将侦查卷宗的副本给予犯罪嫌疑人。在法国法上，除涉及国家安全的犯罪，律师在侦查阶段的阅卷请求基本都能得到满足，即使有碍侦查，律师也可以阅卷。

第三，卷宗在法庭审理中起到重要作用，有书面审理之嫌。直接言词原则的根本核心在于庭审的实质化。而庭审实质化就是要求法官的采证活动是在庭审过程中完成的。但是，在我国目前的刑事诉讼中，法官有着对卷宗的天然依赖，其对案件的了解主要是来源于卷宗材料，而并非庭审过程。于是，庭审过程无非就是变得可有可无，而直接言词原则则成了一纸空文。

而“卷宗中心主义”不仅本身对直接言词原则的建立有着巨大的损害，并且与其他因素纠缠混合在一起，直接遏制了直接言词原则的生长空间。

第一，证人不出庭作证和卷宗中心主义互为表里，直接导致庭审的形式化。如前一节所述，因各方面原因，我国证人出庭作证率极低，这导致法官在庭审中只能依靠公诉人宣读证人证言。在庭审中无法获得有用的信息，法官的目光不得不转移到卷宗上，通过阅读、审查卷宗，来获得定案的依据。然而卷宗的制作权力往往又被控诉方所垄断，这就造成了法官在案件审理过程中，很大程度上会偏向于公诉方。当法官形成依赖于卷宗的习惯后，对于证人出庭的意愿也变得不再强烈。根据《刑事诉讼法》的规定证人是否出庭的条件之一便是法官认为证人应当出庭。但是已经从卷宗中获得答案的法官现不再需要证人出庭作证，继而庭审过程会变得更加可有可无，直接言词原则的存在基础被逐渐抽空。其次，卷宗中心主义加强控辩双方失衡的法律地位。卷宗中心主义实际上是以侦查为中心的审理模式在卷宗制度上的体现。在以侦查为中心的审理模式下，法庭审理只是确认侦查机关的侦查结果的最后一道程序。而在卷宗中心主义中，实际上法院所扮演的角色也只是检查卷宗中材料是否齐全，如果材料足以指控罪行，法官会径自认定被告人有罪。在这种模式下，法官并非是客观中立的，而法庭审理更像是追究犯罪嫌疑人、被告人罪行的最后一个环节，法院通过和公安机关、检察机关分工合作，共同追究被告人的罪责。然而，在这种思维影响下，犯罪嫌疑人、被告人及其律师的辩护权利很难得到保障。即使法律赋予辩护方再多的权利，在这种侦查机关主导、以卷宗为中心的审理模式下，辩护方很难与公诉机关相抗衡。而控辩双方平等对抗是实现直接言词原则的必要充分条件。因此，建立直接言词原则，必须要改变卷宗中心主义的现状。

综上所述，笔者认为，卷宗中心主义既是当前我国刑事诉讼的实际情况，也是目前司法环境下无奈的选择。但是，卷宗中心主义无疑会加强庭审的形式化，使法官亲历证据变得不太可能。而且卷宗中心主义会使法官不自觉的偏向控诉机关，加剧本不平衡的控辩双方关系。因此，卷宗中心主义是当前建立直接言词原则，以审判为中心的诉讼模式的司法改革道路上的一大阻碍。

二、司法行政化

（一）司法行政化定义

所谓行政司法化，就是以行政的结构、运行方式、操作手段代替司法的运行方式，以行政方式操作司法。[1]而司法行政化现象的出现是由于对司法规律认识不足以及司法机关与行政机关界限模糊所造成的，它往往会导致直接言词原则被架空。

司法与行政是不同的国家职能，两者之间存在较大的差异：

第一，司法与行政的目的不同。行政的目的在于管理与效率；而法律只是规定行政机关的权力和行政行为的界限，行政并不以恪守法律为终极目的。司法则是以适用法律为目的，通过适用法律解决个案纠纷，来建立和维系公正合理的社会关系和法律秩序。[2]

第二，司法与行政的内部结构不同。行政的内部结构的基本原则便是“上命下从”，行政内部关系是上级领导下级，只有在这种关系下，才能保证行政的管理与效率的目的实现。而司法往往是个案处置，需要法官对个案的具体情况进行分析、判断。因此为实现个案正义，就不得不承认法官具有独立地位，其判断不受其上级所左右。正如马克思所言：“法官除了法律之

〔1〕 参见张卫平：“论我国法院体制的非行政化——法院制度改革的一种基本思路”，载《法商研究——中南政法学院学报》2000年第3期。

〔2〕 参见龙宗智、袁坚：“深化改革背景下对司法行政化的遏制”，载《法学研究》2014年第1期。

外，再没有别的上司”。[1]

第三，司法与行政的权力运行结构不同。行政的权力运行结构多呈现行政机关和行政相对人两者相对关系或者行政机关内部上下级之间从属关系。而司法运行多呈现法官居中裁判，纠纷双方平等对抗的“等腰三角”关系。

第四，司法与行政中所运用的手段不同。行政管理的手段多是以统筹、协调、决策和执行为主，行政活动呈现行动性特点——既需要领导进行决策，也需要具体工作人员进行落实，需要亲身参与到具体活动中。而司法活动则是事后对所发生的事实进行调查确认，法官需要亲历证据，听取双方的意见，并根据此作出判断。因为其活动只是事后调查，其所采取的手段主要是参与庭审，亲自听取双方意见，从而做到兼听则明，公正审判。

第五，司法与行政错误的后果不同。行政活动因其追求效率的一面，所以允许有错误发生，只要在事后及时弥补即可。而司法活动往往被认为是公正的“最后一道闸门”，如果司法活动的最终结果是错误的，对司法公信力损害极大，甚至是难以弥补的。

（二）司法行政化形成原因

1. 对司法规律的认识和贯彻不足

在现代法治国家，司法独立和程序正义这两大理念深入人心，并且深刻融入司法制度。而我国对这些司法理念，在认识

〔1〕 中共中央马克思恩格斯列宁斯大林著作编译局编：《马克思恩格斯选集》第1卷，人民出版社1972年版，第7页。

上还有待进一步深化，在制度的设计和实践上也与西方法治国家有所区别。

在我国，司法独立有着两层含义：首先是法院独立。法院独立指的是法院的审判活动独立于其他任何机关、团体与个人，不受其领导和干扰。即使法院受人大监督，也只是人民法院每年就全年工作向人大作汇报，而并非个案接受人大监督。其次是法官独立，即法官独立办案，不受行政领导干扰，同样也不受上级法院的干扰。但是，在我国司法实践中，法官很难做到真正的独立。在法院内部，法官受制于行政领导。因为就像行政机关一样，法院内部依然坚持“党管干部”的原则，而作为法院党组成员的也基本都是法院行政领导，其对法官的人事任免有着举足轻重的话语权，这直接决定了法官在一定程度上受制于行政领导。基于趋利避害的考虑，法官往往会请示汇报案件，案件的审理结果也往往掺杂着对行政因素的考量。与此同时，虽然宪法规定上下级法院之间是监督关系，但实际上上级法院与下级法院在很多方面和行政上下级关系别无二致。法官在审理案件过程中，基于其判决被上级法院撤销的担忧，往往当其对判决拿不定主意的时候，都会请示上级法院。由此可见，司法的不独立，尤其是司法内部法官的不独立，直接造成了司法行政化。

程序正义更是一个被广泛论述的概念，针对它的研究可以用“汗牛充栋”来形容。但是在司法实践中，对其认识和贯彻却显得非常不足。一般而言，一个国家的法律制度受其国家意识形态的影响。达马什卡将国家意识形态分为两种：一种是回应性国家意识形态，而另一种是能动性国家意识形态。二者分别对应的司法制度又分为协作理想型和科层制理想型。[1]前者对应的是英美法系国家的司法形态，而后者则是大陆法系国家的司法形态。在司法理念方面，科层制理想型更具有“政策实施”的导向——将国家有关的法律政策贯彻到个案中来。而协作理想型则更多以解决个案纠纷、实现个案正义为目的。在我国，这种“政策实施”导向的司法倾向更加明显，如对于审判效果的表述经常是“法律效果和社会效果的相统一”。达到法律效果，自然是法官的分内之事，与程序正义的要求也相一致。

2. 对历史路径的依赖

在我国的传统中，司法和行政两大权力并非独立存在，而是司法权被行政权所包含，是行政权的组成部分。诚如贺卫方教授所言，一个新型事物是否能够落地生根，一方面跟其是否适应现实需要有关，另一方面也与历史传统中是否存在有利于强化该事物正当性的因素有关。[2]而我国的司法和行政混合的传统，也造就了当今司法行政化的局面。

1949 年，我国建立社会主义制度之后，一直强调着行政的主导地位。在我国，不仅法院、检察院，就连本应是社会自治机构的社会团体也被当作行政机关来对待。而且，我国的社会主义建设进入过一个曲折探索时期。在这一时期，司法制度也遭到极大的破坏，检察院被撤销，律师辩护制度也被废除，而惩治犯罪成为了法院及其工作人员的任务。与此同时，法院也

---

〔1〕 参见［美］米尔伊安·R. 达玛什卡：《司法和国家权力的多种面孔：比较视野中的法律程序》，郑戈译，中国政法大学出版社 2004 年版，第 130 页。

〔2〕 参见贺卫方：“中国司法管理制度的两个问题”，载《中国社会科学》1997 年第 6 期。

逐渐失去了中立审判的地位，更像是处理日常事务的行政机关。后来改革开放，逐渐恢复建立完善的司法制度，法院经历了三个“五年改革纲要”，“四五改革纲要”目前正在进行中。其中改革措施也不乏改革审判组织，改善审判管理机构，继而改善司法行政化的问题。但从目前来看，改革进度及成果仍需深化，而这一定程度上是因为历史具有巨大的惯性，想轻易改变其运行轨迹，需要耗费更长的时间。

（三）司法行政化的特征及影响

直接言词原则的目的之一就是要让案件的审理者对案件具有决定权，不受外界因素的干扰，而司法行政化对此无疑是最大的阻碍。

第一，司法目的行政化与以审判为中心相背离。司法的目的在于解决个案纠纷，实现公平正义。然而，在司法行政化的背景下，司法被赋予了诸多本不属于司法本身的任务，而以审判为中心，正是要求法官是案件的主导，对案件有着绝对的话语权。然而在这种背景下，审判为中心的诉讼模式成为了一种奢望。

第二，司法人事制度的行政化扭曲审判职能。在我国，法官与其他公务员无异，我国对法官采取“类公务员”的管理方式。法官的个人地位和待遇需要通过其行政地位上升方能上升，而其业务水平高低与其个人待遇并无联系。[1]这往往使得业务水平较高的法官的工资待遇和地位不如一些因长期在领导岗位，

---

〔1〕 参见龙宗智、袁坚：“深化改革背景下对司法行政化的遏制”，载《法学研究》2014 年第 1 期。

业务水平生疏的行政领导。同时，司法行政化还表现为法院内部存在着大量的不参与一线办案的行政人员。这些人员挤占了司法资源，使得法院实际一线办案人员不足，造成了现实中案多人少的冲突。据资料显示，某高院内部共设置了35个部门，其中21个是行政管理部门，其余14个才是审判和执行部门。而且有些时候，业务法官还需要兼顾一些行政管理部门的工作，同时承担本业务部门的行政事务。[1]在这种行政机构膨胀的司法机构内部，审判职能很大程度被扭曲，甚至从事审判活动的法官地位不如从事行政管理的人员。

第三，案件审判的行政化严重违背了直接言词原则。法官亲历证据，听取证人证言和控辩双方陈述申辩，并以此作为定案的依据，这是直接言词原则的要求。但是在司法行政化的审判模式下，法官亲历证据并不具有实际意义。而“审者不判，判者不审”的审理模式更是对直接言词原则的违背。

在我国，审判行政化最为典型的代表之一是审判委员会制度，这在前文已经详细论述。而且审判程序的行政化也直接造成了亲历证据的法官对案件并没有多大的话语权。这些行政化的程序又多是法院内部程序，不易被察觉，其影响却巨大。首先，是案件的协调程序。但凡遇到重大案件，案件的审理有着极大社会影响力，往往党政机关就会介入。同时公检法三个部门之间也会相互协调，从而在一定程度上影响案件的审理结果。其次，是案件的审批程序往往会代替合议程序。合议程序是指

[1] 参见龙宗智、袁坚：“深化改革背景下对司法行政化的遏制”，载《法学研究》2014年第1期。

参与案件、亲历证据的合议庭组成人员坐在一起，平等地进行讨论，各自抒发对案件的个人意见。而审批程序则是作为案件的审理者，要向没有参与案件审理的业务领导汇报工作，并由业务领导来决定案件的结果。这种审判分离的模式，是与直接言词原则相违背的，也难谓正义。

综上所言，司法的行政化是由于法官不具有独立地位，程序正义没有真正得到贯彻落实，再加上我国传统的历史惯性所造成的。因为司法行政化与直接言词原则的背道而驰，使审判分离的情况在现实中大量存在，它对中国的法治化进程起着极大的负面作用。

三、控辩失衡

（一）控辩关系在我国刑事诉讼法中的体现

1979 年《刑事诉讼法》具有强烈的职权主义色彩。公检法三机关更像是以追究犯罪为目的的流水线上的三个分工者，控诉方的优势地位明显，辩护方相当弱势。经过 1996 年、2012 年的修改，《刑事诉讼法》逐渐增加辩护方的权利，以改善控辩失衡的状况。其主要表现有：

1. 在侦查阶段，律师可以介入诉讼

侦查阶段，犯罪嫌疑人具有聘请律师的权利。这点在我国《刑事诉讼法》第 33 条中有明确的规定。[1]该条文规定了侦查机关的告知义务，同时也明确了律师在侦查阶段就可介入案件。

---

〔1〕《刑事诉讼法》第 33 条规定：“犯罪嫌疑人自被侦查机关第一次讯问或者采取强制措施之日起，有权委托辩护人；在侦查期间，只能委托律师作为辩护人。……犯罪嫌疑人、被告人在押的，也可以由其监护人、近亲属代为委托辩护人。……”

在侦查阶段，律师具有提供给犯罪嫌疑人法律咨询以及为犯罪嫌疑人提出变更强制措施的申请等相关权利。

2. 会见、通信权

会见、通信权是指律师享有与在押以及被监视居住的犯罪嫌疑人会见、通信的权利。会见权是辩护权的核心和基础。只有允许律师同犯罪嫌疑人会见、通信，以此了解案情，律师才能更好地展开辩护。如果律师的会见、通信权受限，律师无法从被代理人处获得有效信息，而从侦查机关获取信息又会受到层层障碍，其辩护工作就无从开展。

我国《刑事诉讼法》第 37 条规定：辩护律师可以同在押以及被监视居住的犯罪嫌疑人、被告人会见和通信。[1]当然法律也规定有例外情形。当犯罪嫌疑人涉嫌危害国家安全犯罪、恐怖活动犯罪、特别重大贿赂犯罪时，在侦查阶段，辩护律师应当向侦查机关申请，由侦查机关许可，方能会见在押的犯罪嫌疑人。而所谓“特别重大贿赂案件”，《人民检察院刑事诉讼规则（试行）》第 45 条的规定有所体现。[2]在这些犯罪的侦查活动中，限制律师的会见权主要基于案件侦查的保密性考虑。在其他国家，涉及国家安全的犯罪案件在侦办时，往往也会对律师权利进行限制。

---

〔1〕《刑事诉讼法》第 37 条规定：辩护律师可以同在押以及被监视居住的犯罪嫌疑人、被告人会见和通信。当辩护律师持律师执业证、律师事务所证明和委托书或者法律援助的公函要求会见在押犯罪嫌疑人、被告人时，看守所应当及时安排会见，至迟不得超过 48 个小时。

〔2〕《人民检察院刑事诉讼规则（试行）》第 45 条规定：“特别重大贿赂案件”是指具有下列情形之一的犯罪：①涉嫌贿赂犯罪数额在 50 万元以上，犯罪情节恶劣的；②具有重大社会影响的；③涉及国家重大利益的。

另外，律师与犯罪嫌疑人进行会见时具有不被监听权。此处涉及的不被监听，既包括不被技术手段所监听，也包括不被侦查人员或在场人员所监听。[1]根据公安部发布的《公安机关办理刑事案件程序规定》，辩护律师会见犯罪嫌疑人时，侦查机关不得派员到场、不得监听。律师在会见犯罪嫌疑人时，享有聘请翻译人员的权利，但是需要经过公安机关的许可。翻译人员参与会见，看守所或监视居住执行机构要检查其公安机关相关许可决定书。

3. 获取证据的权利

在控辩双方平等对抗的情况下，辩护方想要和国家机关相抗衡，其最有利的武器便是获得有利于犯罪嫌疑人、被告人的证据。而犯罪嫌疑人、被告人往往由于人身自由受限以及不具备相应专业知识，往往无法完成取证工作。因此，这时律师就成为最好的取证主体。

根据我国刑事诉讼法的规定，在证人以及相关单位同意后，律师可以通过他们对案件相关证据和材料进行收集与获取。在自身取证困难时，也可以申请人民法院、人民检察院帮助调取相关证据，或向人民法院提出申请，要求证人出庭作证。当人民法院根据律师的申请，收集或调取了有关证据，应该及时通知律师查阅、复制或摘抄，同时告知人民检察院。在向被害人收集证据时，律师经人民法院、人民检察院的许可，并经被害人同意，可以向其收集有关案件的相关证据材料。

---

〔1〕 参见陈光中主编：《刑事诉讼法》，北京大学出版社、高等教育出版社2013年版，第148～149页。

在律师收集证据的时间点上，《刑事诉讼法》明文规定在审查起诉阶段，律师具有收集证据的权利。在侦查阶段，律师是否具有收集证据的权利，《刑事诉讼法》并没有明确规定。但是，可以通过其他规定推定，律师在侦查阶段也享有调查取证的权利。根据《刑事诉讼法》第40条规定："辩护人收集的有关犯罪嫌疑人不在犯罪现场、未达到刑事责任年龄、属于不负刑事责任的精神病人的证据，应当及时告知公安机关、人民检察院"。《人民检察院刑事诉讼规则（试行）》中明确，在人民检察院侦查、审查逮捕和审查起诉时，辩护人收集上述证据，告知人民检察院的，人民检察院相关办案部门应当及时审查。《公安机关办理刑事案件程序规定》也要求对于上述证据，应调查核实，并将有关情况附卷。而如果在侦查阶段，律师没有取证权，那么律师就无法将其获得的有利于犯罪嫌疑人证据告知公安机关或人民检察院的侦查部门。而且按照国际通行做法，在侦查阶段，律师一般都享有调查取证的权利。在法国《刑事诉讼法典》中，也并没有侦查阶段辩护律师调查取证的权利，但是在实践中实际享有此权利。〔1〕因此，应该认定自侦查阶段起，被告人就享有调查取证权。

4. 阅卷权

依照刑事诉讼法相关规定，人民检察院对案件进行审查起诉之时起，律师便可对卷宗材料进行复制、查阅或者摘抄。但是依法不公开的材料，诸如合议庭讨论笔录、审判委员会的讨

〔1〕 参见陈光中、于增尊："关于修改后刑事诉讼法司法解释若干问题的思考"，载《法学》2012年第11期。

论笔录都应不公开。[1]对于律师申请调阅卷宗，人民法院和人民检察院都应该提供方便。在复印卷宗过程中，可以采用拍照、扫描等手段。复印卷宗材料的，人民法院、人民检察院只能收取工本费。

5. 提出辩护意见的权利

根据《刑事诉讼法》第35条的规定："辩护人的责任就是根据案件事实和法律，提出犯罪嫌疑人、被告人无罪、罪轻或者减轻、免除其刑事责任的材料和意见"。由此可见，提出辩护意见是辩护律师的主要责任。

在侦查阶段，辩护律师可就犯罪嫌疑人涉嫌罪名以及该案件的一些相关情况对检察机关进行了解，并提出相关意见。"六部门"联合出台的相关规定，又进一步细化了在侦查阶段辩护律师能够了解到以下的内容：犯罪嫌疑人所涉嫌罪名及当时已经查明的案件主要事实，和对犯罪嫌疑人采取强制措施的情况。在对案件的侦查阶段结束前，对于辩护律师所提出的要求，侦查机关对其意见应予以听取，并对其进行记录。若辩护律师以书面形式提出意见，则需附卷。

人民检察院在审查批准逮捕阶段，可以听取辩护律师的意见；辩护律师提出要求的，应当听取辩护律师的意见。在案件侦查终结前，辩护律师提出要求的，侦查机关应当听取辩护律师的意见并记录在案。人民检察院在审查起诉阶段，对辩护人的意见应该听取并记录在案。辩护人提出书面意见的，应当附卷。

---

〔1〕 参见陈光中主编：《刑事诉讼法》，北京大学出版社、高等教育出版社2013年版，第149页。

6. 职业保障权

根据《律师法》的有关规定：律师在依法履行辩护职责时，受到国家法律保护，其人身权利不受侵犯。律师在职业过程中所发表的辩护、代理意见不受法律追究。当然，其发布危害国家安全、恶意诽谤他人、严重扰乱社会秩序的言论依然会受到法律的追究。律师的执业只有得到充分的保障，才能使其可以无后顾之忧地行使辩护权。

（二）控辩失衡的困境体现

在我国刑事立法中，其以发现实体真实、打击犯罪为目标导向，法院也被视为惩治犯罪流水线上的一个工作者，无法做到真正的客观中立。再加上侦查机关和起诉机关作为国家机关，相较之犯罪嫌疑人、被告人有着天然的优势。因此，犯罪嫌疑人、被告人的地位显得非常弱势。虽然立法几经修改，赋予了犯罪嫌疑人、被告人相应的权利，但是其依然难以对抗强大的控诉机关。

1. 检察机关职能具有双重性

在我国，检察机关既担负着出庭支持公诉、指控犯罪的职能；同时又是法律监督机关，负责监督法院是否依法裁判。虽然，检察机关作为法庭审理的其中一方，其对案件的审理过程最为了解，如果发现不法行为，可以及时行使其法律监督职能。但是，这也往往使检察机关的权力过大，而难以得到有效的制约。因为法律监督权的存在，法院在行使裁判权的时候也会心存畏惧，顾虑自己的判决会被检察院推翻，在其审理过程中，不免在一定程度上倾向于认可控诉一方意见。当法官尚对控诉方心存畏惧的情况下，辩护方的弱势地位可想而知。因此，这一种集控诉职能与法律监督职能于一身的制度，不利于案件得到公正审判，也加剧了控诉双方地位的不平等。针对我国检察机关权限这一问题，联合国经济及社会理事会在《公民权利和政治权利包括酷刑与拘留问题》中指出，中国检察机关在承担控诉职能的同时，又同时兼具法律监督职能，这一设置使法院被置于检察机关之下，其审判功能受到检察机关的制约。而检察机关本应是刑事诉讼中提起控诉的一方，在法庭上正常举证质证，进行答辩。它不应该既当“运动员”，又当“裁判员”，这样很难保证公正。〔1〕

2. 公检法三个部门分工负责、互相配合、互相制约

同为司法工作部门的公安机关、人民检察院和人民法院具有天然的亲密关系，而作为辩护方的个人和单位自然是“外人”了。根据我国《刑事诉讼法》的规定，在刑事诉讼活动中，公检法三机关需要分工负责，并且相互间是一种既配合又制约的关系。而此规定一定程度上也确立了我国刑事司法的“流水作业式”的处理模式。〔2〕然而，司法权只有处于一个超然地位，其地位应高于参加庭审的控辩双方，且权力行使要得到各方尊重，并在不受外界因素干扰情况下才能保持独立公正。〔3〕但是，在我国，控诉机关和审判机关地位被认为是平等的。我国的司

---

〔1〕 See “Economic and Social Counci: Civil and Political Rights Including the Questions of Torture and Detention”, Report of the Working Group on Arbitrary Detention (Addndum) Missionto China, E/CN. 4/2005/6/Add. 4, 29 December 2004.

〔2〕 参见陈瑞华：《刑事诉讼的前沿问题》，中国人民大学出版社 2000 年版，第 231 页。

〔3〕 参见徐显明：“依法治国与司法体制改革研讨会纪要”，载《法学研究》1999 年第 4 期。

法理念中，认为控诉机关和审判机关都是司法“流水作业线”上的工作者，其地位并没有高低之分。由于检察机关法律监督权的存在，使得法院被置于检察机关之下。而且在我国的刑事审判工作中，常常会受到多方面的干扰：行政机关、党委领导往往会过问个案，即便未予以指示，但在无形中也对个案进行了干预，这也加剧了审判的行政化。有些个案，经常有领导因为社会影响问题，帮助协调案件诉讼问题，甚至召开公检法三长会议，使得法院在一些存有争议和疑点的案件审判上或多少受影响。《法官职业道德基本准则》规定了法官的伦理规范，要求法官在审理案件过程中，不得与当事人接触。在民事案件中，这一规定很好理解。作为审理案件的法官不得与原被告双方进行接触。在刑事案件中，法官自然不得与被告人进行接触。但是，法官是否可以与公诉人进行接触，该基本准则却没有规定。在实践中，因为经常的业务关系，公诉人与承办案件法官都非常熟络，公诉人和法官之间经常接触。在案件审理过程中，公诉人往往能与法官提前进行沟通。而辩护方显然不具备这一优势。

3. 在取证、质证方面，辩护方都处于弱势地位

控辩双方平等的关键核心便是双方在取证、质证上要享有平等的权利。这是因为证据往往是刑事诉讼的核心，是证明案件事实的唯一手段。双方的诉讼活动都是围绕着证据进行的。然而，作为辩护方的律师在收集证据、质证权利上却受到重重阻碍。

第一，在取证方面，作为犯罪嫌疑人、被告人的辩护律师取证手段十分有限，而且被设置了层层障碍。律师作为个人，

其取证的手段和能力与作为国家机器的侦查机关根本无法相提并论。而且律师的取证权利也常常受到各方面的限制。律师向被害人取证时，既要经过被害人本人或其提供的证人和近亲属同意，还要经过法院或检察机关的许可，这无疑使得律师的取证权要受到控诉方的制约。而且在收集证据的时间点上，刑事诉讼法只规定了律师在审查起诉阶段具有调查取证的权利，但是在侦查阶段是否具有取证权语焉不详。虽然，我们可以结合刑事诉讼法的相关规定，推定律师在侦查阶段也具有取证权。但是，在没有法律明文规定的情况下，律师的这种取证权很可能在实践中被拒绝，而无法正常行使。那么，律师在取证的时间点上不占优势，往往到了审查起诉阶段，侦查机关已经将指控犯罪的证据固定扎实，而律师才刚刚开始取证，难免处于劣势地位。

第二，在质证阶段，辩护方依然是具有劣势的。在出示证据的过程中，律师取证的证据要经过人民法院的核实才能被采信，而控诉方所提供的证据，即使在证人不出庭的情况下也可以被采信。而交叉询问制度的基本价值便是为了保障控辩双方平等对抗，避免辩护方的询问权利被剥夺了。[1]但是在我国司法实践中，在对被告人讯问时，公诉人可以不经任何人许可，对被告人进行提问。而辩护律师向被告人提问，却要经过审判长的许可。[2]

第三，因为取证、质证方面的不平等，必然导致在认证上

〔1〕 参见龙宗智："证据开示与诉讼公正"，载《法商研究》1999年第5期。

〔2〕 参见龙宗智：《刑事庭审制度研究》，中国政法大学出版社2001年版，第312页。

不平等。侦查机关在取证方面的天然优势，再加之辩护律师取证时受到的重重阻碍，往往会使得侦查机关获得的被告人或犯罪嫌疑人的犯罪证据比较多，辩护律师却不能提供更多有关有利于当事人证据。同时在质证方面的不平等，也导致了法官对控诉方所提供的证据具有更高的关注度，在认证环节自然也更愿意采纳其证据。

4. 犯罪嫌疑人、被告人的相关权利保障也不到位

首先，在成熟的法治国家往往都会有沉默权的设置，而在我国并没有此规定。在我国，当公安机关或检察机关侦查讯问时，对方必须如实回答。这一规定使得从一开始控辩双方地位就是不平等的。其次，难以得到律师的有效帮助。根据 2012 年《刑事诉讼法》的规定，犯罪嫌疑人只有在侦查机关对其首次讯问或采取强制措施之日起才可以聘请辩护律师。而在实践中，往往案件走到这一阶段，意味着侦查机关已经掌握了确凿的证据，此时律师才刚介入调查，有为时已晚之嫌。

四、刑事司法业务考评

选择何种指标，对单位内部人员、部门进行绩效考察管理，以达到改善组织绩效、提高工作效率的目的，一直是公共管理上的难题。[1]对于中国法院，这一既要坚持审判独立又不堪司法腐败困扰的法院系统而言，一套科学有效的业务绩效关键制度是十分必要的。往往业务考评中的绩效指标，其目的是衡量

〔1〕 See RD Behn, "The Big Questions of Public Management", *Public Administration Review*, 1995, 55 (4), pp. 313～324.

考评对象的工作努力程度和工作成果，以一种“数目化”的方式表达出来。[1]而科学合理的绩效考评必然会调动法官的积极性，同时激励法官更加规范地进行司法行为。我国法院在努力改革绩效考评制度时，一直将绩效考评制度作为突出的重点。在司法改革的“一五纲要”时就提出要以法院管理制度的科学化为前提，将法官队伍打造成高素质队伍。然而，要怎样去打造一支高素质队伍，这就需要针对独任审判员和审判长建立起一系列选任、审查和考核的制度。但是建立何种审查、考核和选任机制，该规定却并不明确。在“二五纲要”中提出了一系列的改革措施，例如对法官的考评制度进行改革，对其他法院工作人员考核制度进行改革，对考评的目的进行科学的设计，对考评的方法进行完善，对法官绩效考评程序和考评标准进行统一等。而这一系列文件的公布，刺激全国各级法院开展了一场制定量化标准的运动。但是往往这些考评标准的制定，反而加剧了司法系统的行政化，与刑事诉讼法的一些基本原则相违背。以至于在2014年底，最高人民法院取消了对各省级人民法院的排名，除审理期限内结案等必要约束性指标外，其他考核指标全部取消。由此可以看出，之前的法院绩效考核的失败。

（一）法院系统业务考评的“同构性”

在我国，对法院系统进行业务考核的原因主要是在法院处理的纠纷日益增多的背景下，上级法院及法院领导通过业务考核的形式来实现对审判质量活动进行监督的目的。正如王亚新教授指出：“在旧的经济、社会体制受到强烈的冲击情况下，原

---

〔1〕 参见王怀明编著：《绩效管理》，山东人民出版社2004年版，第11～15页。

有的许多纠纷处理方式都已经不再适应新的形势，因此法院也不得不承担更多的处理纠纷的责任”。[1]随着处理矛盾的日益增多，矛盾呈现复杂多元化的特点，疏于严格遴选人才的法院队伍在行使司法权力时，尤其在司法权具有广泛裁量权时，司法公信力愈发受到质疑。如何提高审判质量，加强对法官的管理，作为决策者把希望寄存在业绩考核制度上。对于担任监督者和管理者角色的上级法院和法院的领导来说，通过绩效考评可以获取法官司法活动的各项信息，以便加强对下级法院和法官的管理。同时绩效考核指标也常常反映出法官的工作努力程度、案件审判质量，从而减少了因为信息不对称所造成的法官道德风险。[2]

在这种背景下建立的法院绩效考评制度，加之目前法院系统内部的行政化，与行政单位的绩效考评制度无太大差别，呈现出“同构化”的特点。这种现象的出现其实不难理解。在我国，法官一直被视为公务员。其中规范法官行为的《法官法》仅被认为是《公务员法》的特别法，其关于法官奖惩的规定也与公务员的奖惩是一样的。因此，在行政机关盛行的绩效考评制度也被照搬到法院系统。

（二）法院系统业务考评的“双轨制”

由于法院系统将业务考评资料视为机密，仅在内部公开，因此我们只能根据有限的资料对其考评内容进行了解。通过这

---

〔1〕王亚新：“论民事、经济审判方式的改革”，载《社会变革中的民事诉讼》，中国法制出版社2001年版，第2页。

〔2〕参见池国华：《内部管理业绩评价系统设计研究》，东北财经大学出版社2005年版，第4页。

些材料我们可以发现一个颇为吊诡，又合乎情理的现象。在法院，对于担任领导职务的法官〔1〕和普通法官的考核标准存在着明显的不同。

在我国法院系统内部，法官领导干部具有一定规模。而如何激励这一群人的工作热情，也是提高司法效率的重中之重。然而，在现实中，法院的领导干部都是当然的法官，但是对于其业务考核的机制却与普通法官大大不同。

第一，考核的主体不同。对于普通法官的考评，《法官法》中明确规定："人民法院设立法官考评委员会，法官考评委员会的职责是对法官的培训、考核、评议工作"。由此可见，对于普通法官的考核工作主要是由法官考评委员会进行的。而法官考评委员会的主任一般是法院的院长。而由于长期以来法院内部行政化盛行，审判人员受到诸如院长、副院长和业务庭长的领导和制约，其工作绩效也自然在领导的监督和掌控之下。〔2〕而对于领导干部考核，尤其是以院长为中心的党组成员的考核主体，一般有两个，一个是上级法院，而另一个是同级地方党委。

第二，考核内容上，普通法官的考核多以结案率、上诉率以及改判率等业务成绩为考核内容，并通过计算来确定法官一年的成绩，然后将这一成绩作为标准来对法官作出奖惩。通过这项制度也使得对法官的监督和制约这一目的在形式上得到了实现。而对法院领导的考察的内容与普通法官大不一样。对领导干部的主要考察内容，往往是业务工作和队伍建设双管齐下，

---

〔1〕 这里法院的领导干部，指的是院长、副院长，以及法院各个业务庭的庭长和政治处主任、纪检主任等。

〔2〕 参见王怀安："法院体制改革初探"，载《人民司法》1999 年第 6 期。

而对其工作的绩效也多是以全院或全庭的整体工作进行考评。

（三）业务考评对法治建设的阻碍

一方面，以行政机关的“数目化”绩效考评模式照搬到法院系统，加剧了法院系统的行政化。首先，如前文所述，司法工作有别于行政工作。行政工作讲究效率，因此数目化的考评目标往往能反映出行政机关效率的高低。而司法机关则注重个案的公正。而个案是否公正，很难通过数目化的绩效考评反映出来。其次，法院的上下级之间是监督关系，因此这种“同构化”的绩效模式，往往模糊化了这种监督关系，而使上下级之间呈现出一种领导和被领导的关系。最后，错误的考评目标往往侵害了法治建设。因为考核关系到个人的前途和晋升，因此每一个法官在案件审理工作中，都以考评目标为导向。而一些不合适的考评目标，则造成管理行为从提高绩效的方面走向了反方向。〔1〕

另一方面，法官的绩效考评与刑事诉讼的一些基本原则相违背。在刑事诉讼中，程序正义是几个核心原则之一。而在业务考评中，程序正义的有关规定很少有所体现。因此，在以考评为目标导向的思路下，法官有时也不会顾及程序上的有关规定，甚至公然违背程序，损害了程序正义。同时，法官有时为了追求结案率，在同时接到诸多案件时，往往会采用加快案件诉讼进度的方式，更加不注重庭审过程，对案件的了解更加依赖于卷宗，这使得庭审更加流于形式化。

---

〔1〕 参见［美］西奥多·H. 波伊斯特：《公共与非营利组织绩效考评：方法与应用》，肖鸣政等译，中国人民大学出版社 2005 年版，第 21 页。

小　结

建立直接言词原则，推进以审判为中心的诉讼制度改革是我国目前司法改革的主要任务之一。但是，在司法实践中，直接言词原则的贯彻却遇到了种种阻碍。

第一，阻碍来源于审委会制度。审委会这种“审者不判，判者不审”的对案件的决定模式，与直接言词原则所要求的亲历性相违背，使得未亲自参与庭审的审委会成员具有决定权，其审判质量难以保证。

第二，证人出庭是保证贯彻直接言词原则的基础。按照直接言词原则的要求，审判要以言词的方式进行，法官要亲历证据，询问证人，听取控辩双方的意见，而在证人不出庭的情况下，法官亲历证据的效果就大打折扣了。

第三，以卷宗为中心的审理模式，使得法官对案件的了解依赖于侦查卷宗，因此弱化了庭审的作用。而控辩双方地位的失衡又使控辩双方失去平等对抗的机会，使得庭审的效果无从发挥。

第四，司法的行政化以及行政化的考评方式，都影响到法官独立审判，继而使法官难以避免各界对其干扰，做到公正审判。

正是这些因素的存在，使得直接言词原则在我国的建立存在一些障碍。而解决这些顽疾，也是在中国建立直接言词原则的必由之路。

第六章　贯彻刑事诉讼直接言词原则的立法构想

第一节　诉讼理念的转变

建立直接言词原则并非是一蹴而就的。它既需要建立完善的制度，同时也需要司法工作人员将直接言词运用到实践中。无论是制度建设，还是实践操作，首先都要从诉讼理念的转变开始。

一、从先定后审到当庭裁判

之所以会出现先定后审的现象，主要是因为长期在以“侦查为中心”的诉讼理念影响下，法官相对于侦查机关和公诉机关处于相对弱势的地位，使得庭审在某些时刻沦为形式。同时法官在审理案件中，对侦查卷宗过于依赖，而忽视了从庭审中获取证据。法院内部的行政化，案件的请示批准，这一切都造成了庭审的“空心化”。而改变这一状况，需在司法理念上做如下努力：

1. 减轻对卷宗的依赖

在以“侦查为中心”的诉讼模式下，侦查机关对于刑事诉讼的主导性较强，其制作的刑事卷宗往往是定案的主要依据。而且刑事诉讼采用“流水线”的模式，侦查卷宗对立案侦查、审查起诉、审判三个环节起着连接的作用，这也就意味着往往侦查卷宗会不受制约进入审判环节。[1]再加之证人出庭难、庭审形式化一些主客观因素，法官自然形成了对案件卷宗的依赖，使得案件卷宗成为了主要的定案依据。无论是1996年《刑事诉讼法》修改后采用的“复印件主义”，还是2012年《刑事诉讼法》修改后重回“卷宗移送主义”，在审判实务中，法官均有机会在开庭前和第一次开庭之后阅览全卷。[2]而过于依赖卷宗造成法庭的裁判结果并非建立在庭审活动中控辩双方所出示的证据的基础上，而且辩护人的辩护意见也很难发挥应有的作用。因此，在对案件的审理过程中，法官要将工作的重心由对案件卷宗的审查转移到庭审中来。尤其是在对证人证言的审查上，不能以侦查卷宗中证人的书面证言为准，应该要求证人当庭作证，以证人出庭作证的言词证据为准。而且刑诉法也赋予了法官认为证人有必要出庭作证，要求证人出庭作证的权力。只有法官真正摆脱了对卷宗的依赖，才能逐步建立以审判为中心的诉讼模式。

---

〔1〕 参见魏晓娜：“以审判为中心的刑事诉讼制度改革”，载《法学研究》2015年第4期。

〔2〕 参见魏晓娜：“以审判为中心的刑事诉讼制度改革”，载《法学研究》2015年第4期。

2. 加强对庭审的重视

在我国审判实践中，长期令人诟病的问题之一便是“庭审的空心化”，即庭审只是走个过场，并不对裁判产生实质影响。而“庭审的空心化”往往也就造就了审判的“离心化”，使得审判活动偏离了诉讼的中心。而审判中心地位的偏移，使得侦查机关在诉讼中占主导地位，而审判机关难以起到有效的审查和监督作用。为改变这一状况，必须加强法官的“主人翁”意识。法官应当清醒地认识到，定罪量刑所依据的证据并非是侦查机关在庭审前提供的，而是在庭审活动中通过亲历证据直接获得的。法官对案件的了解，不应该是庭审前同公诉方的交流和接触而获得的，而是在庭审过程中听取控辩双方的陈述和申辩。

二、从请示办案到独立办案

目前，我国正在进行的司法体制改革，目的之一便是实现司法制度的现代化，使我国的司法审判能够更好地回应当前社会需求，司法机关能够按照自身规律来运作。而建立现代化的司法体制，首先要面对的问题便是法官独立审判问题。因此，改革的第一步应该是法官们诉讼观念的转变，从遇到案件请示汇报到独立判案。当然此思想认识的转变并非一步到位，需要在思维中厘定清楚以下几个问题：

1. 独立审判的实现需要经历一个漫长的过程

在司法实践中，法官不能够独立地行使审判权，其背后是有着深刻的历史原因和社会原因的。而且从各国的司法历程来看，独立审判这一制度的确立是曲折复杂的。因此，对于建立独立审判制度，要保持清醒的头脑，要明白其间还需要漫长的道路需要走。妄图通过出台几个文件，搞一两次试点改革就一步到位是行不通的。建立独立审判牵扯到诉讼观念的转变、现行司法体制内部去行政化以及理顺司法和行政的关系等多方面内容，可谓牵一发而动全身。因此，在改革过程中要对此问题保持清醒的认识，明白司法改革的复杂性，不可急于求成。

2. 独立审判的建立需要多方协力配合，共同努力

目前我国司法实践中，有多重因素制约着法官独立审判。真正落实法官独立审判，仅仅靠司法机关的内部改革是远远不够的。这需要社会多方力量形成合力，共同完成这一改革。尤其是在我国的政治生态中，行政权力在权力结构中占据主导地位，法检实际上为其附庸。因此，在下一步改革过程中，不仅仅是司法机关进行内部体制改革，还需要理顺和其他各个部门的关系。司法系统的人财物都要脱离地方的管理，这是独立行使审判权的前提条件。同时，社会各界都应转变观念，对于法院和检察机关的认识，不再认为其是行政权力的附属，而应该意识到司法权力是作为权力的独立一支而存在。

3. 司法责任制要深入每个司法工作者的内心

有权必有责，这是亘古不变的定理。当赋予法官独立审判的权力，也同时意味着法官需要承担相应的责任。司法责任制意味着法官要对自己所办理的案件高度负责。其不仅仅要保持绝对的客观中立，还要对案件本身高度负责，认真审视案件的每一个细节，合理的分析判断证据，避免在案件审理中出错。当出现冤假错案或者在案件审理中与当事人存在经济往来，审理案件的法官就应该承担相应的责任。当然责任制的落实，也

需要在实践中不断提升法官的素质。一方面，要培育法官的廉洁意识。法官具有良好的品行，是案件得到公正审判的基础保障。法官代表国家行使审判权力，是公平和正义的化身，法官自身品行也应与之相匹配。在司法活动中，只有刚正不阿、不徇私情、不为金钱所诱惑，才能真正保障案件得到公正审判，才能够不惧怕被追责。另一方面，法官要逐渐提升自己的业务素质。司法责任制意味着法官对于案件有着更大的责任。法官唯有不断提升自身业务水平，使其与不断变化发展的复杂社会实践相适应，才能进一步提高审判质量，使得司法真正能够满足人民需求，回应社会需要。

三、从卷宗依赖到亲历证据

卷宗依赖是以侦查为中心的必然产物。在侦查权在刑事诉讼程序中占据主导地位的背景下，对事实的认定主要依据的是侦查阶段所收集的证据，而在庭审过程中对事实展开调查就显得多余且没有必要。法官的工作也就变成了对卷宗进行审查。只要卷宗中不存在明显瑕疵，就可据此作出判决，但这是明显违背直接言词原则的。在直接言词原则的要求中，首要的便是要求法官亲历证据，并根据自己亲历的证据作出裁判。那么，法官由卷宗依赖向亲历证据转变需要做好以下几点准备工作：

1. 要从以“侦查为中心”的思维向“以审判为中心”的思维转变

在刑事诉讼中建立以审判为中心，不仅仅是制度变革，也是思维的变革。这需要制度的设计者对现代刑事诉讼的发展潮流有着准确的把握，对于如何实现公平正义有着清醒的认识。

同时，作为司法工作者也应该树立起以审判为中心的思维，意识到司法环节的每一阶段既具有独立性，又具有服务于审判的属性。尤其是在侦查阶段，侦查人员收集证据时，更应注意收集证据的合法性，以免在庭审过程中其收集的证据被排除。作为审判环节的法官应该明确自己的定位，以更严格的标准要求审查证据，发挥庭审程序的重要作用。

2. 提高法官审查证据的能力

从审查卷宗到亲历证据，对于法官最大改变就是案件审理模式的变化。这就意味着法官的审理模式从在冰冷的书面材料中寻找案件事实真相和适用法律条文，到现在亲历证据，直接对证人进行询问来获取其证言，并通过察言观色来判断证人证言的真伪，同时要求法官在庭审过程中判断证言的证明力。因此，在建立直接言词原则的大背景下，提高证据的审查能力成为了法官面对的重大课题。法官提升自身的法律素养和办案能力是内在方面，而通过制度和机制的完善能够保障法官更有成效的审查证据。首先，便是法官询问权的配置。这一点在实践中法官也是实际享有的。在控辩双方对证人进行交叉询问之后，法官就自己不清楚部分可以向证人进行补充发问。其次，允许法官庭外取证。我国法律上虽未予明示，但是根据所赋予法官的调查手段实际上可以认为赋予了法官对证据庭外调查核实的权力。[1]这一权力是对庭审中取证局限的最好补强。最后，建立合理的庭前准备程序。虽然庭前准备程序可能容易使法官产

〔1〕《刑事诉讼法》第191条规定："法庭审理过程中，合议庭对证据有疑问的，可以宣布休庭，对证据进行调查核实。人民法院调查核实证据，可以进行勘验、检查、查封、扣押、鉴定和查询、冻结"。

生先入为主的判断，但是让法官直接在庭审中对于一个完全陌生的案件作出判断也是不切实际的。因此，在庭前准备程序中，应该双方主要证据都移送至法庭，且移送的证据双方具有对等性，让法官能对案情有大致了解，也不至于产生偏见。

第二节　直接原则的贯彻

一、完善以审判为中心的诉讼制度

审判为中心是对我国司法实践中长期存在的围绕侦查展开的诉讼模式的反思与检讨。通过“以审判为中心”的审理模式的建立，贯彻直接言词原则，推进庭审的实质化，也是此次司法改革的关键环节。而如何推进“以审判为中心”是一个系统化的过程，需要深刻认识和认真研讨。对于改革的各个细节需要仔细剖析，确保改革既不偏离其设定目的，又不流于形式。

（一）以审判为中心的诉讼制度改革的原则

“审判中心主义”是指在现代法治国家中，确定被告所涉及罪名及对其量刑的决定应由审判机关依据法定的程序和方式作出，而且在刑事诉讼中，侦查和审查起诉等一切活动都应当围绕着审判的任务和目标来进行展开，尤其是侦查活动中获得的证据要经过庭审的严格审查。[1]“审判中心主义”已普遍被法治国家所接受和认可，甚至已经成为了不证自明的公理。然而

〔1〕 参见闵春雷：“以审判为中心：内涵解读及实现路径”，载《法律科学（西北政法大学学报）》2015年第3期。

“审判中心主义”在中国却存在着一定争议，主要原因在于我国长期存在着“以侦查为中心”的诉讼理念。审判活动往往流于形式，这与“以审判为中心”的要求相背。与此同时，与我国刑诉法明确了公检法三机关分工负责、互相配合、互相制约这一基本原则存在紧张关系。因此，要在中国确立“以审判为中心”的诉讼制度，要巧妙的处理好理想与现实、改革目的与现行法律之间的关系。因此，在推进“以审判为中心”的制度过程中，应该坚持以下原则和认识：

1. 以审判为中心其实质是在诉讼全过程中确立服务审判的宗旨

确立服务审判宗旨就是指从刑事诉讼启动之时，侦查活动、审查起诉活动都围绕着庭审活动展开，其诉讼活动的目的是获得经得起庭审审查的证据材料，在任何一个诉讼环节，均以司法审判标准为中心严格把关。而确立服务审判的宗旨，主要是基于以下几点：

第一，确立服务审判的宗旨是与现行法律相一致的。根据我国《刑事诉讼法》的有关规定，侦查终结、审查起诉和最后的定罪量刑的标准是统一的，都是要达到“事实清楚，证据确实、充分”的证明标准。这足以证明，我国以立法的形式明确了在侦查阶段和审查起诉阶段，所要达到的证明标准都要满足司法审判的标准。三者的证明标准具有同一性，而非递进关系。这也就要求在侦查环节、审查起诉环节就要树立服务庭审的目的，提高案件侦办质量。而这种严格的证明标准，既有利于实体真相的发现，更有利于制约公权力机关的权力，保障犯罪嫌疑人、被告人的权利。[1]

第二，审判具有终局性，这也决定了诉讼活动必须以服务审判为宗旨。无论是侦查活动还是审查起诉，其活动都不具有终局性，其结果经过其后程序的审查和甄别，是可以被推翻的。而审判活动具有终局性，其结果一旦形成，具有不可逆性。而且，在侦查和审查起诉活动中，其所收集的证据合法性、认定事实是否准确，并非其自身可以判断的，而是要经过司法审判程序的审查，从而最终进行判断，把抽象的法律的规则落地为具体的司法标准。[2]从而，审判活动在整个诉讼过程中的重要性就突显出来。因此，在审判活动的前置程序中，就要严格地贯彻服务审判的宗旨，以审判的司法标准严格要求侦查活动和审查起诉活动。

第三，确立服务审判宗旨，提高侦查、审查起诉环节的证明标准是司法实践的迫切需求。如前所述，在目前“以侦查为中心”的司法实践中，审判活动未受到应有的重视。侦查、审查起诉和审判三个环节的证明标准并不统一，存在着各自为政的局面。而且一直以来，司法审判环节力量的薄弱，导致无法对侦查程序和审查起诉程序进行实质性的审查，这也导致司法审判标准无法真正意义的发挥实效。因此，在侦查和审查起诉环节，确立服务审判的宗旨，提高证明标准，有利于提高案件审判质量，提高司法公信力。

---

〔1〕参见卞建林、张璐：“我国刑事证明标准的理解与适用”，载《法律适用》2014年第3期。

〔2〕参见沈德咏：“论以审判为中心的诉讼制度改革”，载《中国法学》2015年第3期。

2. 以审判为中心与公检法“分工负责、互相配合、互相制约”原则并行不悖

在提出“以审判为中心”这一概念时，便遭到了一些质疑。质疑者认为，其与我国目前现行的《刑事诉讼法》原则相违背。根据我国现行《刑事诉讼法》的规定，公检法三机关分工负责、互相配合、互相制约，其地位是平等的。三者之间关系是分工不同，互相监督。而提出审判中心主义，往往拔高了审判机关的地位，并且使三者的制约关系失去平衡。[1]但是，也有学者指出，“以审判为中心”的中心论和公检法三机关“分工负责、互相配合、互相制约”的阶段论其实是并行不悖的。[2]侦查程序、审查起诉等审前阶段是审判程序的前提和必要准备。脱离了侦查、审查起诉环节，审判程序就变成了“无根之木”，难以发挥应有的作用。同时，确立“以审判为中心”的诉讼制度，绝非弱化侦查和审查起诉程序，而是对侦查、审查起诉提出更高的标准和要求。[3]

第一，侦查、审查起诉和审判是刑事诉讼的三个环节，其分工负责，三个环节相互连接，以审判活动为中心。在这里，以审判活动为中心，依然强调侦查、审查起诉和审判三个环节同等重要，并无高下之分。但是，这也并非说侦查、审查起诉和审判三个环节不分主次，各自可以拥有各自的标准。在刑事

---

〔1〕参见闵春雷：“以审判为中心：内涵解读及实现路径”，载《法律科学（西北政法大学学报）》2015年第3期。

〔2〕参见樊崇义：“‘以审判为中心’的概念、目标和实现路径”，载《人民法院报》2015年1月14日，第5版。

〔3〕参见沈德咏：“论以审判为中心的诉讼制度改革”，载《中国法学》2015年第3期。

诉讼中，因为审判活动具有终局性和不可逆性，同时兼具对侦查、审查起诉环节的司法审查任务。因此，在刑事诉讼中，应以审判活动为中心。在侦查环节、审查起诉环节，应自觉围绕审判活动展开，毕竟在这两个环节所收集的证据和认定的事实都要在审判环节进行审查。

第二，以审判为中心，有利于提高侦查、审查起诉环节的标准和要求。建立以审判为中心的诉讼制度，原因有二：①充分发挥审判程序应有的终局裁判功能；②通过审判活动对侦查、审查起诉环节的审查，严格司法标准，有效地对侦查和审查起诉进行制约。当审判环节的要求更加严格，自然会带动侦查、审查起诉环节对自身提出更高的标准。因此，当审判环节对案件的审查标准提出了更高的要求，侦查环节、审查起诉环节为避免案件在审判环节无法运行，自然会更加严格要求自己。

第三，司法实践中存在着公检法三机关“配合有余，制约不足”的问题。这就需要建立以审判为中心，纠正这一问题。在长期的“以侦查为中心”的司法氛围中，往往审判环节的作用十分微弱，对审前程序的制约力度不足。加之往往为了使案件得以顺利判决，经常出现公检法三家协调案件，以政治替代法律，导致出现一些“事实不清、证据不足的案件或者违反法定程序的案件‘带病’进入审判程序，造成起点错、跟着错、错到底”。[1]而建立以审判为中心的诉讼模式，旨在纠正配合有余、制约不足的诉讼格局之偏。严格司法标准，提高案件质量，

〔1〕 孟建柱：“主动适应形势新变化坚持以法治为引领切实提高政法机关服务大局的能力和水平”，载《人民法院报》2015 年 3 月 18 日，第 1～3 版。

建立真正有效的公检法三机关“分工负责、互相配合、互相制约”的诉讼格局。

3. 推进以审判为中心的诉讼制度改革并不等于以法院为中心

一方面，以审判为中心，是指在刑事诉讼的三个环节中，审判程序是最为重要的环节，侦查和审查起诉要以审判环节为中心，而公检法三个机关只是诉讼环节中的主体。以审判为中心强调的是《刑事诉讼法》中，审判是中心环节，但并非是公检法三家的关系要以法院为主。公检法三个机关的关系是分工合作、各司其职，甚至在诉讼监督程序中，检察机关还享有对审判机关的监督权。

另一方面，审判活动也是各方参与、共同完成的，也并非是法院的独角戏。审判活动是由法官居中裁判，控辩双方共同参与的。同时，因为法院坚持不告不理原则，若是没有控诉，也就没有审判活动。而且，虽然裁判最终是由审判人员所作出的，但是裁判的依据并不能游离于庭审之外对事实进行认定，而是基于控告一方举证与辩诉一方质证以及辩论的情况。[1]故而审判作为中心，并非以法院为中心，审判活动依然需要各方参与，共同努力，最终完成审判活动。

（二）以审判为中心的诉讼制度改革的路径选择

1. 理念：信仰的选择

在司法活动中，理念往往是行动的指南、工作的原则。制度的建设时常需要理念的革新。在我国司法实践中，存在着以

〔1〕 参见沈德咏：“论以审判为中心的诉讼制度改革”，载《中国法学》2015年第3期。

侦查为中心的理念，使得我们的司法活动长期偏重于实体而忽视程序，致使庭审沦为形式。审判活动对审前程序的制约有限，导致了一些冤假错案的发生。因此，建立以审判为中心，贯彻落实直接言词原则，其首要解决的问题就是更新司法理念，为进一步改革提供思想上的准备。在更新司法理念的过程中，要坚持以下三点：

第一，清醒地认识到推进以审判为中心的诉讼制度改革的重大意义。以审判为中心的诉讼制度改革是为了回应司法实践的需要，是为了纠正以侦查为中心的诉讼偏局，而并非是为了所谓的部门利益和权力之争。在推进审判为中心的诉讼制度改革过程中，存在着这一错误认识：认为以审判为中心，就是以法院为中心，推进以审判为中心的诉讼制度的改革，就是扩大法院权力，使法院凌驾于公安机关和检察机关之上。这种认识存在错误，将审判作为中心这一诉讼制度的改革进行推进，它所带给法院的不是权力也不是利益，而是更大的责任和压力。[1]进一步来讲，更大的责任和压力意味着法院应该更加规范使用审判权，避免错误的产生，以使得审判质量得以提升。所以，对审判作为中心这一诉讼制度进行改革，其真正受益的是广大人民群众。

第二，培育现代刑事诉讼理念与推进以审判为中心的诉讼制度改革是相辅相成的。现代的刑事诉讼制度，要求在刑事诉讼活动中要充分保障个人的基本权利，在程序的运作时要遵循程序正义原则，对犯罪嫌疑人、被告人要坚持无罪推定原则等。

---

〔1〕 参见沈德咏："论以审判为中心的诉讼制度改革"，载《中国法学》2015年第3期。

而这些都是与以审判为中心密不可分的。建立以审判为中心的诉讼制度就是要求解决司法实践中以侦查为中心忽视人权保障的问题；要求严格审查审前程序是否符合《刑事诉讼法》的有关规定；要求坚持疑罪从无，不能对犯罪嫌疑人、被告人作有罪推定。因此，培育现代司法理念，让其真正与司法人员日常工作相融合，这是对审判作为中心这一诉讼制度的改革进行推进的基础。

第三，推进以审判为中心的诉讼制度改革，要以人民群众的根本利益为出发点和归宿点。整个司法改革的目的就是祛除司法体系内部顽疾，树立司法权威，让人民的意志充分的在司法活动中得到反映。故而，社会需求得到回应、司法审判质量得以提升、司法公平得以维护，“让人民群众在每一个司法案件中感受到公平正义”是这一制度进行改革的根本目的。

在坚持上述原则的前提下，更新司法理念的具体内容应该包括以下几点：

第一，是无罪推定原则。依据我国《刑事诉讼法》的相关规定，只要没有经过法院的依法判决，任何人都不能被定罪；不能对任何人作出强迫来使他们证实自己的罪行等规定都是无罪推定原则的体现。然而，在具体的实践中，无罪推定原则却没有得到很好的贯彻和执行。尤其是在以“侦查为中心”的诉讼氛围中，侦查人员作为犯罪嫌疑人的对立面，其内心深处的有罪推定情结无法根除。因此，在审查起诉和审判环节都要保持足够的中立，避免惯性的对犯罪嫌疑人、被告人作有罪推定。尤其是作为最后一道程序的审判环节，是坚持无罪推定的最后一道防线，更要牢固树立无罪推定原则。

第二，证据裁判原则。证据裁判原则是指在司法活动中要严格依照证据对事实进行认定，没有足够证据便不可以进行立案、提起诉讼以及判定罪名。〔1〕审查起诉和侦查机关的证据审查工作应予以强化，不仅要保证案件在侦查阶段后指控的罪名拥有强大证据作支撑，又要注重证据的收集严格按照法定程序进行，不存在瑕疵。对于审判机关而言，证据就是裁判的唯一标准。在庭审中要坚持直接言词原则，作为审判者的法官必须亲历证据，听取控辩双方的举证质证、陈述和申辩。当然，与此同时，也要强化证人、鉴定人出庭作证制度，保障庭审过程以言词的方式进行。法官根据其亲历证据听取的证据进行裁判，对于证据不足和存在合理怀疑的案件坚持疑罪从无原则，这样就大大提高了司法的公正性。

第三，控辩平等原则。控辩平等原则既可以转化为一套切实可行的具体规则，同时也是一条重要的司法理念。在推进以审判为中心的诉讼制度改革中，作为审判者应该牢固树立控辩双方平等原则。对控辩双方一视同仁，不偏不倚，真正做到“兼听则明”。否则，若法官偏向于控诉方，对控诉方所提供的证据偏听偏信，那么即使建立以审判为中心也与以侦查为中心无异，因为审判环节难以对侦查活动进行有效的制约。所以，法官在庭审过程中，应该充分尊重控辩双方，使控辩双方能够充分表达各自的意见，提出相关证据和发表意见。〔2〕

---

〔1〕 参见叶青：“以审判为中心的诉讼制度改革之若干思考”，载《法学》2015年第7期。

〔2〕 参见叶青：“以审判为中心的诉讼制度改革之若干思考”，载《法学》2015年第7期。

2. 能力：不断培养

第一，要夯实侦查基础。推进以审判为中心，无疑会提高整个刑事诉讼的案件审查标准，对刑事诉讼各个环节工作都提出新的要求。作为刑事诉讼的第一道程序，同时也是收集证据的关键环节的侦查工作是首要的，将侦查工作的模式由“抓人破案”向“证据定案”转变。[1]作为侦查工作，要从以下几点入手：

（1）重视对客观证据的收集。在现代的刑事诉讼中，由于侦查技术的发达，加上人权保障的约束，对一个被告人定罪量刑往往并不依赖于口供，而是依据大量的客观证据形成完整的证明链条。众所周知，当一个人实施犯罪行为时，会留下大量的物证、书证以及 DNA 信息等。而在侦查工作中，能否及时并有效的发现这些客观证据，对于认定案件事实起到至关重要的作用。与此同时，这些客观证据一旦固定，其本身不会轻易发生变动，与证人证言和犯罪嫌疑人口供相比较具有稳定性。因此，侦查人员在今后的工作要注重客观证据的收集，减少对口供的依赖。当然，意识的提升也需要现代的侦查科技水平相配套。先进的科技设备引入侦查工作，对提高侦查能力也起到至关重要的作用。

（2）弱化口供的作用。与以侦查为中心相伴而生的是在侦查工作中“口供至上”。固有的案件侦破模式沿着这样一条流水线进行：当犯罪发生后，侦查人员对已有证据进行初步分析，锁定犯罪嫌疑人，抓获犯罪嫌疑人，然后取得其口供，案件就宣布告破。在这种模式下，口供的作用和意义被异常的突出强

---

〔1〕 参见沈德咏：“论以审判为中心的诉讼制度改革”，载《中国法学》2015 年第 3 期。

调出来。因此，在侦查环节，刑讯逼供行为变得屡禁不止。最高人民法院对12起冤假错案进行调研，发现其中9起案件的定罪量刑的最重要依据甚至唯一依据便是被告人的供述，缺少其他客观证据的支撑，甚至于被告人的口供前后之间也存在矛盾之处。〔1〕有鉴于此，依赖口供定案是造成司法不公的重要因素之一。因此，在现代科技为侦查提供很大助力的情况下，在侦查工作中要逐渐减少对口供的依赖，而应该更多的利用先进的科技作为案件侦破的保障。

（3）严格落实非法证据排除规则。司法公正不仅仅意味着实体公正，程序公正也是司法公正的重要价值，并有着自己的独立价值。在以侦查为中心的司法实践中，侦查权难以受到有效制约，往往在侦查工作中为了追求实体正义而采用非法手段收集证据。又因审查起诉环节、审判环节很难对侦查活动形成有效的制约，非法证据很难被排除，直接成为了定罪量刑的依据，这也是造成冤假错案的主要原因。何家弘教授对50起冤假错案进行抽样调查，发现其中4起有确凿证据证明存在刑讯逼供的情况，占到8%；而其中43起，虽然缺少确凿证据，未经检察机关或法院正式认定存在刑讯逼供的情况，但存有刑讯逼供的嫌疑，占86%；只有3起案件经调查不存在刑讯逼供的情况，占6%。〔2〕因此，严格落实非法证据排除规则，对减少冤假

〔1〕 王守安："以审判为中心的诉讼制度改革带来深刻影响"，载 http://newspaper.jcrb.com/html/2014－11/10/content_172005.htm，最后访问时间：2015年11月15日。

〔2〕 参见何家弘、何然："刑事错案中的证据问题——实证研究与经济分析"，载《政法论坛》2008年第2期。

错案的发生有着重要的意义。在庭审中，要给予非法证据排除程序应有的重视。严格按照法律的规定审查证据的程序合法性，避免非法证据排除程序沦为形式。同时要落实责任追究制度，追究非法收集证据者的责任。

第二，改革审查起诉制度。我国的卷宗移送制度也几经改革。1996年，为向控辩式审判转型，我国《刑事诉讼法》进行修改，将在检察机关移送起诉的模式上从“卷宗移送主义”变为“复印件主义”，只向法院移送证据目录、证人名单和主要证据的复印件。但是，这一改革效果并不明显。〔1〕2012年《刑事诉讼法》修改，又重新恢复了全案卷宗移送制度。制度一直在变革，然而在实践中，法官往往能够在开庭前了解全部案情。〔2〕法官在庭审前对案情就有了详细的了解，容易先入为主，偏听偏信公诉一方的意见，再加上检察机关拥有诉讼监督的权利。因此，庭审往往沦为形式，作为公诉方的检察机关，其控诉意见及其所提供的相关证据对审判结果有着决定性的影响。魏晓娜教授有关某市检察机关提起公诉的案件充分反映了这一问题：在该市检察机关2006~2013年提起的公诉案件中，法院作出无罪判决加上检察机关撤回起诉的仅在0.3%左右徘徊，甚至在2008年、2009年无罪判决率（含撤回起诉）仅有0.11%。〔3〕与此同时，公安机关移送审查起诉的案件，检察机关也绝大多数

---

〔1〕 参见王尚新、李寿伟主编：《〈关于修改刑事诉讼法的决定〉释解与适用》，人民法院出版社2012年版，第175页。

〔2〕 参见魏晓娜：“以审判为中心的刑事诉讼制度改革”，载《法学研究》2015年第4期。

〔3〕 参见魏晓娜：“以审判为中心的刑事诉讼制度改革”，载《法学研究》2015年第4期。

（90.1%）的作出了起诉决定。因此就形成了一旦侦查机关移送审查起诉，检察机关往往会作出起诉决定；一旦检察机关提起公诉，而法院又会作出有罪判决的联动机制。[1]上述做法直接弱化了审判的中心地位。因此，要改革审查起诉机制，逐渐使刑事诉讼偏移回“以审判为中心”。

审查起诉机制改革的关键在于卷宗移送制度。如何既保障法官在庭审之前了解案情，不至于难以主持、把握庭审活动，又避免法官先入为主的进行审判活动，这成为卷宗制度改革的难点。2012 年《刑事诉讼法》对此问题进行回应，恢复了卷宗移送制度。这次修法的主要原因是之前的“复印件主义”改革并不理想，且并未在司法实践中得以贯彻。但是此次修法并没有实质性解决如何避免法官先入为主的问题。而且“卷宗移送主义”也往往会造成法官对卷宗的依赖，使“审判中心主义”成为一句空话。考虑到 2012 年《刑事诉讼法》施行不久后，又启动修法程序不太现实，所以如何运用现有制度资源才是当务之急。2012 年《刑事诉讼法》规定侦查机关在侦查终结时、检察机关在审查起诉时应当听取辩护律师意见。若辩护律师提交书面意见，应当附卷。因此，检察机关向法院移送的卷宗包含着有利和不利被告人的两方面证据，避免了法官偏听偏信。在今后的卷宗制度上可以进一步完善，将辩护律师的辩护意见及其所收集的证据单独立卷，设立辩护律师卷宗，随同检察机关的起诉卷一并移送法院。再者，为了保障案件的庭审效果，可

---

〔1〕 参见魏晓娜：“以审判为中心的刑事诉讼制度改革”，载《法学研究》2015 年第 4 期。

以效仿欧陆国家的做法，限制侦查卷宗对审判的影响。法国的《刑事诉讼法》规定侦查卷宗不得带入重罪法庭的评议室。[1]我国也可以在评议规则中规定，在评议时不得参考侦查卷宗。德国在刑事诉讼活动中，虽然也采纳了卷宗移送主义，但是其又规定卷宗内容原则上不得作为裁判的依据。[2]同时也规定了"询问本人原则"，即不允许在庭审过程中以宣读之前询问笔录或者书面证言的方式来代替法官对证人的直接询问。这些制度都值得我国学习借鉴。

第三，对于审判机关而言，建立以审判为中心无疑对法官提出了更为严格的要求。法官只有加强驾驭庭审能力、对证据的分析把握能力和裁判文书能力，才能够真正地实现以审判为中心。其一，驾驭庭审能力是法官对庭审流程的控制。这就要求法官摆脱对纸质卷宗的依赖，改变一直以来的"默读审判"，适应庭审由"纸证"变质证的转变，指挥引导庭审的发展，并对庭审中的突发情况作出应变，避免庭审陷入杂乱无章。[3]其二，对证据的分析能力是法官审理案件的关键。这就要求法官在审判过程中抓住关键证据，并对关键证据的证明力进行分析，运用证据规则判断是否采纳。这也就要求法官不断强化证据规则意识，不断学习证据规则。其三，提高裁判文书说理能力是建立以审判为中心的必然要求。当以审判为中心的诉讼制度一

---

〔1〕 参见［法］贝尔纳·布洛克：《法国刑事诉讼法（原书第21版）》，罗结珍译，中国政法大学出版社2009年版，第487页。

〔2〕 参见［德］克劳思·罗科信：《刑事诉讼法（第21版）》，吴丽琪译，法律出版社2003年版，第430页。

〔3〕 参见叶青："以审判为中心的诉讼制度改革之若干思考"，载《法学》2015年第7期。

旦确立，这对于审判机关意味着更多的责任和压力。现有的判决书说理模式过于简单，很难从中发掘出法官裁判的具体理由和主要依据。若是这种说理模式在以审判为中心的诉讼氛围下，很容易使审判活动受到质疑。因此，法官要提高判决书说理能力，将其判决的理由进行详细说明，而不再是简简单单的摘录检察机关的起诉书。

3. 机制：实质的庭审

庭审的实质化既要从外部着手，通过保护和完善被告人的辩护权利，让其充分参与到庭审活动中，从而保障庭审的对抗性；又要从内部着手，改革审级制度，建立以一审为重心的审级制度。

第一，保障辩护方的诉讼权利。要保障被告人的对质权。

（1）对质权是指被告人可以当面挑战、质疑指证他的人。〔1〕而对质权的核心就在于被告人同证人之间的对质，尤其是于己不利的证人，而这种对质的前提便是保证证人能够出庭作证。而这种“出庭作证”需要满足四个要素：①证人要明确自己作伪证需要承担的法律后果；②证人和被告人面对面的情况下进行作证活动；③证人作证时的神态举止可以被法官观察到；④证人需接受交叉询问。〔2〕而目前我国司法实践中，证人出庭作证率依然很低，根本无法保障被告人和证人当面对质。因此，落实

〔1〕 参见魏晓娜：“以审判为中心的刑事诉讼制度改革”，载《法学研究》2015年第4期。

〔2〕 See Joshua Dressler and Alan C. Michaels, *Understanding Criminal Procedure*, Matthew Bender & Company, Inc., 2006, p. 244.

实质庭审的首要任务便是保障证人出庭。[1]

（2）要落实被告人的辩护权。司法过程是一个十分专业化的过程，被告人往往没有接触过相关的专业培训，无法对其进行有效的把握，而律师正好可以充当其专业顾问。因此，被告人委托律师为其辩护的权利显得尤为重要。但是，在我国刑事审判的实践中，律师参与庭审辩护的比率依然很低。全国平均在30%左右，即使在一些发达地区，也只是勉强在50%左右。[2]而被告人不聘请律师的主要原因之一便是高昂的律师费用。因此，法律援助机制是保障辩护权的关键所在。目前，我国法律规定的刑事法律援助的范围依然狭窄，只是在"可能被判处无期徒刑、死刑"以及特殊人群等案件中规定应当提供法律援助。在下一步改革过程中，应根据十八届四中全会精神，适当扩大法律援助的范围。同时对于经济困难的被告人申请法律援助，尽可能降低申请门槛，简化审核程序，继而充分保障其辩护权。

（3）庭审过程中要满足被告人合理的请求。2012年《刑事诉讼法》赋予了被告人申请证人出庭的权利以及申请非法证据排除的权利。但是这些权利的行使，必须经过法官的同意。因此，在庭审过程中，法官应尽可能倾听被告人意见，对于其所提出的申请，除非是具有法律明确规定的排除情形外，法官不得随意拒绝。

第二，强化一审的作用。考虑到我国大量的刑事案件的一审程序大部分在基层法院进行，其案件的审判质量让制度设计

---

〔1〕保障证人出庭的具体措施将在后文详细进行论述。

〔2〕参见魏晓娜："以审判为中心的刑事诉讼制度改革"，载《法学研究》2015年第4期。

者始终抱有一种不信任的态度，再加之“审级越高，权威越大”的心理作祟。因此，在我国的二审终审制度中，第二审并非单单是被告人的救济程序，而且还是对第一审案件的事实和法律部分的全面审查。第二审可以看作是一审的继续，其依然会接纳新的证据，对新的事实进行认定。但是，有学者对于这种审级机制提出质疑：“离客观事实发生时间点更远的几个月后的第二审会比一审能够更清楚的查清事实，这明显是有悖于常理的”。[1]第二审程序距离案件事实发生时间更为遥远，其所获得的诉讼资料，甚至难以与第一审相比。第二审依然对案件事实进行全面审查，只会徒增程序的繁琐，浪费司法资源。[2]而且纵观整个世界刑事诉讼的发展潮流，往往都是审级越高，其在法律适用上越具有权威，而在事实认定上，却往往反其道而行之。因此，在我国审判实务中，应该逐步确立一审中心主义，而二审程序应该更多的履行其救济的职能。尤其是在事实认定方面，要保证一审的绝对权威。一审一旦对事实问题得出结论就不得更改，除非该错误是显而易见的。与此同时，二审法院主要进行法律审，对一审中适用法律是否适当进行审查。

二、审判委员会的改革与去向

在人民法院内部系统的运作中，审判委员会具有集体领导这一运作机能。不同级别的法院都有审判委员会的存在，民主

---

〔1〕［德］托马斯·魏根特：《德国刑事诉讼程序》，岳礼玲、温小洁译，中国政法大学出版社2004年版，第222页。

〔2〕参见陈朴生：《刑事证据法》，三民书局1979年版，第62页。

集中制是它所推行的管理方式。它的作用是对案件经验进行有效的总结，可以集中探讨重难点案件，以及其他的审判内容。而对审判委员会的改革应该先进行通盘考虑，再针对具体问题进行具体分析，就如同进行外科手术时，医生在手术前总是依据一定的医学逻辑、临床经验、医学常识等进行病症的分析，以此达到治疗的效果。同样的道理也体现在审判委员会制度的思考环节中，这是需要找寻有效的途径进行问题的解决。要从细节进行其有效的分析，以此达成我们所想要的解决操作效果。

（一）审委会改革的整体思路

审判委员会存在的问题，主要体现为以下几点：首先，该委员会的运作渠道是以法官的多种汇报形式作为判决的内容，在此环节中并没有直接参与到具体审判的过程，这和审判公开原则相违背；其次，该委员会在运作过程中有着显著的领导指挥的表现，有着极强的行政化运作理念；再次，该委员会对案件范畴的考量不具备针对性，这种疑难、复杂、重大案件的表述没有具体明确的标准可执行，它有着极强的主观化要素体现；最后，该委员会工作状态不透明，且有着集体操作的特点，这会对职责明确的划分产生阻滞问题。

最高人民法院也意识到这些问题，非常重视审判委员会改革，已制定了一系列措施。最高人民法院在2010年颁布的《审判委员会制度的实施意见》是对审判委员会制度的进一步优化改革，强化审判委员会总结审判经验、统一法律适用，讨论决定审判工作重大事项的宏观指导职能，同时调节审判委员会制度与直接言词原则之间的矛盾。在文件中，首先要求在审判委员会中配置几名未担任领导职务的资深法官，以加强审判委员会制度的专业性。〔1〕其次，对于各级法院审委会讨论决定案件的范围进行了具体详细的规定。这种分级别规定不同的审委会讨论决定范围，考虑到了不同审级所受理案件的不同特点，具有一定的合理性。〔2〕最后，该规定将审判委员会设为常设机构。该意见规定在中级人民法院以上设日常办事机构，在基层人民法院要有专人负责审判委员会日常工作。

（二）改革审判委员会议事规则

第一，要对审理报告进行精简化处理。日常工作众多且繁琐，同时又要提升质量、效率运作，因此审理报告内容的合理性显得至关重要。要求是在达到阐述明确的基础上进行精简化处理，同时要保障其报告的准确性和效率性，并有极佳的逻辑阐述性。

第二，会议召开前审判委员会的成员要对案件内容有深入的了解。只有深入了解案件的具体内容，才能准确判断，掌握案件的审理以及重点问题。在此基础上，进行相关案件的审理和分析论证，才可以得到追求的具体操作内容。

第三，要对审理的案件进行专门性的讨论。只要具有同质化性质的案件，就可以采用流水化的运作模式，在提升办案效率的同时，这也有利于保持司法的公正性，体现出司法的权威性。

---

〔1〕 最高人民法院《关于改革和完善人民法院审判委员会制度的实施意见》第6条规定：“……各级人民法院审判委员会除由院长、副院长、庭长担任审判委员会委员外，还应当配备若干名不担任领导职务，政治素质好、审判经验丰富、法学理论水平较高、具有法律专业高等学历的资深法官委员”。

〔2〕 最高人民法院《关于改革和完善人民法院审判委员会制度的实施意见》第8、9、10条分别规定了最高人民法院、高级法院和中级人民法院、基层人民法院审判委员会讨论决定的范围。

第四，审判委员会评议实行全面录音、录像，全程留痕，所有参与讨论和表决的委员应当在审判委员会记录上签名。

（三）明确审判委员会的责任

2015 年 9 月 21 日，《最高人民法院关于完善人民法院司法责任制的若干意见》发布，明确规定将审判委员会讨论案件的范围限定为“涉及国家外交、安全和社会稳定的重大复杂案件，以及重大、疑难、复杂案件的法律适用问题”，并指出要强化审判委员会总结审判经验、讨论决定审判工作重大事项的宏观指导职能。审判委员会改变合议庭意见导致裁判错误的，由持多数意见的委员共同承担责任，合议庭不承担责任。审判委员会维持合议庭意见导致裁判错误的，由合议庭和持多数意见的委员共同承担责任。

第三节　言词原则的贯彻

一、完善证人、鉴定人出庭作证制度

如前所述，尽管在 2012 年《刑事诉讼法》修改中关于证人出庭作证做出了巨大的努力，其效果依然不甚理想。由此可见，证人出庭作证是一个艰难的课题。而破解这一难题，则需要配套精细的制度，使证人出庭作证成为可能。同时，保障证人的各项权益，使其无后顾之忧。为全面贯彻落实《中共中央关于全面推进依法治国若干重大问题的决定》，积极推进以审判为中心的刑事诉讼制度改革，最高人民法院、最高人民检察院、公安部、国家安全部、司法部发布并实施了《关于推进以审判为

中心的刑事诉讼制度改革的意见》。该意见明确要求，要加快完善对证人、鉴定人的法庭质证规则，落实证人、鉴定人、侦查人员出庭作证制度，健全证人保护工作机制，对因作证面临人身安全等危险的人员依法采取保护措施，建立证人、鉴定人等作证补助专项经费划拨机制。

（一）证人出庭作证制度完善

1. 明确证人应当出庭作证范围

《刑事诉讼法》第187条对证人应当出庭作证的范围作了规定。[1]但该条规定存在不足之处，受到了有些学者的诟病。其指出对于“重大影响”和“有必要”的标准立法和司法解释均未作出相关规定，完全由法官自主把握，未免条文弹性过大。[2]对此，最高人民法院沈德咏副院长提出，对于人民法院的必要性判决宜形式化。只要公诉人、被告人及辩护人对证人证言有异议并提出申请，证人应当出庭。[3]

当然，要真正使庭审实质化，就必须结合国情探索贯彻直接言词原则。目前比较可行的方案是，通过《刑事诉讼法》修正案规定证人应当出庭的两种情形：其一，公诉人、当事人或者辩护人、诉讼代理人对证人证言有异议，且该证人证言对案件定罪量刑有重大影响的；其二，可能判死刑或者有重大社会

---

〔1〕《刑事诉讼法》第187条规定：“公诉人、当事人或者辩护人、诉讼代理人对证人证言有异议，且该证人证言对案件定罪量刑有重大影响，人民法院认为证人有必要出庭作证的，证人应当出庭作证”。

〔2〕侯建军、刘振会：“刑事证人出庭作证制度完善研究”，载《法律适用》2015年12期。

〔3〕沈德咏：“庭审实质化的六项具体改革措施”，载 http://news.xinhuanet.com/legal/2016-02/03/c_128697270.htm，最后访问时间：2016年3月15日。

影响案件中的重要证人。符合证人出庭要求的，法庭应当通知证人出庭，必要时法庭应当强制证人到庭。如果通知证人出庭而不出庭，原来询问证人的证言笔录不得在法庭上宣读，不得作为定案的根据。[1]

2. 细化证人出庭质证规则

2012年《刑事诉讼法》虽对人民法院强制证人出庭这一权力作了明确规定，但对强制证人出庭程序的启动、证人出庭后的审理程序规定均不明确。[2]这无形中导致了即使证人出庭作证，其作证的质量也不高，不能达到直接言词原则所欲实现的效果。因此，细化证人出庭质证程序，尤其是交叉询问制度，显得尤为重要。在庭审实践中，应当逐步形成对证人交叉询问为主、法官询问为辅的机制。在询问中应当确立以下原则，以免控辩双方不当使用询问权。首先，控辩双方的发问应与案件事实有关，不得询问其他问题。其次，控辩双方禁止进行诱导性询问。任何经诱导性询问作出的证言都不得作为定案的依据。最后，公诉方、辩护人的询问不得损害证人的人格尊严。同时，应在庭审实践中形成诘问、盘问、复诘的交叉询问流程，法官对交叉询问的流程进行把握，对不符合上述原则的提问及时制止，保障交叉询问的顺利进行。

3. 完善人身安全保护措施

证人出庭作证，其人身安全可能受到威胁，尤其是在有组

---

〔1〕 陈光中："修正案方式：《刑事诉讼法》新修改的现实途径"，载《中国司法》2016年第1期。

〔2〕 参见余方晟、叶成国："庭审中心视野下强制证人出庭作证制度研究"，载《河北法学》2016年第3期。

织的恐怖活动或黑社会性质的犯罪中，这种不确定的安全因素尤为明显。有鉴于此，在要求证人出庭的同时要完善相应的保护措施。在探讨证人保护工作时，需要从两个层面进行分析，一个是事先的预防保护，另一个是事后的具体保护。前者主要是在诉讼中规避证人可能出现的各种危害以及威胁所采取的有效保护机制。后者是证人在出庭环节中所受到的保护内容。通常情况下前者的主要保护方式是体现在隐私保护的层面。对出庭的证人进行不公开信息的保护方式，可以采用多种技术措施进行身份隐蔽工作。后者保护方式主要是在出庭过程中改变证人的身份信息以及社会信息等。在此环节中由证人本人提出申请，当证人在出庭时会对证人本人及其家庭产生危害，此时要执行必要的保护措施。《刑事诉讼法》规定，当审理案件是重大恶性案件类型时，如果被害人或证人有必要出庭作证，当事人及其亲属将会面临人身安危，此时公安司法机关要给予必要的保护措施，主要是体现在不公开个人信息、采取隐匿方式出庭作证、禁止特定人员接触、专门性的保护措施及其他必要的保护措施等。[1]在此环节中证人可以主动提出受到保护的申请。上述内容是探讨证人保护机制的，其对证人人身安全保护可谓是较为详尽，其主要问题是如何对证人进行专业化的保护，这就需要设立专业的证人保护机构进行全方位的充分保护。目前，

〔1〕《刑事诉讼法》第62条规定："……①不公开当事人的身份信息、家庭信息和社会信息；②出庭作证时以非真实的声音和形象进行出庭的技术处理；③不允许涉案的相关人员和被害人、证人及其家属有接触和联系；④对被害人和证人的生活安全进行有效保障；⑤针对具体情况采取相关的必要保护内容。在此环节中证人可以主动提出受到保护的申请"。

国际上关于证人保护机构设置有两种模式：其一，由公权力部门承担保护证人的职责；其二，设立社会组织来保护证人的人身安全。结合国际通行做法与我国实际情况，可以在公安部门下设专门机构，履行证人保护职责。

4. 加强经济补偿机制

根据《刑事诉讼法》的有关规定，证人因履行作证义务而支出的交通、住宿、就餐等费用，应当给予补助。证人作证的补助列入司法机关业务经费，由同级政府财政予以保障。[1]这一规定基本上已经涵盖了证人出庭所支出的必要费用。但是，尚不全面。在今后立法中建议规定若证人具有固定工作，尤其是证人在国有企事业单位和国家机关工作，证人所在的企业和单位也需要承担其出庭过程中补助，且证人出庭与工作相冲突，应找其他人顶岗。这也就意味着证人出庭作证时得到所在单位的支持，若如此既可以提高证人作证的积极性，也可以在社会上形成积极履行出庭作证义务的良好氛围。

5. 完善证人拒证权制度

根据2012年《刑事诉讼法》规定，被告人的配偶、父母、子女可以不出庭作证。[2]这是我国的亲属拒证权。但有学者指出其只是不完整意义上的亲属拒证权。[3]仅规定配偶、父母、子女享有拒绝出庭作证的权利明显范围太窄。按照国际通行的

〔1〕《刑事诉讼法》第63条。

〔2〕《刑事诉讼法》第188条规定："经人民法院通知，证人没有正当理由不出庭作证的，人民法院可以强制其到庭，但是被告人的：配偶、父母、子女除外"。

〔3〕刘昂："论不完整意义上的亲属拒证权：评2012年《刑事诉讼法》第188条"，载《证据科学》2014年第1期。

做法，理应将近亲属范围扩展，包含同胞兄弟姐妹、祖父母、外祖父母以及孙子女、外孙子女。这一范围既与国际接轨，同时也符合我国传统做法。在汉朝，亲亲相为隐的范围包括祖父母、父母、子女、孙子女、夫妻。唐朝在汉朝的基础上将亲亲相隐的范围扩大至同居者、若大功以上亲及外祖父母、外孙、外孙之妇、夫之兄弟及兄弟妻。到明清时期，岳父岳母女婿的关系也成为相互容隐的范围。〔1〕在扩大亲属拒证权范围的同时，可规定亲属拒证权的例外情形。在我国历史上，亲亲得相首匿制度也不适用于“十恶”犯罪。因此，在未来立法中建议规定危害国家安全犯罪、恐怖主义犯罪等危害性大的犯罪中，亲属并不具有拒绝作证的权利。

（二）完善鉴定人出庭作证制度

通说认为，鉴定人也在广义的证人范畴之中。因此上述内容相当一部分也适用于鉴定人出庭。但是，鉴定人出庭作证与普通证人出庭作证又存在一定差别，其制度的完善也有特别需要注意之处，分述如下：

1. 完善鉴定人质证程序

首先，鉴定人应当在控辩双方对其鉴定意见提出异议，且经人民法院审查认为其应当出庭的情况下出庭陈述鉴定意见。基于鉴定人多是侦查机关的内部机构，其鉴定意见必然有利于控诉方，因此保障辩护方的异议权利也是平衡控辩双方的要求。鉴定人出庭后同普通证人一样也要接受控辩双方的交叉询问。

---

〔1〕 刘昂：“论不完整意义上的亲属拒证权：评2012年《刑事诉讼法》第188条”，载《证据科学》2014年第1期。

鉴定人在接受交叉询问的时候，应当围绕鉴定意见的客观性、关联性、合法性如实作答。其陈述的内容应包括送检材料的收集、提取过程，鉴定人的专业技术水平，鉴定方法等内容。〔1〕但是在重复性发问、侮辱性发问以及无关性发问的前提下，鉴定人具有拒绝回答的权利。鉴定人拒绝回答相关问题，应向法官提出申请，法官根据判断决定鉴定人是否回答该问题。

2. 加强鉴定人出庭保障机制

对于鉴定人的保障机制与证人无异，可以分为人身保障和经济补偿两大部分。在人身保障方面，对于鉴定人的保护基本与保护证人相同，在此不再赘述。在经济补偿方面，鉴定人出庭与证人略有不同。一般而言，鉴定人接受鉴定委托并出具鉴定意见，其通常会收到一定的报酬。然而，鉴定费用并不能涵盖鉴定人出庭的费用。因此，应对鉴定人出庭进行经济方面的补助。该经济补助应同证人的出庭补助一样列入司法机关业务经费开支，统一由司法机关发放。

3. 明确鉴定人不出庭作证后果

对此，建议以立法的形式规定鉴定人不出庭作证的后果。其一，鉴定意见所产生的效力。由于鉴定人本应出庭却没有出庭，那么其鉴定意见就不能成为定案的依据（它已在我国《刑事诉讼法》第 187 条第 3 款中得到确立）。其二，鉴定费用问题。可以借鉴民事诉讼法，若鉴定人拒不出庭作证应当返回鉴定费用。考虑到公诉方的鉴定意见一般由侦查机关内设机构出

---

〔1〕 曹志林："完善鉴定人出庭制度的思考"，载《人民法院报》2015 年 8 月 5 日，第 8 版。

具，这一条主要适用于被告方的鉴定人不出庭情形。其三，鉴定人责任。对于拒不出庭的鉴定人，人民法院可以司法建议的形式要求所在单位对其警告、罚款，甚至取消其鉴定人资格。

二、完善侦查人员出庭作证制度

（一）明确侦查人员的证人身份

一直以来，对于侦查人员是否可以作为证人出庭作证存在争议。从国际通行做法来看，出庭作证是侦查人员日常工作之一。尤其是在英美法系国家，警察作为证人出庭作证更是司空见惯。从2012年修改后的《刑事诉讼法》来看，我国也承认了其证人身份。[1]因此，侦查人员作证也应适用证人制度的相关规定。如在必要的情况下，侦查人员应出庭作证，并且侦查人员的证言应经过控辩双方质证和查实之后，方可作为定案依据。因此，实践中出具“情况说明”，既不符合证人作证的形式，也缺乏在法庭上经过充分质证和核实的程序，更与现行立法相抵触，不具有合法性。据此，法官在审理案件中，不得再以“情况说明”作为定案的依据。当然，对于“情况说明”的效力也不能一概予以否定，允许侦查机关进行补正。当侦查人员出庭就“情况说明”内容当庭作出解释，并经过控辩双方质证之后，可以认定其效力。

目前国内在开展刑事庭审工作时，大量采用让侦查机关提供犯罪嫌疑人自首情节的证明、对犯罪嫌疑人抓获经过的说明

〔1〕《刑事诉讼法》第187条第2款规定：“人民警察就其执行职务时目击的犯罪情况作为证人出庭作证，适用前款规定”。

等这些与受案或抓获情况有关的证明材料。根据前述分析，这一类“情况说明”并不具有合法性，与现行《刑事诉讼法》相违背。但是让证人针对受案的情况或是对犯罪嫌疑人的抓获情况来出庭进行作证，则那些书面证明材料便可以通过证人证言的形式得以表现，而证人的证言是可以作为定案根据的。

（二）明确侦查人员出庭范围

侦查人员出庭作证不是指让所有参与办理案件的侦查人员全部出庭作证。侦查人员全部出庭作证既浪费司法资源，也无必要。侦查人员的出庭范围可以参照证人出庭制度。这是因为侦查人员作证和普通证人虽有差别，但是两者在作证时所发挥的作用是相同的，都是为了查明案件事实。因此，可以通过类推解释，上述有关证人规定可以适用于侦查人员。这也就意味着，只要控辩双方，尤其是辩护方提出异议，经人民法院进行审查之后，侦查人员应当出庭作证。特别是在下述情况中，侦查人员的证言对于查明案情有着关键性的作用。

1. 勘验、检查情况

在《刑事诉讼法》中的第 101 条、第 106 条规定检查或勘验的笔录主要涵盖证人指证的犯罪场所、受害者以及相关的物品中所获取的笔录，在其第 158 条中规范特殊状况下法官可以参与到其中。实际工作环节中的笔录涵盖着多方面的信息，这也有着技术发展的要素体现。由于笔录操作所具备的复杂性和主观性，这会导致笔录质量参差不齐，甚至会出现不利于判案的各方面信息内容。虽然在相关规定中对此进行适用性和效力性的分析，但其执行操作下效果差强人意。对此，建议如果在对被告人和相关辩护人进行笔录获取过程中存在问题，若公诉方难以给出有效的阐述，就让相关的证人出庭作证，以言词的模式进行相关的信息补充。

2. 搜查、扣押的情况

在现实侦查工作中，搜查以及扣押成为其重要的手段。但是需要关注到它是有着强制性的操作属性，在具体执行过程中可能会产生客观上的人身财产损失。鉴于此种内容的分析，现在很多国家选择排除非法证据的方式对相关侦查手段进行管理。根据司法解释相关规定，通过上述方式获取的各种证据不写在笔录中，其相关扣押的物品不能够作为书证和物证的考量，同时也不具备判案过程中的参考依据，这也是国内相关法律的最新变化。不过，笔者认为这方面的操作隶属于工作记录，不能将笔录和侦查工作割裂为两个范畴。需要采用多种联合操作的方式进行具体分析的开展，此种侦查内容也是可以作为证据进行处理。

3. 诱惑侦查的案件

诱惑侦查，是指侦查人员设下圈套诱使犯罪嫌疑人实施犯罪行为，然后将其抓获。[1]它通常分为“机会提供型”与“犯意诱发型”。前者主要针对犯罪嫌疑人有着主观犯罪的意图，侦查机构的相关操作是为其进行犯罪提供前提条件。通过此种操作的模式获取的相关证据具有法理依据，可以作为审判的内容。后者的内容是以侦查机关的主观思维为主导，这是有着潜意识行为激发的内容。在进行相关工作时需要关注以下内容：诱惑

〔1〕 陈光中主编：《刑事诉讼法》，北京大学出版社、高等教育出版社2013年版，第302页。

侦查的工作要有着底线原则的规范，相关机构不能为了破案让没有犯罪意图的人成为犯罪嫌疑人。在和犯罪分子博弈的过程中体现出更好的操作结果，这也是受到侦查机关所关注的工作内容。但与之相对应的是，此种侦查手段具有模糊地带，很多诱惑侦查的行为本身不具备法理依据。这会对社会公民的合法权益带来危害，有着难以预料的后续问题出现，它的合法性以及可行性都有待商榷。对此，最高人民法院、最高人民检察院等五部门发布实施的《关于办理刑事案件严格排除非法证据若干问题的规定》中也给予了明确的规定，采用暴力、威胁以及非法限制人身自由等非法方法收集的证人证言、被害人陈述，应当予以排除；严禁刑讯逼供和以威胁、引诱、欺骗以及其他非法方法收集证据，不得强迫任何人证实自己有罪。笔者认为证人出庭作证的过程中可以陈述诱惑侦查的内容，这样可以在案件审理过程中提供更多的方法，同时也可以对具体诱惑侦查内容进行理性的分析。采用此种操作模式，也会让大众更加深入的辨析机会提供型与犯意诱发型这两种不同的诱惑侦查的界限，进而达到预防对诱惑侦查进行滥用的这一效果。

4. 被告人具有无罪或罪轻情节而侦查人员未收集的情况

在庭审中，若被告人或其辩护人举出新的证据证明被告人无罪或具有从轻、减轻处罚的情节，但侦查机关却没有对此进行收集。针对这一情形，应要求承办该案的侦查人员来出庭作证，对就被告人或其辩护人列举证据未予收集的具体原因和具体情况进行作证。这对于案件真相的查明和被告人合法权益的维护都是十分有利的。

（三）完善侦查人员出庭的配套制度

第一，建议以立法的形式明确侦查人员应当出庭而不出庭作证的后果。在实践中，如果出现侦查人员应当出庭作证而拒不出庭的情况，其所作证言应该归于无效，法官不得采纳作为定案的依据。这一点并没有异议。而对于拒不出庭作证的侦查人员本人可以采取何种惩戒措施呢？根据我国《刑事诉讼法》规定，如果证人没有正当的理由却拒不出庭作证的，法院可依法对其进行训诫、拘留。[1]很明显，侦查人员无法使用该条款。毕竟同为司法工作人员的法官和侦查人员并无高低之分，且在法律无明文规定的情况下，法官无对其行使训诫、拘留等处罚的权力。因此，在下一步立法中有必要以立法形式明确侦查人员拒绝出庭作证对其个人的惩戒措施。当然从实际出发也不太可能采用训诫、拘留等强制性措施，而应采取向侦查机关送达纠正建议书的形式，督促其纠正违法行为。

第二，要完善侦查人员出庭作证的保障机制。侦查人员出庭作证的意愿大小与侦查机关的支持程度成正比。侦查机关对内部人员的出庭作证行为应当持鼓励态度，并在经济上给予补助和在工作上为其提供便利。在经济上，对于侦查人员出庭作证所产生的费用应予以及时报销，并在条件许可的情况下，侦查机关可以向出庭作证的侦查人员发放补助。在工作上，侦查人员出庭作证若与其工作相冲突，应及时安排其他人暂时负责

---

〔1〕《刑事诉讼法》第188条第2款规定：“证人没有正当理由拒绝出庭或者出庭后拒绝作证的，予以训诫，情节严重的，经院长批准，处以10日以下的拘留。被处罚人对拘留决定不服的，可以向上一级人民法院申请复议。复议期间不停止执行”。

其工作，并对那些为了出庭作证休息日没有休息的侦查人员做调休安排。有了完善的措施进行保障，才能使侦查人员逐步转变观念，从不愿出庭到愿意出庭。

第三，对于特殊案件出庭作证的侦查人员的人身安全采取保护措施。对于一些从事侦办恐怖主义犯罪、黑社会性质组织犯罪和毒品犯罪的侦查人员来说，其工作具有高度威胁性。尤其是这一类侦查人员出庭作证，很可能招致被告人其他同伙的打击报复。因此，法院可以就具体案情进行分析决定对案件进行不公开审理，以此来保护出庭作证的侦查人员。

第四节　建立与完善贯彻直接言词原则的相关配套制度

一、完善法官责任制与错案追究制度

在新一轮的司法改革中，要求推进以审判为中心的诉讼制度、法官独立公正行使审判权等。在进一步改革中，无形中增加了法官的权力。而与权力相配套的便是责任。因此，完善法官责任制度和错案追究制度也是下一步改革的题中之义。谈及司法责任制时，首先要厘定清楚司法责任制的基本概念。

法官责任制的基本含义便是“谁办案，谁负责”，而法官的责任也体现在办案的过程和办案的结果上。在办案的过程中，由独任法官或者合议庭对案件全面审理，并对案件进行独立裁判，不受他人干涉。从办案的结果上来说，审理案件的法官对于审理的结果承担相应的责任。当出现违法或者不当的情形时，

法官也应受到相应的处分。〔1〕

第一，法官责任制的主体是案件的“主审法官”。强调司法责任制的主体是案件的主审法官，原因在于司法实践中刑事案件都会交到一个具体承办人手里，其负责对案件的证据进行全面的梳理和裁剪，以此来认定事实和适用法律。而与其组成合议庭的其他人员虽然也参与到庭审过程中，在理论上对案件也有决定权，但实际上，由于对案件的了解和熟悉以及一些约定俗成的规则，主审法官有着更强的话语权。同样，主审法官也不等同于审判长。审判长的位置往往由具有一定行政级别的人担当，但其具有的形式意义更大一些。因此，当司法出现严重瑕疵时，不应该盲目追责，司法责任制应该准确的定位于案件的主审法官。这也是对于主审法官的一种负面激励，从而使主审法官以更加审慎的态度对待案件，更加认真的裁剪和认定事实。

第二，司法责任制是权责相统一的制度。法官对自己所审理的案件负责的前提是法官独立审理案件，在不受干涉的情况下作出裁判结果。法官独立享有司法权，是明晰责任的第一步。只有法官独立对案件进行审判，依据自己对事实的认定和法律的适用进行判决，而不是依据领导意志或者其他力量的干涉进行的裁判，那么发生错案后，追究其责任变得无可厚非。否则，在“审者不判，判者不审”的司法制度下，由法官个人承担责任，难免有些替罪羔羊的意味。进而言之，法官独立审判也是

〔1〕 参见孙伟峰：“主审法官办案责任制的现实困扰与治理——基于基层法庭视角的考察”，载《湖南农业大学学报（社会科学版）》2014 年第 6 期。

公正审判的保障。当法官审理案件真正地既独立于外部力量的干预，又独立于内部领导的意志，其独立承担司法责任，那么其对案件的审理会变得更加谨慎，也会更加无私的审理案件。

第三，不能将司法错误救济和司法责任混为一谈。司法错误救济是国家作为一个“制度系统”向当事人和社会承担责任，弥补当事人在遭遇司法错误时所遇到的损失。而本文所指的司法责任制是对法官个人的一种问责机制。当法官在案件审理过程中出现重大过错，法官将会承受的个人责任。两者的区分主要体现在以下几个方面：首先，在责任范围上，司法救济的范围明显大于司法责任的范围。启动司法救济程序的条件明显要比司法责任制的宽松。在刑事审判中，当对被告人的裁定出现法律规定的错误时，就可以启动司法救济程序。同时，有种观点认为，更为广义的司法错误救济程序还包括上诉审程序和再审程序。[1]如果在认同这种观点的前提下，那么司法错误救济程序的启动就更加宽松，只要被告人认为对其审理存在错误，其就可以启动司法救济程序。而司法责任制则不然。其程序启动更加严格。只有在刑事审判中，法官对出现明显错误的结果负有故意或者重大过失时，他才应承担相应的责任。这是由于司法错误造成的，其原因可能并不单单是法官个人的因素，还可能是由于种种制度缺陷，甚至于案件事实复杂案件真相难以得到还原，其审理难度已然超过了法官个人普遍知识和能力所能掌控的范围。因此，司法责任制的范围要比司法救济程序的

〔1〕参见傅郁林：“司法责任制的重心是职责界分”，载《中国法律评论》2015年第4期。

范围小得多。

在对司法责任制有了基本认识的前提下，进行司法责任制改革还需要理顺以下三者之间关系：

第一，处理好审判权与司法行政管理问题，保障“审理者裁判”。[1]目前，在我国司法实践中，存在着司法行政化问题。在司法体系内部，沿袭着行政机关“科层制”的管理模式。当法官作出一项裁判之后，要依次经业务庭的庭长、分管副院长和院长进行审查，这无疑制约了法官独立审判权限。在进一步的改革过程中，要落实扁平化管理模式，减少法院内部的层层审批的环节，使得法官对案件的裁判结果有着绝对的话语权。这也是十八届四中全会《中共中央关于全面深化改革若干重大问题的决定》提出的严格司法，落实办案终身制的前提条件。

第二，要处理好审判权与审判监督权之间的关系。正如学者指出：“审判权是主体，审判监督权是保障，如同‘一体两翼’确保司法公正高效”。[2]在不断加强和保障法官独立行使裁判权的同时，不能弱化审判监督管理权。理顺二者关系，也是落实司法责任制的题中之义。首先，要正确定位审委会职能。在审委会的改革中，应该强化审委会的指导功能，其主要工作应该由现在对案件的最终审查转移到集中讨论研究具有指导性意义的疑难、复杂、重大案件，从而统一法律适用的标准。其次，要进一步规范合议庭案件的合议程序。合议庭审理案件是

〔1〕关于司法去行政化问题将在下一小节详细论述，此处只涉及落实扁平化管理，保障法官独立审判对落实司法责任制的重要意义。

〔2〕林振通：“落实司法责任制要处理好三个关系”，载《人民法院报》2015年9月23日，第2版。

司法民主化的集中体现。目前我国在合议庭制度上还不完善，存在合议庭沦为形式的现象。应该进一步规范合议程序，建立注明不同意见情况和裁判文书签署等程序。再次，在案件评查过程中，要注重对法律适用问题进行评查。我国长期以来，强化审判的监督管理权而弱化法官个人独自审判的因素，其中最为重要的一个原因就是忧虑法律适用的不统一以及对法官适用法律能力的不信任。因此，在下一步保障法官独立审判同时，应该在案件评查过程中，加重对法律适用问题的评查比重。对于争议较大的法律适用问题抑或热点问题的法律适用，及时发布通报，促使法官统一认识。最后，合理规范审判权运行。在审判权的运行过程中，对于各个环节进行合理分解，明确责任人，同时也明确具有领导职务的人的监督指导职责，对不属于其职权范围内的案件的干涉，要全面留痕。2015 年中央政法委颁布的《司法机关内部人员过问案件的记录和责任追究规定》便是其中典型代表。

第三，处理好错案追究和司法职务豁免之间的关系。因为所审理的案件事实属于已经发生的客观事实，并不太可能完全还原。而且在法律适用过程中法律本身也具有不确定性，法官不可能得到“唯一正确的答案”。若是只要法官得出的裁判后来被推翻，就要追究法官的个人责任，难免有矫枉过正之嫌。因此，在清醒地意识到司法错误救济和司法责任之间的区别后，要清楚的厘定出“错案”追究的范围及界限。当然这一界限并非一成不变，需要结合具体案情来分析。但是在确定法官是否承担个人责任过程中，应该保证两大基本原则：一方面，要明确法官在审理案件过程中，故意违反法律和法官职业伦理，造成案件审判结果发生错误，应当追究其责任。或者在法官的审理过程中，存在重大的过失，导致案件发生错误，也应追求其责任。在其他情形下，不应追究法官个人责任。另一方面，要完善司法职务豁免制度。确保法官在依法履行自己的职务行为时，除违反法律和法官职业伦理，不受法律追究。法官在履行法定职责的过程中，非经法定程序不得对其调离或免职。

二、建立与完善交叉询问制度

我国《刑事诉讼法》和相关的司法解释虽然规定了交叉询问制度，但是其规定相当简略，缺乏可操作性，再加之配套措施的不完善，导致了我国的交叉询问制度形同虚设。构建和完善交叉询问制度，不仅仅需要完善交叉询问制度的立法细节，使之体系化并具有可操作性，还要完善与之相应的配套措施。例如完善证人出庭作证制度，保障被告人的诉讼权利等。这些内容将会在本文其他部分展开叙述，而在此处主要论述交叉询问制度的内部构造。

（一）交叉询问制度的属性

交叉询问制度是被告人质证权的一项重要内容。而所谓的质证权有三个层面的含义，首先是“到场权利”，即被告人及其辩护人有到场参与庭审并要求证人出庭作证的权利。其次是“眼球对眼球的权利”，即被告人有与作出对其不利证言的当事人当面对质的权利。[1]第三个层次便是“交叉询问的权利”，即

〔1〕易延友：“眼球对眼球的权利——对质权制度比较研究”，载《比较法研究》2010年第1期。

被告人可以对作出不利自己证言的证人进行交叉询问。作为对质权的重要组成部分的交叉询问制度也有着自身所特有的属性。

一方面，交叉询问是人权保障的必然要求。作为刑事诉讼的被告人，其通过交叉询问制度与作出对其不利证言的证人当面质证，以此来对抗强大的国家诉讼机器，从而实现控辩双方平衡和程序公正。若是不能保障被告人的交叉询问权利，无疑是对其权利的侵犯，就相当于未经被告人充分辩解，就认定其有罪。这是对程序公正的违反，同时也侵犯了当事人的基本人权。因此，保障交叉询问制度，也是保障基本人权这一《刑事诉讼法》基本原则的要求。

另一方面，交叉询问制度具有强烈的规则属性。交叉询问是一项制度，其实质内容就是庭审中对证人询问的流程。在刑事诉讼中，控辩双方运用交叉询问来对对方提出的证据进行质疑，从而帮助法官查明案件事实真相。而且，交叉询问制度是一种程式化非常强的制度，其运行要严格按照固有的模式进行。因此，科学合理的设计交叉询问制度也是发挥其制度功效的前提条件。

（二）立法层次上交叉询问制度的完善

现代法治国家的通行做法是将交叉询问制度规定于专门的证据法典中。但是，由于我国并没有证据法典，而且我国的交叉询问制度的有关规定散布于《刑事诉讼法》及其相关的司法解释中。因此，建议未来立法时统一整合交叉询问制度的有关规定，且将其细化，要明确交叉询问的主体、对象和方式等内容。首先，交叉询问的主体应该包括公诉人、被告人及其辩护人。同时，在主体问题上应当明确的是，在被告人未聘请辩护人，法庭也未向被告人指派辩护人的前提下，被告人依然享有交叉询问的权利。在交叉询问的对象上，应该包括被告人、被害人、证人、鉴定人和侦查人员。而交叉询问的方式上，有一问一答式和对话陈述式。根据各国通行的经验和我国目前实际情况，我国应选取一问一答式的交叉询问方式。

交叉询问制度是一项技术性很强、程序繁琐的制度，对其制度所涉及内容均以立法形式进行规定，会显得立法有些臃肿。同时，交叉询问的规则可能会经常变动，若是以立法的形式规定，则需要频繁修法。另外，我国《刑事诉讼法》在2012年刚修订，若再轻易修法，有损立法的权威性。因此，较为合理的做法是以立法的形式将交叉询问制度的原则性规定和例外确立下来。同时，将交叉询问规则以司法解释的形式颁布，这样能更好地兼顾交叉询问的制度性和技术性。

（三）交叉询问的进行顺序

交叉询问制度的进行，需要有一定的顺序。在长期实践中，交叉询问的顺序形成了两个基本原则：①“传者先问”原则，即申请传唤证人到庭的一方先行发问；②次第进行顺序原则，即按照事先规定的顺序依次进行询问。

“传者先问”原则是基于一方申请传唤证人到庭，说明其欲借该证人证言说明一些问题，应该由其先行发问，引出双方争议焦点。诸如当被告人向法庭申请对其作出有利证言的证人出庭作证，被告人及其辩护人先行发问，从而点出该证人所要证明的问题，然后再由控诉方发问，对其证明的问题提出质疑。若遇到控辩双方同时传唤某证人出庭作证的时候，可以由控辩双方合意决定，若意见不能达成一致，则由审判长决定。

次第进行顺序原则，是指在交叉询问中应遵循以下步骤：①应先由申请传唤证人到庭的一方先行发问，此为主询问。由申请传唤一方进行主询问的理由前已讲明，主询问的范围也无特别限制，只要与案情有关均可。②主询问发问完毕后，由另一方发问，此为反询问。反询问的内容在原则上是要受到限制的，主要围绕着主询问证据存在的疑点进行。这是为了防止当反询问人可以自由发问时，可能使得庭审过程变成了双方自说自话，失去了庭审的意义。③然后再由先发问一方再次进行主询问，这次主询问的目的是澄清和解释反询问时对方当事人所提出的问题和疑点。④再次由另一方进行反询问，对再次主询问发表意见。依次进行四个步骤，视为交叉询问结束。当然，交叉询问并不限于此，若控辩双方认为还有继续进行询问的必要，经审判长准许，可以继续进行询问。

（四）交叉询问适用的规则

第一，无关询问禁止规则。禁止对被询问人询问与案情无关的内容。庭审的目的在于发现案件实体真相。若是允许询问者在无关问题上浪费时间，只会增加庭审成本，徒劳无益。若出现询问人询问无关问题，审判长可打断其询问。若询问人作出合理的关联性解释，可继续询问。

第二，重复询问禁止规则。禁止重复询问的理由与上述禁止无关询问的理由相一致。因为重复询问对于查明案件事实真相并无意义，而且还拖慢了庭审的进度。

第三，责难性询问禁止规则。责难性询问往往是由控诉方作出。作为代表国家提起公诉的检察机关往往会有一种居高临下的感觉，再加之其将责难性询问作为获取有利于控诉一方的证言的一种手段。这种责难性询问不仅不有利于查明案件事实真相，在一定程度上还对案件事实的查明起到了反作用。因此，应禁止责难性询问。当然，在有些情况下，证人存有作伪证的嫌疑或者证人对待出庭作证态度不够认真，询问人可以向法庭申请，由审判长向其说明作伪证的法律后果及法庭纪律。

第四，诱导性询问禁止规则。诱导性询问往往是把询问人所追求的回答包裹在问题里，以提问方式向被询问人发出，让其作出询问人所追求的回答。[1]诱导性询问主要包括以下几种：①期待性询问，询问者通过提问的方式暗示被询问者，使其作出预期的回答。②择一式询问，询问者说明案情，暗示被询问者选择其一进行回答。③连串式询问，将几个具体特定的事实串联在一起进行询问，从而对被询问人产生误导，干涉其表达自由。我国在出台相关证据规则时，一定要明确引诱式询问的具体情形，加以禁止。

三、继续推进司法去行政化

（一）理顺司法与地方行政关系，防止外部力量干预司法

我国现行体制是一个以行政权为主的权力结构，在对司法权的要求中，就强调其服务大局的属性。因此，往往造成行政权主导司法权的现象。加之地方政府往往控制住司法机关的人财物，使得司泆机关不得不顺从外部行政力量。因此，在新一轮的司法改革中，如何阻隔外部行政力量干预司法活动成为了

〔1〕 Bryan A. Garner, Black’s Law Dictionary, West Group, 2004, p. 800.

题中之义。[1]党的十八届三中全会首次提出："要推动省以下地方法院、检察院人财物的统一管理"。2014年6月中央深改小组会议审议通过的《关于司法体制改革试点若干问题的框架意见》将其列为四项基础性改革举措之一，规定对人事"省级统一提名，地方分级任免"的方案，提名权在省级，任免权依照法律的规定，依然在各级人大及其常委会；对财物的统一管理，主要是省以下地方法院、检察院经费由省级政府财政部门统一管理实施。该项改革举措如若实现将有力保障司法机关依法独立行使职权，但因其涉及我国政体、宪法以及党管干部原则等根本性问题，涉及面广，改革难度很大，目前仍处于摸索阶段[2]。

不仅如此，随着改革的不断深入，我国亦以立法的形式，加强了对于法官依法履职的支持和保障。人民法院落实《保护司法人员依法履行法定职责规定》的实施办法中明确规定，"凡是对于国家机关及其工作人员干预司法活动，以及妨碍公正司法的，法官有权提出控告。""法官及检察官，有权拒绝任何单位或个人，违反法定职责或法定程序、有碍司法公正的要求，且对于不听'招呼'的法官和检察官，不进行随意的调离、处分、降级、辞退以及免职"。该规定的颁布实施，对于法官而

---

〔1〕2015年3月18日，"中办、国办"印发并实施的《关于领导干部干预司法活动、插手具体案件处理的记录、通报和责任追究规定》，为领导干部干预司法划出"红线"。同年8月19日，最高人民法院印发了《人民法院落实〈领导干部干预司法活动、插手具体案件处理的记录、通报和责任追究规定〉的实施办法》及《司法机关内部人员过问案件的记录和责任追究规定》，为司法机关及工作人员依法独立行使职权创造良好的环境。

〔2〕陈光中、曾新华："中国刑事诉讼法立法四十年"，载《法学》2018年第7期。

言，不仅更加坚定了他对公平正义的理想和信念，而且也更好实现了法官对于司法事业所作出的承诺。

（二）改革法院内部行政管理模式，保证法官独立审判

新一轮的司法改革的制度设计目的之一便是形成以法官为中心的法院，打破法院内部的行政性，充分发挥审判功效，保障审判质量。在前些年的改革中，有明显加强审判管理的趋势，这主要是出于前期加强法官审判权改革遇挫，加之司法腐败问题的顾虑。但是加强审判管理的改革沦为了加强法院内部行政要素，导致了司法行政化这一问题的突显。所以，针对法院内部当前的行政管理模式进行改革已经显而易见：①要限制院庭长对刑事案件的审判干预。在司法体系内部，要逐渐减少法官需要报请领导审批的事项，确保法官独立审判案件。②摒弃简单的数目化管理。在司法管理活动中，上级机关对于下级机关的考核往往是通过结案率、上诉率、二审改判率等数目化进行考核。但是这些简单的数据并不能直接反映出诉讼案件的复杂和多变。对此，《最高人民法院关于完善人民法院司法责任制的若干意见》提出，建立符合司法规律的案件质量评估体系、评价机制及在各级人民法院成立法官考评委员会，以此对法官业绩进行评价，并作为法官任职、评先评优和晋职晋级的依据。[1]③资源向办案部门倾斜。在法院系统内部的资源配置方面，应该向业务部门倾斜。作为一线办案的法官应享受略高于其他职位的福利待遇。④整合部门，实行大部制改革。目前法院内部

〔1〕《最高人民法院关于完善人民法院司法责任制的若干意见》第 12 条规定："建立符合司法规律的案件质量评估体系和评价机制……"第 13 条规定："各级人民法院应当成立法官考评委员会，建立法官业绩评价体系和业绩档案……"

综合部门之间权能相互交叉重叠，且人员也占相当大比重，出现了管理机构主导法院的情况。因此，对于综合部门应该进行合并，撤销不必要的部门。⑤弱化业务庭的功能。在法院内部，为了方便对各类诉讼进行管理，成立了各个业务庭。而法院内部的办案流程逐渐变为了承办案件法官的领导。法官在办理案件的过程中，诸多事项都要经过业务庭的庭长审批。这无疑使业务庭凌驾于合议庭之上，弱化了合议庭应有的价值和作用。对此，在下一步改革过程中，应该逐步弱化业务庭的作用，它只负责案件的分流，而不具体干涉案件的具体审理问题。⑥要规范上下级法院的业务管理关系。上下级法院在业务上的主要联系之一便是下级法院就疑难问题向上级法院请示报告。但是这种请示报告往往造成了“审者不判，判者不审”的情况。因此，在请示报告制度中，应该明确范围，仅限于法律适用和自由裁量权行使问题，请示报告不得私下进行，必须以院的名义发出。

四、促进控辩平等对抗

（一）切实保障辩护律师权利的行使

自2012年《刑事诉讼法》修改以来，律师的权利得到了扩展，我国辩护律师制度也进一步与国际接轨。2017年，最高人民法院、最高人民检察院、公安部、国家安全部、司法部、中华全国律师协会发布了《关于建立健全维护律师执业权利快速联动处置机制的通知》。该通知明确要求，要加快建立健全维护律师执业权利快速联动处置机制，加强沟通协调，确保律师执业权利受到侵犯后第一时间受理、第一时间调查、第一时间处理、第一时间反馈，切实提高维护律师执业权利的及时性和有效性，保障律师依法执业。因此，建议从以下几个方面，继续深入扩展律师的权利。

1. 扩大律师在侦查阶段的权利

根据2012年《刑事诉讼法》，犯罪嫌疑人可以在侦查阶段聘请律师，这无疑更加有利于保障犯罪嫌疑人的诉讼权利。但是，作为辩护人的律师在此阶段权利是有限的。律师只能代理犯罪嫌疑人进行申诉、控告，申请变更强制措施等活动，其所能知悉的犯罪嫌疑人情况仅限于向侦查机关了解犯罪嫌疑人涉嫌的罪名，并提出自己意见。而这些权利，无疑很难让律师充分发挥自身职能，保障其当事人的合法权益，这也就造成了律师在侦查阶段徒有辩护人之名，而无辩护人之实。

因此，应当在侦查阶段赋予辩护人全面阅卷的权利和调查取证权利。辩护人全面阅卷的权利可以使律师在侦查阶段全面了解案情，对于可能出现的侵害犯罪嫌疑人合法权利的行为采取有效的应对措施。而辩护人的调查取证权则可以使辩护律师自行收集一些有利于犯罪嫌疑人的证据，尤其关键的是，当辩护律师收集到犯罪嫌疑人不负刑事责任、犯罪时不在场等重要证据时，既帮助了犯罪嫌疑人，也节省了司法资源。而且，只有具备了这两项权利，犯罪嫌疑人及其辩护人才有了同国家机器相对抗的基本条件。

2. 取消对律师取证权的限制

我国《刑事诉讼法》明确了律师取证的时间点和相关条件，在一定程度上认可了律师调查取证的权利。但是，《刑事诉讼法》依然对律师的调查取证权设置了诸多限制。如律师向被害人或其近亲属取证还要经检察机关或法院许可。我国在今后的立法过程中要逐步取消对律师取证权的限制。因为律师的取证权是辩护方对抗国家公诉机关的主要手段之一，是控辩平衡的根本保障。律师本身取证能力与国家机器相比较就十分弱小，若再加以限制，无疑会使得控辩双方对抗更加失衡。在设计律师取证权相关规定时，应该允许律师自被聘为辩护人时就享有调查取证的权利。而且律师向任何人调查取证，只要经该证人同意，无需经过任何机关许可。换言之，虽然律师的取证权利并不具有强制性，需征得证人同意之后方可行使，但其调查取证的权利也是自由行使的，不需要经过任何审批。

3. 增设辩护人的讯问在场权

在对犯罪嫌疑人讯问时，允许辩护人在场是各国刑事立法的通例。但是，在我国，讯问时候允许辩护人在场是否会影响讯问正常进行，有碍侦查却引起广泛的争议。顾永忠教授曾在公安机关的配合下做过一个实验：在辩护人在场的情况下，公安机关对犯罪嫌疑人进行讯问。实验结果表明：犯罪嫌疑人在辩护律师在场的情况下能够自主地回答问题，且充分表达自己想法，并在之后的讯问中也保持一致的口供。[1]由此可见，讯问时律师在场还是利大于弊的。

与此同时，随着同步录音录像技术的普及，侦查人员利用非法手段进行讯问的可能性越来越小，其讯问的整个过程都被录音录像如实记录下来。因此，侦查人员也没有必要排斥讯问

〔1〕 参见顾永忠：“关于建立侦查讯问中律师在场制度的尝试与思考”，载《现代法学杂志》2005 年第 5 期。

时辩护人在场，而且辩护人在场可以帮助被讯问人清晰的表达思路，使得讯问过程能够顺利进行。

4. 增加辩护律师在死刑复核阶段的权利

死刑复核阶段关系到每个人的“生命权”，作出死刑复核的法官应慎之又慎，更需要全面了解整个案件事实。而律师作为辩护人所发表的意见应该是进行死刑复核的法官重要的参考。因此，应该在死刑复核阶段，保障律师的会见权。通过律师与被告人的沟通，争取最后一丝希望，同时律师可以将被告人的情况及时传达给负责死刑复核的法官。律师在死刑复核阶段提出意见的权利应该进一步得到加强，确保负责死刑复核的法官不仅能听到，而且在决定死刑复核结果时充分考虑。为此，负责死刑复核的法官应在作出死刑复核结果时注明是否采纳了律师的辩护意见，不予采纳时要注明理由。

（二）完善法律援助制度

1. 扩大刑事案件法律援助适用范围

目前，我国《刑事诉讼法》的法律援助案件主要分为两类：一类是“应当型”，即盲聋哑人、精神病人、未成年人和可能被判处无期徒刑或死刑的人；一类是“可以型”，即被告人确有经济上困难，无力支撑聘请辩护人的费用，可以由被告人或其近亲属申请，经法院许可可以为其指定辩护人。从立法来看，我国的法律援助范围依然较窄，与刑事司法中的人权保障的要求还有较大的差距。因此，十八届四中全会明确提出“完善法律援助制度，扩大援助范围”的要求。2015 年 6 月，中共中央办公厅、国务院办公厅印发了《关于完善法律援助制度的意见》，要求建立法律援助值班律师制度——法律援助机构在法院、看守所派驻法律援助值班律师；健全法律援助参与刑事案件速裁程序试点工作机制；建立法律援助参与刑事和解、死刑复核案件办理工作机制，依法为更多的刑事诉讼当事人提供法律援助。2017 年 10 月，最高人民法院、司法部联合出台《关于开展刑事案件律师辩护全覆盖试点工作的办法》规定，在北京市、上海市、浙江省、安徽省、河南省、广东省、四川省、陕西省的全部或部分地区开展刑事案件律师辩护全覆盖试点工作。在之前法律援助范围的基础上，其他适用普通程序审理的一审案件、二审案件、按照审判监督程序审理的案件，被告人没有委托辩护人的，人民法院应当通知法律援助机构指派律师为其提供辩护。适用简易程序、速裁程序审理的案件，被告人没有辩护人的，人民法院应当通知法律援助机构派驻的值班律师为其提供法律帮助。需要同时指出的是，本地律师资源不能满足工作开展需要的，司法行政机关可以申请上一级司法行政机关给予必要支持；有条件的地方可以建立刑事辩护律师库，为开展刑事案件律师辩护全覆盖试点工作提供支持。尽管如此，这仍然不能满足司法实践的需要，我国的有罪判决率非常之高，被判处 5 年以上有期徒刑的被告人占总判决率的 13% 左右。〔1〕因此，考虑到地区发展的差异性，从全国范围而言，现阶段刑事法律援助范围，以扩大至可能判处 5 年以上有期徒刑和可能判处 5 年以下有期徒刑但不认罪的犯罪嫌疑人、被告人为宜。〔2〕

---

〔1〕《中国法律年鉴》编辑部编辑：《2013 年中国法律年鉴》，中国法律年鉴出版社 2013 版，第 1200 页。

〔2〕沈德咏："庭审实质化的六项具体改革措施"，载 http://news.xinhuanet.com/legal/2016－02/03/c_128697270.htm，最后访问时间：2016 年 3 月 15 日。

2. 灵活运用法律援助的经济标准

在申请法律援助中，经济困难无疑是最为重要的一个条件。根据2013年颁布的《关于刑事诉讼法律援助工作的规定》，公民经济困难的标准应由受理案件的各省、自治区和直辖市人民政府规定。在实际操作中，各省往往把经济困难的标准等同于最低生活保障的标准，这无疑是不符合实际的。参与司法活动，聘请律师无疑是一笔相当大的支出，即使有些家庭的收入高于最低生活保障水平，但是其依然无力支付聘请律师费用也是极其正常的。当因无法聘请律师难以获得有效的辩护而导致被告人被定罪量刑，难免会使人们质疑司法的平等性，认为其是“有钱人的游戏”。在认定经济困难时，各省（区、市）应该提高现在标准，即应为最低生活保障标准的1.5倍至2倍，这样才能使更多的人感受到司法的公平对待。另外，司法部法律援助工作司司长白萍在五部门联合印发《关于开展法律援助值班律师工作的意见》中，就如何加大民生领域的法律援助服务力度给予了解读：①要进一步扩大法律援助的覆盖面，以此来惠及更多的困难群众；②要加强特定群体法律援助工作，尤其对残疾人、未成年人、老年人、妇女、农民工等特定群体，提供好法律援助保障工作；③要努力实现咨询服务全覆盖，以促使群众对法律援助工作的满意度进一步提升。[1]

五、完善刑事司法业务考评

完善的刑事司法业务考评制度会极大提升司法效率。然而

---

〔1〕“五部门出台意见部署法律援助值班律师工作”，载 https://news.china.com/news100/11038989/20170828/31211504.html，最后访问时间：2017年8月31日。

在研究我国刑事司法发展过程中，需要考量其历史的因素影响。在具体分析环节中发现，现在执行的司法业务考评制度出现诸多问题亟待解决，它包括考评标准不严格、流程运作不规范、考评内容不明确等。

（一）我国刑事司法业务考评制度概述

公检法三大机关在进行司法实践时都有一套针对自身制定的业务考评制度。这一制度设置的目的便是以考评的形式促使办案质量的提高，激励“创先争优”。业务考评制度通常每年度进行一次。它不仅种类特别多，涉及的范围也比较广，主要内容包含三个方面：首先，是对“量”进行考评。顾名思义，便是考评时以数量作为衡量的标准，通过对基础的办案数量设置标准值，当基础的办案数量达到标准的情况下可以采用增分操作，如果没有达到标准值则会进行减分操作。[1]公检法三机关对“量”的考评主要包括初查数、立案数、结案数、破案数、抓捕数、刑罚数以及公诉数等。[2]其次，是对“率”进行考评。这一考评方法是将比例作为考评的重要指标。这有一个基础权重数作为指导，在具体工作时能够达标可以采用增分操作，如果没有达标可以采用减分操作。对“率”进行考评主要是对年终结案率、上诉率、改判率、支持抗诉率、提请抗诉率、有罪判决率、不起诉率、批捕率、大要案率、成案率（撤案率）等进行的考评。[3]最后，是对

〔1〕参见黄维智：“业务考评制度与刑事法治”，载《社会科学研究》2006年第2期。

〔2〕参见姜瑞锋、付振祥：“浅论民意对我国刑事司法的影响”，载《公民与法（法学版）》2012年第12期。

〔3〕参见黄维智：“业务考评制度与刑事法治”，载《社会科学研究》2006年第2期。

“新”进行考评。将创新作为考评的重要指标。创新的标准是指该事项在全市、全省甚至全国是首创。它包含了司法改革的创新、办案机制的创新以及用人制度的创新等。这一考评对创新事项加分来作为奖励，根据创新亮点的多少来决定所加分数的多少。创新是分数获得的主要因素。[1]

（二）刑事司法业务考评制度的完善策略

1. 建立符合程序正义的刑事司法考评制度

目前的刑事司法考评制度存在有违程序正义的情形：其一，存在着侵犯当事人诉讼权利的现象。一些基层法院在工作中为了追求更好的业绩考核成绩，在具体工作中会从主观上限制立案数量。同时为了达到整体考核效果的追求，他们要事先和上级立案机构进行协商，然后再开展该院的立案工作。这种操作的问题是不能职责分明，难以提升工作效率。此种情况下当事方维权的难度非常大，对于征地补偿和房屋拆迁甚至是不太可能的事情。从其操作的业绩角度分析，确实能够起到年立案正确率的提升，但这是以牺牲当事方合理诉讼权利作为代价。其二，影响了审判独立。审判管理办公室通过月通报、季通报、约谈、抽检、下达任务等方式进行业务的开展。此种操作方式将会让下级部门在考核过程中出现不作为的被动状态，从而影响了案件的审理，变相地剥夺了法官的独立性。考核业绩的提升成为基层法院工作的最大动力和行动向导。在具体案件审理工作中，要以上级法院的沟通结果作为判决的重要参考依据。

---

〔1〕参见黄维智：“业务考评制度与刑事法治”，载《社会科学研究》2006年第2期。

此时如果要是出现上诉的情况，会受到来自于上级部门的干涉压力，这会对程序正义的维护产生巨大破坏作用。

近年来，中央政法委对办案的绩效考评制度的建立和健全提出了具体要求。该制度要以科学合理为前提，要符合司法的规律，不能对定罪、起诉、批捕、破案等方面的效率进行片面的追求。最高人民法院也具体指出，要科学地建立办案绩效的考核指标体系，而不是根据单独一项的考核成绩作为指标来对办案效果和质量进行评判，这些指标便包括改判率、发回重审率以及上诉率等。[1]要根据审判权与检察权二者的规律来对考评制度和方法进行科学全面和具体的制定，对考评的制度和方法进行细化，不能片面、简单、标准僵化，而是具有张力和弹性的同时还要有可操作性。

2. 推行分层、分类考核制度

现在法院体系和检察院体系在考核内容中难以做到具有岗位分化的操作效果，在具体运作环节中难以对不同岗位的员工考核采用区别操作模式，这样会带来管理的难度和运作的低效率。从操作内容角度进行分析，这些体系现行的标准以《公务员法》为依据，主要从五个环节进行分析，其分别是德、能、勤、绩、廉。这种运作方式的主要问题体现在将具有特殊行政职能的法官和检察官看作是普通的机关工作者。因为他们具有审判和检察的权利，如果采用此种操作模式将会模糊他们职业的特殊属性，同时也不能够展现出司法权运作的价值。此种操

〔1〕参见刘文化："我国刑事司法考评制度的困境与完善"，载《辽宁行政学院学报》2015年第7期。

作模式难以从专业人才构建的角度进行有效的考核评判，客观上不能够体现出党十八届四中全会关于推进法治专业化队伍建设的要求。

最高人民检察院已经颁布的《2014～2018年全国检察人才队伍建设规划》明确表示，要在2016年底完成我国所有检察机关人员分类的管理操作。这需要根据具体岗位的要求以及不同岗位的职能等，将其进行三级分类操作，首先是检察官，其次是检察官助理，最后是普通工作人员。在此基础上根据职位的具体特点，进行专业化的考评和管理操作。据此，以现行的《检察官法》以及2006年1月1日实施的《公务员法》为根据，按照检察工作的性质和业务特点，构建出专业化、科学化的检察职位立体重构机制。检察官的职位可分为检察业务和检察综合两类。针对法院系统来说，则需要从现有法官中将审判工作方面的法官进行分离，也就是将法院工作的书记、行政、法警和其他辅助工作的人员作为法官审判时的辅助人员。单独对法官进行管理，对符合审判工作的规律以及法官工作的职业特点的职务序列进行建立，并在这一环节中将法院负责审判的工作者和其他工作者之间的联系和区别进行整理划分，有效解决现有审判人员过少的问题。[1]有效构建法官专司审判的管理机制，凸显出发展的职能。在此基础上根据各个岗位自身的职业特点以及相应的工作要求，构建出更加适合现在法院运作的定量考评体系，以此完善原有的管理制度的不足。

---

〔1〕参见刘文化："我国刑事司法考评制度的困境与完善"，载《辽宁行政学院学报》2015年第7期。

3. 加快信息技术与制度建设

目前，我国逐步进入信息化时代，信息技术对业务考评的发展起到质变的推进效果。在结合具体情况开展和管理工作内容的基础上，不断强化信息技术在业务考评中的运用，以此保障业务考评数据的准确性和统计的快速性。信息技术在业务考评中的应用体现在以下方面：首先，要借助于信息技术达到数据快速统计和精准分析处理的效果，这样能为具体的规划起到重要的参考效果。在此基础上要严格把握信息源的搜集和信息数据控制的操作内容。它需要做好一系列的工作准备，包括统计操作、技术管理、数据检查、责任追求等内容，以综合角度达到数据的真实性、公开性和透明性，以此作为基层法院和基层检察院绩效考核的有效工具。其次，要完善案件审判流程线上运行机制。目前法官办理的案件均在线上系统运行，在此基础上应该进一步完善线上运行系统。在法律规定的范畴内进行线上运行信息的公开化，这也是工作透明化的客观要求，同时借助于信息技术达到流程操作的无缝对接，保障线上运行系统操作的顺畅性，从而使案件办理的全过程都能在运行系统中充分展示出来。最后，信息化数据可以作为法官激励机制的依据。线上运行的数据所反映的办案数量与质量要和法官的绩效挂钩。借助于信息平台构建的方式进行快速、全面、高效的运作，在提升工作效率和培养优秀人才的同时，展现出司法机关对正义的追求。

小　结

在我国建立和完善直接言词原则任重而道远。

第一，要在诉讼理念上进行转变，从“以侦查为中心”的思维方式向“以审判为中心”的思维方式进行转变。在案件审理过程中，要逐步摆脱对卷宗的依赖。

第二，要认真贯彻直接原则，就要深入推进“以审判为中心”诉讼制度改革，使刑事诉讼的中心进一步向庭审转变。同时也要进一步完善审判委员会制度，解决“审者不判，判者不审”的问题。

第三，完善证人出庭作证制度是言词原则的基石。庭审以言词的方式进行，离不开证人出庭作证。同时作为办理案件的侦查人员，由于其对案情的了解和熟悉，在必要时候其也应该出庭作证。

第四，建立与完善直接言词原则也要其他相关配套措施的同步跟进：①完善法官责任制与错案追究制度；②建立与完善交叉询问制度；③继续推进司法去行政化改革；④促进控辩双方平等对抗；⑤健全更加科学合理的业务考评机制。

参考文献

一、著作类

（一）中文著作

1. 陈光中主编：《21世纪域外刑事诉讼立法的最新发展》，中国政法大学出版社2004年版。
2. 陈光中主编：《刑事诉讼法》，北京大学出版社、高等教育出版社2013年版。
3. 樊崇义主编：《诉讼法学研究（第六卷）》，中国检察出版社2003年版。
4. 樊崇义主编：《刑事诉讼法实施问题与对策研究》，中国人民公安大学出版社2001年版。
5. 卞建林主编：《证据法学》，中国政法大学出版社2002年版。
6. 刘玫：《传闻证据规则及其在中国刑事诉讼中的运用》，中国人民公安大学出版社2007年版。
7. 杨宇冠、吴高庆主编：《〈联合国反腐败公约〉解读》，中国人民公安大学出版社 2004 年版。
8. 杨宇冠、杨晓春编：《联合国刑事司法准则》，中国人民公安大学出版社 2003 年版。
9. 蔡墩铭主编：《两岸比较刑事诉讼法》，五南图书出版公司 1996 年版。
10. 陈朴生：《刑事证据法》，三民书局 1979 年版。
11. 陈瑞华：《看得见的正义》，中国法制出版社 2000 年版。
12. 陈瑞华：《刑事诉讼的前沿问题》，中国人民大学出版社 2000 年版。
13. 陈瑞华：《刑事审判原理论》，北京大学出版社 2003 年版。
14. 陈瑞华：《刑事诉讼的中国模式》，法律出版社 2008 年版。
15. 陈卫东主编：《刑事审前程序研究》，中国人民大学出版社 2004 年版。
16. 程味秋主编：《外国刑事诉讼法概论》，中国政法大学出版社 1994 年版。
17. 程味秋、［加］杨诚、杨宇冠主编：《公民权利和政治权利国际公约培训手册：公正审判的国际标准和中国规则》，中国政法大学出版社 2002 年版。
18. 程汉大主编：《英国法制史》，齐鲁书社 2001 年版。
19. 池国华：《内部管理业绩评价系统设计研究》，东北财经大学出版社 2005 版。
20. 范愉主编：《司法制度概论》，中国人民大学出版社 2003 年版。
21. 房保国：《言词证据研究》，知识产权出版社 2012 年版。
22. 何家弘、南英主编：《刑事证据制度改革研究》，法律出版社 2003 年版。

23. 何家弘主编:《外国证据法》，法律出版社2003年版。
24. 何勤华主编:《法国法律发达史》，法律出版社2001年版。
25. 黄东熊、吴景芳:《刑事诉讼法论》，三民书局2001年版。
26. 黄文:《刑事诉审关系研究》，西南师范大学出版社2006年版。
27. 江伟主编:《证据法学》，法律出版社1999年版。
28. 李游、吕安青:《走向理性的司法——外国刑事司法制度比较研究》，中国政法大学出版社2001年版。
29. 林山田:“刑事诉讼程序之基本原则”，《刑事诉讼法论文选集》，五南图书出版公司1985年版。
30. 刘楠来主编:《发展中国家与人权》，四川人民出版社1994年版。
31. 刘少军:“刑事庭前审查程序若干问题探讨”，载陈光中主编:《诉讼法理论与实践:2002年·刑事诉讼法学卷上》，中国政法大学出版社2003年版。
32. 刘作翔:《法理学视野中的司法问题》，上海人民出版社2003年版。
33. 龙宗智:《刑事庭审制度研究》，中国政法大学出版社2001年版。
34. 龙宗智、杨建广主编:《刑事诉讼法》，高等教育出版社2003年版。
35. 潘金贵:《刑事预审程序研究》，法律出版社2008年版。
36. 蒲坚主编:《中国法制史》，光明日报出版社1987年版。
37. 乔欣主编:《外国民事诉讼法学》，厦门大学出版社2008年版。
38. 中国高级律师高级公证员培训中心、全国人大常委会法制工作委员会刑法室编著:《中华人民共和国法律集注》，法律出版社 1992 年版。
39. 宋冰编：《读本：美国与德国的司法制度与司法程序》，中国政法大学出版社 1998 年版。
40. 宋英辉、孙长永、刘新魁等：《外国刑事诉讼法》，法律出版社 2006 年版。
41. 宋英辉、汤维建主编：《证据法学研究述评》（之二），中国人民公安大学出版社 2006 年版。
42. 宋英辉、吴宏耀：《刑事审判前程序研究》，中国政法大学出版社 2002 年版。
43. 孙长永：《日本刑事诉讼法导论》，重庆大学出版社 1993 年版。
44. 孙长永：《探索正当程序——比较刑事诉讼法专论》，中国法制出版社 2005 版。
45. 汤维建、何泰编著：《民事诉讼法》，中国人民大学出版社 2003 年版。
46. 王超：《警察作证制度研究》，中国人民公安大学出版社 2006 年版。
47. 王怀明编著：《绩效管理》，山东人民出版社 2004 年版。
48. 王进喜：《美国〈联邦证据规则〉（2011 年重塑版）条解》，中国法制出版社 2012 年版。
49. 王尚新、李寿伟主编：《〈关于修改刑事诉讼法的决定〉释解与适用》，人民法院出版社 2012 年版。
50. 王亚新：“论民事、经济审判方式的改革”，载《社会变革中的民事诉讼》，中国法制出版社 2001 年版。
51. 王亚新：《社会变革中的民事诉讼》，中国法制出版社 2001 年版。

52. 王亚新等：《法律程序运作的实证分析》，法律出版社 2005 年版。
53. 王以真主编：《外国刑事诉讼法学》，北京大学出版社 1994 年版。
54. 邬焜：《信息哲学——理论、体系、方法》，商务印书馆 2005 年版。
55. 西南政法学院法制史教研室编：《中国法制史参考资料汇编（第三辑）》1982 年版。
56. 夏征农、陈至立主编：《辞海》，上海辞书出版社 2010 年版。
57. 徐进主编：《诉讼法学词典》，中国检察出版社 1992 年版。
58. 延安市中级人民法院编：《陕甘宁边区高等法院史迹》，陕西人民出版社 2006 年版。
59. 张卫平主编：《外国民事证据制度研究》，清华大学出版社 2003 年版。
60. 张子培：《刑事证据理论》，群众出版社 1982 年版。
61. 江伟教授执教五十周年庆典活动组筹备组编：《民事诉讼法学前沿问题研究》，北京大学出版社 2006 年版。
62. 中共中央马克思恩格斯列宁斯大林著作编译局编：《马克思恩格斯选集》（第 1 卷），人民出版社 1972 年版。
63. 中国法律年鉴编辑部编辑：《2013 年中国法律年鉴》，中国法学年鉴出版社 2013 年版。
64. 周叔厚：《证据法论》，三民书局 1995 年版。

（二）中文译著

1. ［德］卡尔·奥古斯特·贝特尔曼：“民事诉讼法百年——自由主义法典的命运”，载［德］米夏埃尔·施蒂尔纳编：《德国民事诉讼法学文萃》，赵秀举译，中国政法大学出版社 2005 年版。
2. ［德］克劳思·罗科信：《刑事诉讼法（第 21 版）》，吴丽琪译，法律出版社 2003 版。
3. ［德］拉德布鲁赫：《法学导论》，米健、朱林译，中国大百科全书出版社 1997 年版。
4. ［德］马克斯·韦伯：《论经济与社会中的法律》，张乃根译，中国大百科全书出版社 1998 年版。
5. ［德］皮特·高特沃德：“民事司法改革：接近司法、成本、效率”，载阿德里安 A. S. 朱克曼主编：《危机中的民事司法——民事诉讼程序的比较视角》，傅郁林等译，中国政法大学出版社 2005 年版。
6. ［德］托马斯·魏根特：《德国刑事诉讼程序》，岳礼玲、温小洁译，中国政法大学出版社 2004 年版。
7. ［法］贝尔纳·布洛克：《法国刑事诉讼法（原书第 21 版）》，罗结珍译，中国政法大学出版社 2009 年版。
8. ［法］卡斯东·斯特法尼等：《法国刑事诉讼法精义》，罗结珍译，中国政法大学出版社 1999 年版。
9. ［美］理查德·A. 波斯纳：《法律的经济分析（第七版）》，蒋兆康译，法律出版社 2012 年版。
10. ［美］戈尔丁：《法律哲学》，齐海滨译，生活·读书·新知三联书店 1987 年版。
11. ［美］哈罗德·J. 伯尔曼：《法律与革命——西方法律传统的形成（第一卷）》，贺卫方等译，法律出版社 2008 年版。
12. ［美］哈罗德·J. 伯尔曼：《法律与革命——西方法律传统

的形成》，贺卫方等译，中国大百科全书出版社 1993 年版。
13. ［美］罗尔斯：《正义论》，何怀宏译，中国社会科学出版社 2001 年版。
14. ［美］米尔吉安 · R. 达马斯卡：《比较法视野中的证据制度》，吴耀宏、魏晓娜等译，中国人民公安大学出版社 2006 年版。
15. ［美］米尔吉安 · R. 达马斯卡：《漂移的证据法》，李学军等译，中国政法大学出版社 2003 年版。
16. ［美］米尔伊安 · R. 达玛什卡：《司法和国家权力的多种面孔——比较视野中的法律程序》，郑戈译，中国政法大学出版社 2004 年版。
17. ［美］西奥多 · H. 波伊斯特：《公共与非营利组织绩效考评：方法与应用》，肖鸣政等译，中国人民大学出版社 2005 年版。
18. ［美］小查尔斯 · F. 亨普希尔：《美国〈刑事诉讼法〉》第二册，北京政法学院刑诉教研室 1982 年翻印。
19. ［美］约翰 · W. 斯特龙主编：《麦考密克论证据（第五版）》，汤维建等译，中国政法大学出版社 2004 年版。
20. ［美］约翰 · 莱兹："为什么美国可能无法接受德国民事程序中的优点"，傅郁林译，载陈光中、江伟主编：《诉讼法论丛（第 3 卷）》，法律出版社 1999 年版。
21. ［美］乔恩 · R. 华尔兹：《刑事证据大全》，何家弘等译，中国人民公安大学出版社 1993 年版。
22. ［德］K. 茨科格特、H. 克茨：《比较法总论》，潘汉典等译，法律出版社 2003 年版。

23. ［日］谷口平安：《程序的正义与诉讼》，王亚新、刘荣军译，中国政法大学出版社1996年版。
24. ［日］三月章：《日本民事诉讼法》，汪一凡译，五南图书出版社1997年版。
25. ［日］松尾浩也：《日本刑事诉讼法》（上卷），丁相顺译，中国人民大学出版社2005年版。
26. ［日］田口守一：《刑事诉讼法》，刘迪等译，法律出版社2000年版。
27. ［日］土村武司：《日本刑事诉讼法要义》，董璠舆、宋英辉译，五南图书出版公司1997年版。
28. ［意］莫诺·卡佩莱蒂：《比较法视野中的司法程序》，徐昕、王奕译，清华大学出版社2005年版。
29. ［意］贝卡利亚：《论犯罪与刑罚》，黄风译，中国大百科全书出版社1993年版。
30. ［英］丹宁勋爵：《法律的界碑》，刘庸安、张弘译，法律出版社1999年版。
31. ［英］鲁珀特·克罗斯、菲利普·A．琼斯：《英国刑法导论》，赵秉志等译，中国人民大学出版社1991年版。
32. ［英］麦高伟、杰弗里·威尔逊：《英国刑事司法程序》，姚永吉等译，法律出版社2003年版。
33. 白绿铉编译：《日本新民事诉讼法》，中国法制出版社2000年版。
34. 陈界融译：《美国联邦证据规则（2004）译析》，人民大学出版社2005年版。
35. 黄道秀译：《俄罗斯联邦刑事诉讼法典》，中国政法大学出版社 2003 年版。

36. 黄风译：《意大利刑事诉讼法典》，中国政法大学出版社 1994 年版。

37. 李昌珂译：《德国刑事诉讼法典》，中国政法大学出版社 1995 年版。

38. 谢怀栻译：《德意志联邦共和国民事诉讼法典》，中国法制出版社 2001 年版。

39. 宋英辉译：《日本刑事诉讼法》，中国政法大学出版社 2000 年版。

（三）外文著作

1. Andrew L. – T. Choo, *Hearsay and Confrontation in Criminal Trials*, Clarendon Press · Oxford, 1996.

2. Bryan A. Garner, *Black's Law Dictionary*, West Group, 2004.

3. H. Hazlitt, *The Foundations of morality*, University Press of America, 107.

4. Joshua Dressler and Alan C. Michaels, *Understanding Criminal Procedure*, Matthew Bender & Company, Inc. , 2006.

5. R. A. Duff , *Trial and punishment*, Combridge Univerdity Press, 1986.

6. Richard May, *Criminal Evidence*, Sweet & Maxwell, 1990.

7. Rupert Cross, *Cross on Evidence*, London Butterworths, 1985.

8. Thomas A. Mauet and Warren D. Wolfson, *Trial Evidence*, Citic Publishing House, 2003.

9. ［日］松尾浩也编著：《逐条解说：犯罪被害人保护法》，有斐阁 2001 年版。

二、论文类

（一）中文论文

1. 孟建柱："主动适应形势新变化坚持以法治为引领切实提高政法机关服务大局的能力和水平"，载《人民法院报》2015 年 3 月 18 日，第 1 版。
2. 沈德咏："论以审判为中心的诉讼制度改革"，载《中国法学》2015 年第 3 期。
3. 沈德咏："庭审实质化的六项具体改革措施"，载 http://news.xinhuanet.com/legal/2016-02/03/c_128697270.htm，最后访问时间：2016 年 3 月 15 日。
4. 陈光中："修正案方式：《刑事诉讼法》新修改的现实途径"，载《中国司法》2016 年第 1 期。
5. 陈光中、步洋洋："审判中心与相关诉讼制度改革初探"，载《政法论坛》2015 年第 2 期。
6. 陈光中、吕泽华："我国刑事司法鉴定制度的新发展与新展望"，载《中国司法鉴定》2012 年第 2 期。
7. 陈光中、于增尊："关于修改后刑事诉讼法司法解释若干问题的思考"，载《法学》2012 年第 11 期。
8. 陈光中、胡铭："《联合国反腐败公约》与刑事诉讼法再修改"，载《政法论坛》2006 年第 1 期。
9. 樊崇义："以审判为中心"的概念、目的和实现路径"，载《人民法院报》2015 年 1 月 14 日，第 5 版。
10. 卞建林、孙锐："诉审关系论辩——兼论对诉审关系异化的程序性抑制"，载《环球法律评论》2006 年第 5 期。

11. 卞建林、张璐："我国刑事证明标准的理解与适用"，载《法律适用》2014 年第 3 期。

12. 卞建林："直接言词原则与庭审方式改革"，载《中国法学》1995 年第 6 期。

13. 顾永忠："关于建立侦查讯问中律师在场制度的尝试与思考》，载《现代法学》2005 年第 5 期。

14. 曹志林："完善鉴定人出庭制度的思考"，载《人民法院报》2015 年 8 月 5 日，第 8 版。

15. 柴艳茹："侦查人员出庭说明情况调查"，载《国家检察官学院学报》2013 年第 6 期。

16. 陈瑞华："案卷笔录中心主义——对中国刑事审判方式的重新考察"，载《法学研究》2006 年第 4 期。

17. 陈瑞华："论侦查人员的证人地位"，载《暨南学报（哲学社会科学版）》2012 年第 2 期。

18. 陈卫东、韩红兴："慎防起诉状一本主义下的陷阱——以日本法为例的考察"，载《河北法学》2007 年第 9 期。

19. 陈卫东："论刑事证据法的基本原则"，载《中外法学》2004 年第 4 期。

20. 陈兴良："独立而中立——刑事法治视野中的审判权"，载《华东政法大学学报》2007 年第 6 期。

21. 陈永生："论直接言词原则与公诉案卷移送及庭前审查"，载《法律科学》2001 年第 3 期。

22. 董坤："简易程序公诉人出庭问题研究"，载《法律科学》2013 年第 3 期。

23. 董亚平、周芳建："关于我国刑事诉讼贯彻直接言词原则的思考”，载《吉首大学学报（社会科学版)》2007 年第 2 期。
24. 李荣：“量刑实体公正的影响因素研究”，载《河北法学》2012 年第 5 期。
25. 唐仲青：“实体公正探析”，载《西南政法大学学报》2002 年第 3 期。
26. 傅郁林：“司法责任制的重心是职责界分”，载《中国法律评论》2015 年第 4 期。
27. 高洪洲：“司法体制改革下的审判委员会”，载《江苏教育学院学报（社会科学版)》2005 年第 3 期。
28. 何家弘、方斌：“论侦查人员出庭作证范围的科学界定”，载《中国刑事法杂志》2010 年第 10 期。
29. 何家弘、何然：“刑事错案中的证据问题——实证研究与经济分析”，载《政法论坛》2008 年第 2 期。
30. 贺卫方：“中国司法管理制度的两个问题”，载《中国社会科学》1997 年第 6 期。
31. 侯建军、刘振会：“刑事证人出庭作证制度完善研究”，载《法律适用》2015 年第 12 期。
32. 胡莲芳：“卷宗移送主义：对理想的妥协还是对现实的尊重——2012 年刑诉法确立卷宗移送的正当性”，载《西北大学学报（哲学社会科学版)》2013 年第 3 期。
33. 黄维智：“业务考评制度与刑事法治”，载《社会科学研究》2006 年第 2 期。
34. 姜瑞锋、付振祥：“浅论民意对我国刑事司法的影响”，载《公民与法（法学版)》2012 年第 12 期。
35. 靳欣：“对不同意见写入判决书的再思考”，载《西藏民族学院学报（哲学社会科学版）》2011 年第 3 期。

36. 李剑、张德英："从刑事诉讼法 48 条谈鉴定意见的证明力"，载《贵阳市委党校学报》2012 年第 2 期。

37. 李文健："刑事诉讼效率论——基于效率价值的法经济学分析（上）"，载《政法论坛》1997 年第 5 期。

38. 李喜莲："论审判委员会审判职能的'回归'"，载《宁夏大学学报（人文社会科学版）》2007 年第 3 期。

39. 梁静："论确保证人出庭作证的直接言词原则"，载《中州学刊》2004 年第 4 期。

40. 林山田："论刑事程序原则"，载《台大法学论丛》1999 年第 2 期。

41. 林振通："落实司法责任制要处理好三个关系"，载《人民法院报》2015 年 9 月 23 日，第 2 版。

42. 刘昂："论不完整意义上的亲属拒证权——评 2012 年刑事诉讼法第 188 条"，载《证据科学》2014 年第 1 期。

43. 刘方："刍议实现控辩平等的基本途径"，载《中国司法》2010 年第 4 期。

44. 刘玫："论直接言词原则与我国刑事诉讼——兼论审判中心主义的实现路径"，载《法学杂志》2017 年第 4 期。

45. 刘文化："我国刑事司法考评制度的困境与完善"，载《辽宁行政学院学报》2015 年第 7 期。

46. 刘亚林："论审判委员会讨论个案职权"，载《重庆大学学报（社会科学版）》1998 年第 4 期。

47. 龙宗智、袁坚："深化改革背景下对司法行政化的遏制"，载《法学研究》2014 年第 1 期。

48. 龙宗智："论建立以一审庭审为中心的事实认定机制"，载《中国法学》2010 年第 2 期。
49. 龙宗智："证据开示与诉讼公正"，载《法商研究》1999 年第 5 期。
50. 沈臻懿："《死刑案件证据规定》第 23 条的诠释与解读——以鉴定意见审查判断为视角"，载《犯罪研究》2011 年第 2 期。
51. 施鹏鹏："为职权主义辩护"，载《中国法学》2014 年第 1 期。
52. 宋旭明："罗马诉讼制度的演变与功能——追问实体法之生成史"，载《华中科技大学学报（社会科学版）》2010 年第 6 期。
53. 宋英辉、李哲："直接、言词原则与传闻证据规则之比较"，载《比较法研究》2003 年第 5 期。
54. 宋英辉、吴宏耀："传闻证据排除规则——外国证据规则系列之三"，载《人民检察》2001 年第 6 期。
55. 孙伟峰："主审法官办案责任制的现实困扰与治理——基于基层法庭视角的考察"，载《湖南农业大学学报（社会科学版）》2014 年第 6 期。
56. 田源、杨继伟："新刑诉法实施后证人出庭率低的原因分析"，载 http://www.chinacourt.org/article/detail/2014/04/id/1285118.sht，最后访问时间：2016 年 1 月 5 日。
57. 唐仲清："实体公正探析"，载《西南政法大学学报》2002 年第 3 期。
58. 王超、周菁："杜培武案的证据学思考"，载《汕头大学学报（人文社会科学版）》2003 年第 1 期。

59. 王怀安："法院体制改革初探"，载《人民司法》1999 年第 6 期。
60. 王刘筠、杨君相："侦查人员出庭作证的现实窘境与对策研究"，载《中国检察官》2014 年第 17 期。
61. 王胜全："补强证据规则的适用分析"，载《人民法院报》2003 年 8 月 12 日。
62. 王守安："以审判为中心的诉讼制度改革带来深刻影响"，载 http://newspaper.jcrb.com/html/2014-11/10/content_172005.htm，最后访问时间：2015 年 11 月 15 日。
63. 魏文彪："程序公正是实体公正的前提"，载《人大研究》2006 年第 4 期。
64. 魏晓娜："以审判为中心的刑事诉讼制度改革"，载《法学研究》2015 年第 4 期。
65. 吴丹红："我国鉴定人出庭作证制度探析——以刑事诉讼为背景"，载《中国司法鉴定》2003 年第 2 期。
66. 徐显明："依法治国与司法体制改革研讨会纪要"，载《法学研究》1999 年第 4 期。
67. 徐昕："法官为什么不相信证人？——证人在转型中国司法过程中的作用"，载《中外法学》2006 年第 3 期。
68. 晏向华、彭颖："也谈我国的刑事庭前审查程序改革"，载《人民检察》2003 年第 4 期。
69. 杨诚："论直接言词原则及在我国刑事审判制度中的实现"，载《广西大学学报（哲学社会科学版）》2007 年第 2 期。
70. 叶青："以审判为中心的诉讼制度改革之若干思考"，载《法学》2015 年第 7 期。
71. 易延友："眼球对眼球的权利——对质权制度比较研究"，载《比较法研究》2010 年第 1 期。
72. 余方晟、叶成国："庭审中心视野下强制证人出庭作证制度研究"，载《河北法学》2016 年第 3 期。
73. 张卫平："论我国法院体制的非行政化——法院体制改革的一种基本思路"，载《法商研究》2000 年第 3 期。
74. 张泽涛："我国现行刑事诉讼法第 150 条亟需完善"，载《法商研究》2001 年第 1 期。
75. 张泽涛："证人出庭的现状分析与对策探讨"，载《证据学论坛》2001 年第 1 期。
76. 章礼明："日本起诉书一本主义的利与弊"，载《中国检察官》2009 年第 11 期。
77. 赵红星、国灵华："废除审判委员会制度——'公正与效率'的必然要求"，载《河北法学》2004 年第 6 期。
78. 赵建文："《公民权利和政治权利国际公约》第 14 条关于公正审判权的规定"，载《法学研究》2005 年第 5 期。
79. 左文君："公正审判权在我国适用的立法完善———以《公民权利与政治权利国际公约》为例"，载《太原理工大学学报（社会科学版）》2014 年第 4 期。
80. 赵嵬："直接言词原则与刑事证人出庭作证问题研究"，载《北京科技大学学报（社会科学版）》2008 年第 3 期。
81. 赵宇红："陪审团审判在美国和香港的运作"，载《法学家》1998 年第 6 期。
82. 朱云峰、王琪轩："陕西规范审委员会专职委员办案——每年至少5件集中解决同案不同判”，载《人民法院报》2010年7月23日，第1版。

83. 左卫民、马静华：“刑事证人出庭率：一种基于实证研究的理论阐述”，载《中国法学》2005年第6期。

84. 左卫民：“中国刑事案卷制度研究——以证据案卷为重心”，载《法学研究》2007年第6期。

85. ［德］勃朗特·舒乃曼：“警察机关在现代刑事程序中的地位”，吕艳滨译，载《研究生法学》2000年第2期。

86. ［美］罗纳德·J. 艾伦：“证据法的基础和意义”，张保生、张月波译，载《证据科学》2010年第4期。

（二）外文论文（判例）

1. J. E. R. Stephens, “the Growth of Trial by Jury in England”, *Harvard Law Review*, Vol. 10, No. 3

2. R. D. Behn, “The Big Questions of Public Management”, *Public Administration Review*, 1995, 55 (4).

3. Christopher B. Mueller, “Post – Modern Hearsay Reform: The Importance of Complexity”, 76 *Minnesota Law Review* 367, February, 1992.

4. David Lobley and David Smith, “Victim Witness Supporting Scotland: An Evalution of Three Projects”, The Scottish Office 199. 160.

5. “Economic and Social Counci: Civil and Political Rights Including the Questions of Torture and Detention”, Report of the Working Group on Arbitrary Detention (Addndum) Missionto China, E/CN. 4/2005/6/Add. 4, 29 December 2004.